Biliões em Jogo

O Futuro da Energia e dos Negócios em África

NJ Ayuk

Made for Success Publishing
P.O. Box 1775 Issaquah, WA 98027
www.MadeForSuccessPublishing.com

Distributed by Made for Success Publishing

First Printing
Library of Congress Cataloging-in-Publication data
Ayuk, NJ
BILLIONS AT PLAY: The Future of African Energy and Doing Deals

p. cm.

LCCN: 2019939284
ISBN: 978-1-64146-574-8 (HDBK-Portuguese Edition)
ISBN: 978-1-64146-613-4 (EBOOK- Portuguese Edition)

Printed in the United States of America

For further information contact Made for Success Publishing
+14255266480 or email service@madeforsuccess.net

Índice

Prefácio

Pelo Secretário-Geral da OPEP
Mohammad Sanusi Barkindo

O falecido Nelson Mandela, numa frase que se tornou célebre, disse: "Um vencedor é um sonhador que nunca desiste"[1]. NJ Ayuk é precisamente o tipo de sonhador a que se referia Mandela.

Neste livro, Ayuk expõe o seu compromisso com a missão de pôr as nações africanas no caminho para um futuro próspero. A chave está, diz-nos Ayuk, num esforço concertado entre os líderes africanos, as empresas e os indivíduos, para assegurar que o continente concretiza todo o potencial da sua vasta riqueza petrolífera.

Enquanto CEO de uma próspera firma de advocacia pan-africana, conhecida pela sua vasta experiência no setor do gás e do petróleo, Ayuk está particularmente bem posicionado para falar sobre este tópico. Os seus conhecimentos e talento como negociador garantiram-lhe o respeito e a confiança dos países-membro da OPEP – assim como as oportunidades para negociar em nome da nossa organização.

Além disso, Ayuk investiu o seu próprio tempo e recursos para demonstrar qual é o caminho a seguir: fundou a Câmara Africana de Energia e por ser co-autor de *Big Barrels: O Petróleo e o Gás Africanos e a Procura da Prosperidade*, um livro que demonstra exemplos de países africanos que estão a ser bem sucedidos na utilização dos seus recursos petrolíferos.

Neste livro, Ayuk dá continuidade ao que começou com *Big Barrels*, encorajando os africanos a fazerem uso dos recursos petrolíferos do continente, para assumirem o controlo dos seus próprios destinos.

Mas, talvez mais importante do que tudo o resto, é o facto de este livro não se intimidar com ideias potencialmente controversas. Apesar de sonhar com o sucesso do petróleo africano, Ayuk está perfeitamente consciente dos obstáculos que se opõem a esse sucesso: Defende de forma enfática uma maior inclusão das mulheres na indústria petrolífera, particularmente em posições de gestão. Aponta o dedo e exige melhorias aos governos e às empresas africanas nas áreas onde estas têm falhado, desde a injusta distribuição da riqueza petrolífera à má governança que tanto prejudica os povos africanos.

Ayuk muito direto na forma como avalia a ineficiente rede elétrica africana e a liderança ineficaz das corporações energéticas, defendendo a desagregação das empresas nacionais de eletricidade como uma forma do continente tomar as rédeas do seu futuro. Além disso, defende uma mudança de cultura corporativa que permita às empresas de gás e petróleo fazerem a transição para o modelo de empresa de energia, investindo em energias renováveis em África.

O livro cobre também o grave problema da queima de gás (*flaring*) no meu país natal, a Nigéria, onde o gás natural pode ser utilizado para dar a grandes segmentos da população um acesso fiável à rede elétrica, algo que já deveria ter acontecido há muito tempo.

É uma honra para mim escrever o prefácio deste livro. Concordo com os pontos defendidos e com o argumento de Ayuk – a OPEP terá um papel essencial em dar uma maior e muito merecida voz aos produtores de petróleo africanos no palco da indústria petrolífera mundial.

Sim, pode dizer-se que Ayuk é um sonhador. Contudo, ele dedicou o seu tempo a desenvolver um mapa detalhado que explica como esse sonho pode ser realizado. Cabe-nos a nós dedicarmos o nosso tempo a lê-lo e fazermos a nossa parte para que se concretize em África o sonho de crescimento económico, estabilidade e melhoria da qualidade de vida, potenciado pelos nossos recursos petrolíferos.

Abreviaturas

bbl: barris de petróleo
bbl/d: barris por dia
bbo: milhares de milhões de barris de petróleo
bboe: milhares de milhões de barris de petróleo equivalente (refere-se a
petróleo e gás natural. A medição de um barril de gás é baseada na energia
aproximada libertada pela queima de um barril de petróleo bruto. O gás é
100% recuperável.)
bcm: milhares de milhões de metros cúbicos
bscf: milhares de milhões de pés cúbicos padrão de gás natural
E&P: exploração e produção
IOC: empresa internacional de petróleo
GNL: gás natural liquidificado
mmbo: milhões de barris de petróleo
mmboe: milhões de barris de petróleo equivalente
mmbtu: milhões de unidades térmicas britânicas (gás)
mscf: milhões de pés cúbicos padrão (gás)
mscf/d: milhões de pés cúbicos padrão por dia (gás)
mt/y: milhões de toneladas métricas por ano
ONG: organização não governamental
NOC: empresa nacional de petróleo
pb: por barril
toe: toneladas de petróleo equivalente
tcf: biliões de pés cúbicos

downstream = indústrias de refino e petroquímica
midstream = armazenamento e transporte; oleodutos; gasodutos
upstream = exploração e produção

Nota de tradução: Como é comum na bibliografia sobre a indústria
petrolífera, mantiveram-se os acrónimos na sua versão original, em inglês

americano, com as exceções de GNL (em inglês LNG) e ONG (em inglês NGO), por serem acrónimos de uso comum no léxico português.

Resta notar que, uma vez que os Estados Unidos da América nunca aderiram ao uso da regra N do Comité Internacional de Pesos e Medidas para a nomenclatura de grandes números, existe uma dissonância na tradução da palavra "*billion*", que se traduz por "milhar de milhão", e não por "bilião" (como a sua parecença poderia indicar), que se refere a "milhão de milhão", e que em inglês corresponde a "*trillion*".

Uma exceção foi feita, por razões de estética literária e sonora, ao título desta obra.

1

Está na Hora do Petróleo e o Gás de África Alimentarem um Futuro Melhor para Todos os Africanos

Quando visitou o Luisiana em maio de 2019, o Presidente norte-americano Donald Trump foi frequentemente acolhido por grandes multidões e recebeu aplausos estrondosos em reação aos seus comentários.

O que provocou estas fortes demonstrações de aprovação? Os rasgados elogios do Presidente à indústria energética da região.

"Daqui mesmo em Hackberry, Luisiana, vocês estarão muito em breve a exportar gás natural limpo e americano para todos os cantos do globo, com incrível coragem, habilidade e orgulho", disse o presidente durante uma visita à fábrica de exportação de gás natural liquidificado (GNL) da Sempra Energy. "Trabalhadores como vocês são responsáveis por iluminar as nossas casas, por dar energia às nossas fábricas e por reduzir o custo da eletricidade para as famílias dos dedicados trabalhadores americanos"[2].

O governador do Luisiana, John Bel Edwards, fez eco das palavras do presidente durante a visita, sublinhando que o setor energético do sudoeste do Luisiana está a assistir a uma grande expansão. "A indústria está a experienciar um crescimento recorde com 30 mil milhões de dólares em novos investimentos, e empresas que vêm desde a África do Sul à Coreia do Sul para se estabelecerem no sudoeste do Luisiana, criando empregos de alta remuneração no nosso estado", disse Edwards.

Esta é uma ótima notícia para as comunidades de Hackberry.

Mas porque devem histórias como esta ser exclusivas de cidades nos Estados Unidos? Já está na altura de vermos os mesmos resultados nas comunidades africanas.

Estou confiante de que centrais de GNL podem criar inúmeras oportunidades para trabalhadores em Angola, na Nigéria, na Guiné Equatorial, no Gana, no Gabão e nos Camarões, entre outros. O gás natural pode tornar a energia limpa acessível às comunidades rurais em todo o continente pela primeira vez na história. A produção petrolífera tem o potencial de acelerar o crescimento económico em Juba, no Sudão do Sul; em Kampala, no Uganda; e em múltiplas outras cidades e localidades por todo o continente africano.

Até um certo ponto, este processo já deu os primeiros passos.

Um exemplo muito prometedor está a ganhar forma a cerca de uma hora a leste de Lagos, na Nigéria, onde a construção de uma refinaria de petróleo e de uma central petroquímica, com o custo de 12 mil milhões de dólares, se tornou uma espécie de centro multicultural.[3] Mais de 7.000 trabalhadores nigerianos, indianos e de outras nacionalidades trabalham diariamente nos estaleiros, onde a construção avança a um ritmo frenético.

O homem por detrás deste projeto, o magnata nigeriano Aliko Dangote prevê que, uma vez terminada, a refinaria irá processar 650.000 barris de petróleo por dia (bbl/d) e criar milhares de postos de trabalho. Atualmente, 900 engenheiros nigerianos estão a receber treino na Índia para virem a assumir posições permanentes na refinaria, e ainda mais postos de trabalho serão criados quando o grupo industrial multinacional de Dangote, o Dangote Group, avançar com os planos para a construção de um porto, um molhe, fábricas e estradas na região.

Se tudo correr como planeado, o complexo da refinaria tem o potencial para ajudar a diversificar e reforçar a economia nigeriana, promover a transmissão de conhecimento e de novas tecnologias, atrair lucrativas oportunidades de investimento estrangeiro, e ajudar a pôr um fim à dependência das exportações petrolíferas de que sofre a Nigéria.[4]

É um projeto audacioso e um exemplo poderoso do poder da indústria petrolífera para criar um futuro melhor para África, e é apenas um dos muitos desenvolvimentos promissores que a indústria petrolífera está a desenvolver no continente. À data da publicação deste livro:

- A Anadarko Petroleum Corporation e os seus parceiros anunciaram, a 18 de junho de 2019, uma decisão final de investimento (DFI) para o projeto da *Area 1 Mozambique LNG*. Este projeto será o primeiro desenvolvimento de gás natural liquidificado em Moçambique, inicialmente composto por dois comboios de GNL com uma capacidade total de 12,88 milhões de toneladas por ano (mt/y), processando gás do campo de Golfinho/Atum do bloco *Offshore Area 1*. O projeto já contratualizou vendas de longo prazo para 11,1 mt/y de GNL para clientes asiáticos e europeus, o que representa 86% da capacidade nominal da central, e terá também uma componente de gás doméstico muito significativa;
- O Gabão, os Camarões e a República do Congo estão a implementar novas leis petrolíferas que vão facilitar o investimento nos seus países;
- O Sudão do Sul chegou a um novo acordo de paz com as fações rebeldes do país e está a aumentar a produção de gás e petróleo, enquanto desenvolve novas leis de conteúdo local que irão ajudar a proteger os interesses das suas comunidades;
- A Guiné Equatorial, a Noble Energy, a Atlas Oranto Petroleum, a Gunvor, a Glencore e a Marathon Oil Company, chegaram finalmente a acordo sobre um investimento de mais de 300 milhões de dólares no EG Gas Mega Hub para o desenvolvimento de gás natural local e regional;
- O presidente angolano João Lourenço está a promover várias reformas, que incluem a reestruturação da empresa nacional de energia, a Sonangol, para a tornar mais eficiente e transparente, otimizando a aprovação de investimentos em gás e petróleo, oferecendo benefícios fiscais para o desenvolvimento de campos marginais, e desenvolvendo nova legislação para gerir os direitos de exploração de gás. Espera-se que estas medidas resultem num aumento da produção de petrólco de Angola, no fim do estrangulamento debilitante que a Sonangol mantém sobre o setor petrolífero angolano, e num aumento do número de oportunidades para outras empresas indígenas e locais;
- Estima-se que o projeto de construção de um complexo de processamento de GNL na Tanzânia, no Leste Africano, irá criar mais de 10.000 empregos permanentes;

- O segundo projeto de GNL flutuante do mundo começou a operar nos Camarões, na Primavera de 2018, e projetos semelhantes estão em desenvolvimento em Moçambique e na Guiné Equatorial. Cada um deles promete contribuir para aumentar a independência energética de África, promover o crescimento industrial e criar novos postos de trabalho;
- Com a descoberta de vastos depósitos de petróleo na costa do Senegal, o país avançou com a aprovação de nova legislação que facilitará o início da exportação de petróleo. As autoridades governamentais estão também a estudar a potencial utilização destas receitas petrolíferas para cobrir os custos de novos desenvolvimentos de infraestrutura e comércio locais;[5]
- Mais de 600 empresas indígenas do Gana assinaram contratos no setor petrolífero do país (informou recentemente o ministro de energia John Peter Amewu) e, segundo números de setembro de 2018, mais de 75% dos postos de trabalho de nível médio e de gestão na indústria petrolífera do Gana são ocupados por trabalhadores locais.

Ouvi suficientemente os que são do contra para saber qual é a resposta deles:

Essa é uma posição demasiado otimista. O petróleo e o gás nunca resolveram os problemas de África, e na verdade só causam mais problemas. E a corrupção e a instabilidade política de África? E a falta de infraestrutura?

Já é altura de deixarmos este negativismo pouco produtivo para trás.

É fácil dizer que os africanos não entram no molde de empreendedores petrolíferos – já provámos que temos de partir esse molde e lutar por uma indústria petrolífera que funcione para todos os africanos. Já todos conhecemos os desafios que África enfrenta, e estamos conscientes da perceção que existe de que África sofre da maldição dos recursos naturais. São demasiadas as vezes em que os nossos recursos naturais criam riqueza para investidores estrangeiros, e para um seleto grupo de elites africanas, enquanto o cidadão comum não vê qualquer benefício – ou ainda pior – sofre com as consequências: instabilidade, conflito e danos ambientais.

Mas eis o que toda a gente se recusa a dizer – esta maldição é reversível. Se os governos africanos, empresas e organizações gerirem as receitas do petróleo e gás africano de forma responsável, poderíamos mudar significativamente a situação em todo o continente. Poderíamos substituir a instabilidade por boa governança, crescimento económico e melhores oportunidades para todos os africanos. O petróleo pode funcionar para toda a gente. Pode fazer coisas boas e pode ajudar economias a fazer transições positivas. Todos temos a obrigação de apoiar empresas fortes que invistam e que façam um bom trabalho, de encorajar os que são tímidos e de advertir aqueles que acham que os negócios ainda se devem fazer como nos bons velhos tempos.

Não estou a ser idealista. Podemos encontrar múltiplos exemplos de como os recursos naturais estão a contribuir com mudanças positivas significativas, tanto em África como noutras partes do planeta.

Aqui ficam dois dos meus exemplos preferidos:

Tirar Partido do Cobre Chileno

O Chile é um dos maiores produtores de cobre do mundo: este país controla mais de 20% das reservas de cobre do planeta e é responsável por 11% da produção mundial. Em junho de 2017, uma delegação de líderes do governo chileno chegou a Addis Abeba, a capital da Etiópia, com uma prenda inestimável. Vieram mostrar aos líderes africanos como é que o seu país construiu uma indústria de mineração de cobre extremamente bem sucedida – e como conseguiram evitar os efeitos destrutivos da maldição dos recursos.

Durante uma série de conferências coordenadas pelo Centro de Desenvolvimento de Minérios Africanos (*African Minerals Development Centre* – AMDC), os delegados chilenos partilharam as suas experiências e as melhores práticas da sua indústria de mineração de cobre com representantes da Etiópia, do Gana, da Guiné e da Zâmbia. As sessões representaram uma oportunidade para aprender como o Chile conseguiu com sucesso:

- desenvolver e manter uma próspera cadeia de valor no setor do cobre;
- encorajar a cooperação entre o governo e o setor privado;
- incentivar a inovação entre os fornecedores locais.

Não só o Chile é conhecido pelo seu sucesso na indústria do cobre, como também é reconhecido pelo consistente crescimento económico que conseguiu manter ao longo das últimas décadas. Segundo o Banco Mundial, o Chile é um dos países mais prósperos e economicamente estáveis da América Latina.[6]

O Chile tem a agradecer o seu sucesso na indústria do cobre e a força da sua economia às políticas estratégicas do governo. "As autoridades locais reinvestiram as receitas da indústria de minérios noutros setores para tornar a economia local mais competitiva e diversificada", escreveu Martina Mistikova num artigo para a *Biz Latin Hub*. "Nos últimos 20 anos, o Chile transformou a sua infraestrutura fazendo uso de parcerias público-privadas. Graças a uma melhor conectividade e à subscrição e assinatura de acordos de comércio livre com mais de 64 países, o Chile classificou-se no 33.º lugar entre os 138 países avaliados no Índice de Competitividade Global para 2016-2017."[7]

Este país sul-americano também beneficiou de um compromisso governamental com a transparência. "Informação tanto operacional como financeira é regularmente publicada pelo Ministério das Finanças, tal como extensa documentação sobre *royalties*, impostos, valores de exportação de minérios e volumes de produção", escreveu Sean Durns num artigo para a *Global Risk Insights*. "A Comissão Chilena do Cobre e o Ministério de Mineração publicam regularmente informação, o que inclui avaliações ambientais e petições de licenciamento".[8]

Além disto, o governo chileno desenhou regulamentos para proteger o ambiente e salvaguardar os interesses das comunidades indígenas em relação às atividades de mineração de cobre.[9]

Versões de todos estes procedimentos podem ser desenvolvidas em África. O facto de que líderes africanos e chilenos se tenham encontrado para as discutir é extremamente encorajador. Este tipo de diálogo aberto e vontade de aprender com outros é exatamente o que precisamos para maximizar o valor dos recursos naturais de África.

E, claro, também podemos olhar para exemplos africanos para retirar práticas a reproduzir.

Ideias Luminosas do Botsuana

Para o Botsuana, 1966 foi um tempo de altos vertiginosos e de baixos desanimadores. Por um lado, este país sem fronteira com o mar, do sul de África, tornou-se independente do Reino Unido nesse ano. Por outro lado, o Botsuana era uma das nações mais pobres do mundo.[10] Durante os vários anos que se seguiram, cerca de 60% das despesas governamentais dependiam da assistência internacional ao desenvolvimento, e o rendimento médio per capita era de apenas 70 dólares por ano (compare-se com 3.960 dólares nos Estados Unidos, 570 dólares na África do Sul, e 290 dólares no Zimbábue, no mesmo ano[11]). A agricultura – principalmente a pecuária – representava 40% do produto interno bruto (PIB) do Botsuana, e o país tinha apenas cerca de 19 quilómetros de estradas alcatroadas.

Mas basta avançar algumas décadas no tempo, e o Botsuana apresenta-se-nos completamente transformado.

"Em 2007, o Botsuana tinha 7.000 quilómetros de estradas alcatroadas e o rendimento médio per capita tinha subido para 6.100 dólares, fazendo do Botsuana um país de rendimento médio-alto, comparável ao Chile ou à Argentina", escreveu o autor de *Botswana's Success: Good Policies, Good Governance, and Good Luck*, Michael Lewin. "O seu sucesso também é evidente noutras medidas de desenvolvimento humano." A assistência ao desenvolvimento reduziu-se para menos de 3% do orçamento governamental, acrescenta Lewin, e grandes progressos foram feitos em infraestrutura e educação.

O que causou tamanha transformação? Por um lado, ela foi alimentada pela vasta riqueza que o Botsuana detém em diamantes, mas o verdadeiro motor por detrás do crescimento e estabilidade do país têm sido as políticas fiscais, cuidadosamente planeadas pelo governo, e a boa governança.

Antes de qualquer outra coisa, o Botsuana fez da diversificação económica uma prioridade, em vez de escolher apoiar-se apenas nas receitas da venda de diamantes. Recentemente, o governo tem vindo a criar centros desenhados para promover o crescimento, o uso de tecnologias e oportunidades de empreendedorismo nas indústrias da agricultura e da saúde. Um dos mais recentes, o Innovation Hub do Botsuana, está a desenvolver um Parque de Ciência e Tecnologia pensado para fazer crescer o setor de tecnologias de informação e comunicação do país.[12] Outro exemplo, o Education Hub, aprovado recentemente, é a resposta do governo à falta de alinhamento entre o desenvolvimento de competências no Botsuana e as necessidades do mercado. O centro servirá para desenvolver programas de treino, educação e pesquisa de ponta.[13]

A diversificação é apenas uma peça do *puzzle* do Botsuana. Outra é a abordagem responsável às políticas fiscais. Em vez de entrar em "despesas descontroladas" enquanto o dinheiro dos diamantes fluía, o governo do Botsuana desenvolveu políticas que exigiam gastos moderados durante períodos de crescimento económico. Isto permitiu que as despesas necessárias pudessem ser sustentadas em períodos económicos negativos. As despesas do país foram guiadas por planos nacionais de desenvolvimento, aprovados pelo parlamento a cada seis anos. O planeamento é feito por comités que incluem membros da sociedade civil, bem como representantes do governo, e as decisões são revistas pela Casa dos Chefes (House of Chiefs), que representa as principais tribos do Botsuana.[14]

Em geral, a maior parte das despesas e investimentos do estado têm-se focado na educação, saúde, assistência social, infraestrutura pública – que no seu conjunto elevam a qualidade de vida da população, enquanto contribuem para a estabilidade e para um ambiente propício ao crescimento económico.

Outra estratégia-chave do Botsuana? Poupança e reinvestimento de receita. Desta forma, o Botsuana tem os meios para estabilizar a sua economia durante períodos de crise e de garantir que as futuras gerações beneficiam da riqueza do país, mesmo depois de os recursos naturais do país se terem esgotado.

Eu compreendo que cada país é diferente, mas as práticas do Botsuana continuam a ser exemplos sólidos para guiar e inspirar outras nações africanas.

Não Desistam do Petróleo e do Gás

As pessoas perguntam-me constantemente porque é que eu estou convencido de que a chave para um melhor futuro para África está nos recursos petrolíferos, quando existe tanta má gestão, exploração e conflito associados à produção de petróleo e gás africanos ao longo dos anos. A verdade é que acredito sinceramente que ignorar os gigantescos recursos petrolíferos do continente não é a solução para evitar uma maldição dos recursos – a resposta está em utilizar estes recursos de forma estratégica.

Pensemos nisto: em 2017, as reservas provadas de gás natural de África totalizavam 503,3 biliões de pés cúbicos (tcf)[15] e as reservas provadas de petróleo nesse ano excederam os 126 mil milhões de barris de petróleo (bbo).[16] E porque África continua amplamente subexplorada, o potencial para que existam ainda vastas reservas de petróleo por descobrir é bastante considerável. Em 2016, o U.S. Geological Survey estimou que haveria 41 bbo e 319 tcf de gás à espera de serem descobertos na África Subsaariana.[17] Estou convencido de que veremos mais descobertas significativas, especialmente com o aumento da utilização de tecnologias de exploração e produção, como a perfuração direcional e a simulação de reservatórios.

Os recursos petrolíferos sempre representaram uma oportunidade para os africanos. Mais uma vez, o problema tem estado no insucesso em utilizar esses recursos de uma forma responsável, em verdadeiramente desenvolver e tirar partido da cadeia de valor e em proteger os interesses dos cidadãos africanos no que toca às receitas petrolíferas.

Tem sido esse o padrão até agora, mas não é tarde demais para rejeitar aquilo que não funcionou, abraçar o que resultou e alimentar uma economia mais forte, uma maior estabilidade e uma melhor qualidade de vida para todos os africanos.

Enquanto escrevo este livro, os mercados petrolíferos estão a assistir a uma recuperação. A indústria está numa posição muito diferente do que quando o João Gaspar Marques e eu escrevemos *Big Barrels: O Petróleo e Gás Africanos e a Procura da Prosperidade.*

Mas esta recuperação será irrelevante se não fizermos a coisa certa, se não trabalharmos para enfrentar os desafios de África em vez de insistir no que está errado.

Então, como poderemos usar o gás e o petróleo para transformar o continente? Para começar, temos de parar de limitar a nossa atenção à extração e venda de petróleo cru.

Em vez disso, criamos oportunidades nos setores *upstream*, *midstream* e *downstream* da indústria de gás e de petróleo. Afastamo-nos da retórica para nos aproximarmos da relevância, passamos dos símbolos à substância, trocamos o populismo opulento e o carisma pelo caráter, que trará soluções pragmáticas de senso comum para os tantos que esperam mais do petróleo e do gás africanos e dos seus recursos naturais.

Tiramos partido dos nossos recursos de gás natural para lidar com as limitações de acesso a eletricidade que afetam toda a África, o que irá transformar não só a vida de todos os indivíduos do continente, mas também abrirá portas para empresas mais eficientes e produtivas e para investidores internacionais com maior capacidade de crescimento, de rentabilidade e de contribuição para o desenvolvimento económico e social.

E simultaneamente, implementamos estruturas de trabalho e de regulamentação que desagreguem com sucesso os nossos serviços públicos de eletricidade, sobredimensionados e sobrecarregados, para que possam distribuir eletricidade de forma consistente e fiável.

Criamos mais oportunidades para mulheres africanas na indústria do gás e do petróleo. É uma situação vantajosa para todos: as mulheres têm muito a oferecer, e os bons empregos para as mulheres contribuem para uma África mais estável e com maior vitalidade económica.

Insistimos na necessidade da boa governança e de políticas que criem um ambiente que capacite as empresas de gás e petróleo – e que tornem prático para essas empresas criar oportunidades com um significado real para os indivíduos africanos, para as empresas e para as comunidades.

Juntamos forças para enfrentar de forma estratégica os desafios que se apresentam no horizonte. Não podemos enfiar a cabeça na areia no que toca aos fatores que podem impactar a nossa indústria petrolífera. O que se está a passar no Luisiana não é um incidente isolado. Os Estados Unidos têm mais reservas recuperáveis de petróleo do que qualquer outro país e são hoje um exportador de energia.[18] O Presidente Trump tem exercido constante pressão sobre a OPEP para manter os preços do petróleo baixos. Líderes e empresas africanas têm de tomar medidas agora – desde a diversificação económica à monetização da nossa cadeia de valor petrolífera – para manter as nossas economias nacionais estáveis no caso de os Estados Unidos saturarem o mercado petrolífero e os preços caírem outra vez.[19]

Ao mesmo tempo, fazemos o trabalho necessário para criar o tipo de ambiente que irá continuar a atrair investidores e empresas americanas, que continuam a ser de importância vital para o setor petrolífero africano.

De seguida, implementamos estratégias claras e consistentes para a necessária transição energética. A indústria petrolífera está aqui para ficar por muitos anos, não só em África, mas em todo o mundo. Se por um lado o problema das alterações climáticas é fundamental e iminente – e tem de ser enfrentado pelos agentes relevantes em todas as indústrias e em todo o mundo –, a completa erradicação do gás e do petróleo não é alcançável. Na verdade, a maior parte das pessoas não compreende o quão interligada a indústria petrolífera está com a nossa vida diária, como o petróleo e o gás são utilizados em tudo, desde a produção de eletricidade que ilumina o mundo, aos fertilizantes que alimentam o planeta. O petróleo é um componente-chave num número imenso de produtos, desde os telefones que usamos para ligar às nossas mães às próteses dentárias nas nossas bocas ou aos pneus dos nossos carros. Os principais especialistas em questões climatéricas não exigem uma interrupção da produção de gás e de petróleo mas, pelo contrário, defendem uma transição energética sustentável. Neste contexto, África é um sítio ideal para liderar a criação de uma indústria petrolífera sustentável, enquanto também se desenvolve um setor de energia renovável de topo. O potencial de energia renovável é essencialmente ilimitado, e as tecnologias de ponta desenvolvidas no continente estão a iluminar o caminho para as renováveis em todo o mundo.

Para sermos bem sucedidos, precisamos de ser honestos e de ser rápidos a estabelecer estruturas regulatórias estáveis, ambientes de negócio inovadores, capazes de atrair investimento, e um forte compromisso político com uma transição energética. Também é importante perceber que esta mudança não será fácil, particularmente tendo em conta que muitos países continuam a sofrer com instabilidade política e com uma grande dependência de infraestrutura de geração elétrica alimentada a combustíveis fósseis, o que poderá restringir as oportunidades para desenvolver as condições para a transição energética de forma mais rápida que os nossos homólogos no Ocidente.

Acima de tudo, temos de olhar para nós próprios para encontrar soluções. Temos de aprender a negociar contratos de exploração e produção petrolífera que beneficiem tanto o africano comum como os líderes políticos. Devemos exigir novos modelos para gerir as receitas do petróleo, que distribuam a riqueza de forma justa e equilibrada. E temos de parar de olhar para nós próprios como vítimas a precisar de ajuda e orientação externa.

É importante saber o nosso valor e o que trazemos para os contratos de gás e petróleo que assinamos. Muitos africanos intimidam-se ou assustam-se na altura de exigir o valor correspondente à contribuição que trazem para estes contratos. É uma ideia errada. Eu sei o quanto valho. Eu sei o que trago para a mesa, e não tenho vergonha de exigir a compensação apropriada. Eu não gosto da ideia de ter políticos a regularem compensações. Temos de aprender a deixar as forças de mercado determinar algumas coisas na indústria petrolífera.

Os africanos são mais do que capazes de trazer o sucesso para o nosso continente.

Vamos a isso.

2

Cabe aos Africanos Resolver os Problemas de África

Depois de ter sido palco de um conflito civil que durou anos, o Sudão é hoje um país devastado pela guerra.

Nos anos 70, vastas reservas de petróleo foram descobertas na região sul do país. De seguida, oleodutos e refinarias foram construídos na região norte, imagina-se que em parte como uma tentativa de evitar uma secessão[20]. As duas regiões nunca conseguiram concordar sobre a melhor forma de "partilhar" as receitas do petróleo, o que levou a um conflito interno e eventualmente à divisão do território em dois países independentes. Até hoje, o Sudão do Sul continua a ser um dos países africanos menos desenvolvidos.[21]

Mas até aqui vemos sinais de esperança.

Em meados de 2017, a minha firma – Centurion Law Group – conseguiu com sucesso facilitar um dos maiores e mais desafiantes acordos da indústria petrolífera africana até à data, no Sudão do Sul. Trabalhámos com a empresa nigeriana Oranto Petroleum e com o governo sul-sudanês no sentido de abrir a porta para que a Oranto explorasse o bloco B3 no Sudão do Sul. O resultante acordo de exploração e partilha de produção (*Exploration and Production-Sharing Agreement* – EPSA) permitiu à Oranto avançar imediatamente com um extenso programa de exploração e desenvolvimento de longo prazo.

Pouco depois deste acordo histórico, a Centurion Law Group estabeleceu uma aliança estratégica com a firma sul-sudanesa de advocacia Awatkeer Law Chambers, com sede em Juba[22]. A rede local da Awatkeer e o alcance pan-africano da Centurion permitiram treinar advogados sul-sudaneses para utilizarem plataformas tecnológicas legais que permitissem servir melhor as empresas, o governo e as organizações não governamentais no Sudão do Sul, particularmente em assuntos de lei energética.

Este acordo foi um desenvolvimento significativo, e não apenas porque o EPSA da Oranto foi o primeiro a ser assinado no Sudão do Sul desde 2012. Este EPSA é demonstrativo do compromisso assumido pelo governo para revitalizar a economia do país através de investimentos em empresas de serviço público e infraestruturas, particularmente no setor do gás e do petróleo. Acima de tudo, é sinal de uma esperança renovada: Se conseguimos ter sucesso aqui, podemos ter sucesso em qualquer canto do continente.

Ajudei tanto empresas privadas como governos africanos a dar passos construtivos para desenvolver as suas indústrias petrolíferas, o que contribuiu para melhorar estas economias africanas e ajudar o africano comum a ter uma vida melhor, fazendo uso dos nossos recursos naturais. Portanto, sei bem que nós, africanos, podemos ultrapassar consideráveis obstáculos e ajudar-nos a nós próprios. Estou otimista de que o nosso sucesso será contagioso.

No momento em que escrevo, cerca de 400 delegados regressaram recentemente a casa vindos da conferência South Sudan Oil & Power 2018.[23] Os participantes reuniram-se para discutir (e, com razão, para comemorar) a expansão dos projetos de exploração, a retomada da produção de petróleo na região e as contínuas melhorias a nível de infraestrutura e segurança nas áreas de operação. Esta segunda edição da conferência anual de profissionais do setor petrolífero é representativa da natureza contagiosa do sucesso. Este diálogo aberto entre delegações governamentais, diplomatas estrangeiros e representantes do setor privado está a promover conversas que nos levarão a uma África mais forte.

Mas também sei que para concretizar este objetivo é preciso trabalhar – e trabalhar muito –, e que requer a iniciativa e cooperação dos africanos – todos os africanos. Apelo a todos vós para que se juntem. Todos nós devemos assumir a responsabilidade de trabalhar para melhorar África. Não é um peso, mas uma honra.

As Doações Limitam o Desenvolvimento

Há um ditado que diz algo como: *dá-me um peixe e alimenta-me por um dia; ensina-me a pescar e alimenta-me a vida toda.*

A caridade tem o seu lugar no mundo. É difícil ver alguém a passar por dificuldades, particularmente quando podemos ajudar essa pessoa a ultrapassar essas dificuldades. A ajuda monetária é uma solução rápida que pode ajudar a evitar a fome, permitir a alguém manter a sua casa ou até pagar custos médicos urgentes. Mas esta generosidade, ainda que bem intencionada, pode ser mal direcionada. E uma vez consumido o objeto de caridade, não sobra mais nada.

Há já demasiado tempo que entidades estrangeiras cheias de boas intenções tomaram a iniciativa de contribuir para o desenvolvimento africano através de ajuda humanitária – mas, ao fazê-lo, inadvertidamente pisaram-nos os calcanhares. Em algumas instâncias, estas doações fizeram mais mal do que bem. Muitas iniciativas de caridade ou sem fins lucrativos são desenhadas por nações doadoras e instituições estrangeiras que não compreendem suficientemente a realidade dos países e das comunidades que estão a tentar ajudar nem como o país de facto opera.

Este é também muitas vezes o caso com empresas com fins lucrativos. É bastante comum que empresas multinacionais ofereçam um ou outro contributo extra para além dos seus contratos para tornar o acordo mais atraente para o país anfitrião. Mas estes "contributos" tipicamente refletem o mesmo tipo de falta de compreensão – particularmente em países africanos.

Ouvi recentemente uma história sobre uma empresa petrolífera estrangeira que estava a tentar construir uma boa relação com uma tribo local. Os dirigentes da empresa contactaram o chefe da tribo para lhe perguntar de que é que as pessoas da tribo mais precisavam. O chefe propôs um hospital. Os dirigentes concordaram. Todos pareciam ficar a ganhar: A tribo teria acesso a melhores cuidados de saúde e a empresa de petróleo estabelecia uma boa relação com a comunidade local ajudando a tribo com os seus problemas mais urgentes.

O problema é que o hospital não era realmente aquilo de que a tribo mais necessitava. O chefe sugeriu apenas a primeira coisa que lhe veio à cabeça. Ainda que fosse verdade que várias pessoas da tribo estavam a ficar doentes, isso não era devido à falta de acesso a cuidados de saúde, mas sim porque os membros da tribo estavam a beber água contaminada. A tribo não necessitava de um hospital mas sim de um sistema de abastecimento de água adequado.

Mas está claro, os dirigentes da empresa não podiam saber isso. E não se esforçaram por aprofundar a pesquisa sobre a zona ou por consultar o governo local; limitaram-se a avançar com a construção do hospital. Uma vez terminado, o edifício ficou tragicamente abandonado: Não havia médicos para preencher as vagas no hospital nem camas para receber pacientes. O edifício foi fechado e a área foi cercada, não servindo os interesses de ninguém.

Gosto de dar o benefício da dúvida a estes dirigentes; gosto de acreditar que a empresa tentou realmente fazer a coisa certa e descobrir de que é que os locais necessitavam – mas negligenciaram um passo muito importante nas suas investigações preliminares: tomaram como válida a opinião de apenas uma das pessoas relevantes e não avaliaram o pedido em função das restantes variáveis nem avaliaram os desafios logísticos do projeto.

As boas intenções só nos levam até um certo ponto. Na realidade, as boas intenções têm de estar apoiadas sobre um trabalho sólido, investigação sólida e uma execução capaz, se quisermos ter um impacto significativo.

Não podemos simplesmente atirar dinheiro às pessoas e esperar resultados positivos. Mas nalguns casos, é exactamente isso que está a acontecer. Ouvimos histórias de empregados de empresas que vão visitar as comunidades e literalmente atiram sacos com notas a partir de um barco. Vizinhos acabam a lutar uns com os outros por causa do dinheiro até que eventualmente algum gangue se apodera desse capital, e deixa a comunidade sem nada exceto má vontade.

E mesmo que os governos de primeiro mundo e organizações internacionais de caridade contestem o que eu digo, considero muito dos esforços destas instituições nos mesmos termos: Podem ser bem intencionados, mas estão essencialmente a deitar fora sacos com dinheiro.

William Easterly, professor de economia da New York University (NYU), co-diretor do Development Research Institute da NYU, e membro não-residente do Center for Global Development, apelidou a ajuda humanitária a África de "um dos escândalos da nossa geração". Num debate em 2007, Easterly argumentou que "o dinheiro destinado às pessoas mais desesperadas do mundo simplesmente não as alcança: doaram-se 600 mil milhões de dólares em ajuda humanitária durante os últimos 45 anos e durante esse período não se registou qualquer aumento nos padrões de vida."[24].

A pesquisa de Dambisa Moyo, a mundialmente famosa economista da Zâmbia, apoia este ponto. "A ajuda humanitária foi e continua a ser um desastre político, económico e humanitário não mitigado para a maior parte do mundo em desenvolvimento", escreveu a autora no seu livro *Dead Aid.*[25] África recebeu mais de 1000 milhões de dólares em ajuda humanitária durante os últimos 50 anos – mas toda esta caridade parece ter exacerbado a pobreza. Durante o pico da ajuda humanitária ocidental, entre 1970 e 1998, relata Moyo, a pobreza em África aumentou de 11% para 66%.

O problema da caridade é que pode tornar-se uma muleta. Quanto mais as pessoas recebem doações, mais dependentes se tornam delas – e menos motivadas se tornam para fazerem um esforço extra no sentido da auto-sustentabilidade. Como escreveu Moyo sem rodeios, "a ajuda humanitária nunca criou um posto de trabalho".

Tal é o caso em África. Quem tiver lido meu livro, *Big Barrels*, poderá lembrar-se da discussão sobre este tema. A minha pesquisa para esse livro revelou análises que demonstram que países dependentes da ajuda humanitária são menos capazes de sair da pobreza hoje do que eram há trinta anos.

Depender dos outros é um obstáculo. E a ajuda humanitária, por muito bem intencionada que seja, vem muitas vezes com um preço.

Consideremos a questão dos empréstimos. Claro, os empréstimos a crédito são desenhados para que sejam pagos de volta e não para serem oferecidos simplesmente por generosidade. Mas os empréstimos promovem dependências que podem ser tão prejudiciais como a muleta da caridade. Quando é necessário pagar de volta, os países que acumularam demasiados empréstimos são incapazes de pagar as suas dívidas.

Esta é definitivamente uma situação comum na África Subsaariana, onde o Overseas Development Institute (ODI) classificou, em Outubro de 2018, quase 40% dos países como estando "em perigo de cair numa grande crise de dívida", e nomeia oito países – Chade, Moçambique, República do Congo, São Tomé e Príncipe, Sudão do Sul, Sudão, Gâmbia e Zimbábue – como estando já em situação de crise de endividamento.[26]

"Ainda que os empréstimos sejam muitas vezes vistos como um pré-requisito para o crescimento, uma dívida insustentável representa riscos significativos para os compromissos globais de pôr fim à pobreza extrema, incluindo os

Objetivos de Desenvolvimento Sustentável (ODS). Encargos de dívida insustentáveis obrigam os governos a gastar mais para colmatar a dívida e menos em educação, saúde e infraestrutura", escreveram Shakira Mustapha e Annalisa Prizzon, autoras do ODI. "Dívidas elevadas também criam incerteza, desencorajam o investimento e a inovação, e têm um impacto negativo no crescimento económico. Uma crise da dívida mal gerida não só poria em causa o progresso feito na direção dos ODS, mas poderia mesmo reverter os progressos feitos na última década."

Se por um lado estamos gratos pelas décadas de apoio financeiro, precisamos de aprender a autossustentar-nos – a pescar por nós próprios. Os dias da nossa dependência de investidores estrangeiros e de ajuda externa têm de chegar ao fim se nós, africanos, queremos fazer melhorias significativas na nossa terra natal.

A Colaboração é Crítica para o Futuro de África

Vamos olhar para alguns dados geográficos surpreendentes: África, o segundo maior continente a seguir à Ásia, tem cinco vezes o tamanho da Europa, mas a sua costa tem apenas um quarto do comprimento, e 16 dos seus países não têm ligação ao litoral. Isto tem implicações sérias para o comércio internacional.

No estudo intitulado "Geography and Economic Development", para o National Bureau for Economic Research, John Gallup, Jeffrey Sachs, e Andrew Mellinger identificaram que "países litorais geralmente têm rendimentos mais elevados do que países sem costa. De facto, nenhum dos 29 países sem acesso ao mar fora da Europa regista um alto rendimento per capita."[27]

Será que isto significa que o desenvolvimento económico em países africanos não-costeiros é impossível?

Claro que não, mas isso requer dedicação e cooperação. A África é a soma das suas partes; se uma nação colapsar, o resto também sofre, mas se crescermos juntos, apoiando-nos uns aos outros e considerando os sucessos de uns como os sucessos de todos, a nossa força é ilimitada. Já estamos a assistir a sinais desse apoio, desde as dezassete nações que fazem fronteira com o Golfo da Guiné, que juntaram forças para melhorar a segurança marítima na região, até aos quatro países da África Oriental que se estão a unir para melhorar a produtividade e o crescimento agrícola através de avanços científicos.

O sucesso gera sucesso, mas o trabalho coletivo de todas as partes interessadas também é necessário: o trabalho dos governos africanos, das empresas e dos investidores africanos, e das organizações que se esforçam para defender o lugar a que este continente tem direito no mundo do comércio do século XXI.

O Papel dos Governos Africanos

Vamos falar do governo. Qual é a sua responsabilidade em garantir crescimento económico com sucesso?

A infografia do ODI, intitulada "Financing the End of Extreme Poverty", afirma que "o crescimento económico, por si só, poderia reduzir a pobreza mundial para metade. Investimentos em saúde, educação e proteção social poderiam fazer o resto".[28]

Sim, muitas nações africanas têm economias pequenas, nas quais obter taxas de crescimento elevadas e expandir rendimentos será um desafio. Mas, como apontam Indermit Gill e Kenan Karakülah na peça que escreveram para a Brookings Institution, "expandir rendimentos fiscais é algo que quase todos os governos do subcontinente podem fazer por si próprios"[29].

No entretanto, Gill e Karakülah acreditam, tal como eu, que as maiores economias africanas têm a capacidade de expandir as suas próprias economias e de estimular um crescimento positivo considerável – inclusive além-fronteiras:

"Existem alguns países que conseguem atingir estes objetivos sozinhos. Com mais de metade da produção económica da região, a Nigéria e a África do Sul controlam não só os seus próprios destinos, mas também os dos seus vizinhos".

Eu acrescentaria que grandes economias que privilegiam a cooperação entre governos federais, provinciais e municipais serão os que têm maior probabilidade de gerar crescimento com sucesso. Olhemos para a Nigéria e para a África do Sul. Até que ponto é que a sua estrutura centralizada num governo federal tem contribuído para o desenvolvimento económico?

O governo nigeriano controla a vasta maioria dos recursos da nação – e, como tal, o poder –, deixando os fracos governos municipais sem fundos, ineficientes e sem poder para lidarem com as questões locais. Todos os níveis de governo deveriam ter recursos suficientes para completar os projetos sob a sua jurisdição, mas isso não está a acontecer – os diferentes níveis não estão a cooperar, e toda a gente está a sofrer as consequências. Isto tem um impacto real no atraso do desenvolvimento, especialmente no que toca à criação de valor e desenvolvimento infraestrutural.

Em contraste, a Constituição Sul-Africana de 1996 identifica os seus três órgãos de governo (nacional, provincial e local) como "esferas" em vez de níveis, para reforçar a interdependência em vez da dependência. Embora isto seja ótimo na teoria, este esforço de descentralização do poder foi dificultado pela falta de um quadro legislativo adequado. Uma delegação de responsabilidades pouco clara tem significado que, muitas vezes, a esfera de governo que se espera que execute determinada atividade não tem a capacidade para o fazer.

Como a África do Sul nos demonstra, os elementos-chave necessários são regulamentações fortes, claras, e implementáveis. Precisamos de melhorar as nossas políticas de regulamentação para que sejam claras e eficazes. Ao mesmo tempo, deixemos o setor privado trabalhar. Enquanto um governo central forte é bom para a estabilidade, políticas mais descentralizadas vão permitir às comunidades locais trabalhar de forma eficaz, empregando os recursos locais sempre que possível.

"Países com melhores quadros legais exibem maior eficiência de investimento", explica o Banco Mundial.[30] "As instituições de um país podem criar incentivos ao investimento e à adoção tecnológica, bem como a oportunidade para a força laboral acumular capital humano, facilitando assim um maior crescimento de longo prazo. Instituições fracas, por contraste, poderão encorajar atividades rentistas e de corrupção, levando a atividades menos produtivas; desencorajando o investimento e a acumulação de capital humano; o que leva a piores resultados a nível de crescimento".

Com isto em mente, o exemplo mais impressionante de avanços no sentido da melhoria do ambiente de negócios poderá ser o Ruanda, que é essencialmente um país sem recursos naturais – mas que apesar disso construiu algo incrível.

Na primavera de 1994, o mundo assistiu ao genocídio de quase um milhão de Tutsis étnicos e Hutus moderados às mãos de membros extremistas de etnia Hutu. Na maior parte das cidades do Ocidente, as pessoas perguntavam-se:

como pôde isto acontecer? Como pudemos deixar isto acontecer? Mesmo depois dos massacres pararem, o país encontrava-se em profundo desespero e à beira do colapso.[31] E ainda assim, as últimas duas décadas trouxeram uma viragem económica fantástica porque o governo trabalhou para posicionar o país como um destino atraente para desenvolver atividades comerciais. Concentraram-se em elementos que atraem investidores, desde melhorias na infraestrutura e serviços de transporte até ao comércio intra-regional, à segurança e às melhorias nos serviços de saúde. Acima de tudo, estabeleceram um sistema burocrático eficiente. Isto é, algo que a maioria dos países africanos poderia imitar com orgulho. Com a liderança certa, qualquer país pode ser uma história de sucesso.

Eu vejo duas grandes mudanças de regulamentação que os governos africanos podem implementar imediatamente para promover investimento.

A primeira é a santidade dos contratos. Os investidores querem saber, inequivocamente, que todos os acordos vão ser respeitados e que eles verão o resultado final do seu investimento financeiro. A segunda é a facilidade em fazer negócios. Os líderes africanos precisam de ter um papel ativo em ambos estes elementos, olhando com atenção para os seus quadros fiscais. Não podemos criar bons ambientes para desenvolver atividades comerciais ou criar oportunidades de investimento se não assegurarmos que as pessoas recebem os dividendos justos pelos seus investimentos. Precisamos de demonstrar os benefícios associados aos investimentos que tentamos promover, enquanto nos preparamos para responder às dinâmicas do mercado, porque a integração sem preparação só leva à frustração.

O Papel das Empresas e dos Investidores Africanos

O mercado livre funciona bem, não porque o setor privado é feito de santos – muitos dos empresários que conheci estão tão focados em servir apenas os seus próprios interesses quanto os políticos   , mas devido à concorrência. Sem este elemento crucial, inerente ao mercado livre, não existe garantia de que os recursos que o setor privado aplica sejam de facto utilizados de forma eficiente.

Nós, os africanos, temos de construir organizações melhores e operar melhores empresas. o setor privado tem de trabalhar em parceria com o governo para criar emprego e multiplicar as oportunidades no mercado doméstico. As empresas africanas têm de compreender que tudo depende de mostrar resultados e fazer o trabalho bem feito: Não há *glamour* que nos valha se não houver retorno do investimento.

Isto não quer dizer que os empresários devam ser gananciosos e focados apenas no lucro, mas o sucesso de um país depende muito do sucesso das suas próprias empresas. Os empresários deveriam considerar uma obrigação dupla: a necessidade de fazer lucro para manter a empresa a funcionar e a de apoiar a prosperidade da comunidade.

Uma maneira sólida de obter lucro é investir numa empresa parceira em vez de avançarem com um investimento de forma isolada.

Quando comecei a minha firma, tive o privilégio de ter como parceiros a firma de advocacia americana Greenberg Traurig, sob a liderança do seu presidente em África, Jude Kearney. Eles não me ofereceram apenas dinheiro em troca de negócios. Eles ofereceram-se para investir nos nossos trabalhadores e ajudaram-me a construir a minha equipa lado a lado com os nossos clientes. Este foi um modelo interessante para mim e que eu nunca tinha sequer considerado. Acabou por moldar a minha firma e deu-nos muito mais com que trabalhar do que uma simples troca de serviços teria feito. No processo, expandi ainda mais a minha educação Ocidental e incuti uma cultura de ética corporativa e de promoção de capacidades na minha equipa, enfatizando também sempre os valores africanos.

As empresas podem ser bem-sucedidas em África se derem apoio às comunidades. Se construirmos organizações fortes com recursos humanos fortes e estabelecermos redes de cooperação sólidas, *dentro* do mercado africano e *por dentro* dos mercados domésticos, isso vai permitir-nos criar oportunidades para tirar partido de recursos virtualmente ilimitados.

Já critiquei aqui as doações estrangeiras, mas isso não quer de todo dizer que os negócios com parceiros estrangeiros não sejam uma opção responsável. Pelo contrário: os parceiros internacionais são essenciais para o crescimento de África. Eles podem passar-nos o *know-how* de que precisamos para avançar. Pessoalmente, a minha educação americana e a minha parceria comercial com uma empresa americana deram-me a oportunidade de acreditar em mim mesmo.

Mas o capital só funciona num ambiente propício.

Os melhores parceiros que as empresas africanas podem ter são investidores que promovam uma transferência de *know-how* tecnológico e que capacitem os africanos para a usar – e melhorar. Em suma, não vamos desenvolver África sem tecnologia.

Investidores que mostram que querem participar em pleno conosco, que se estabelecem no mercado e que constroem negócios sustentáveis de longo prazo que são rentáveis e que perduram no tempo, criam empregos e promovem desenvolvimento.

Pelo contrário, investidores que ainda vêem África como um sítio para atirar sacos cheios de dinheiro (literal e figurativamente), vão ter dificuldades.

Hoje em dia, os africanos desaprovam o "modelo de ajuda humanitária" porque sabem que este modelo levou à corrupção, à má gestão, ao roubo e – pior do que tudo – à animosidade entre os africanos.

O Papel das Organizações Pan-Africanas

As nações de todo o continente já acordaram. Nós já percebemos a verdade por detrás do conceito de encontrar a força na união. A cooperação e a colaboração entre vizinhos e através de fronteiras estão a potenciar a capacidade de auto-subsistência africana.

Estamos a unir-nos por uma mudança positiva.

Isto está a acontecer a grupos como o Mecanismo de Facilitação do Clima de Investimentos para África (*Investment Climate Facility for Africa* – ICF) e a outras organizações independentes, que promovem iniciativas que facilitam a atividade comercial. A ICF, em particular, torna possível às empresas "registarem-se, pagar os seus impostos, resolver disputas comerciais, desalfandegar produtos, e muito mais, de uma forma rápida, simples e transparente. Esta simplificação e aumento de eficiência está a ajudar a acelerar o crescimento económico, o que por si está a mudar a vida de milhões de africanos.

Como explicou o co-presidente do conselho da ICF e ex-Presidente da República da Tanzânia, Sua Excelência Benjamin Mkapa, "a ICF foi estabelecida para provar que as reformas ao clima de investimento podem ser feitas de forma rápida e utilizando poucos recursos, tendo grande impacto no setor privado, nos governos e nos países em geral. Nós conseguimos fazer isso. Nós mostrámos que é possível. Agora é a vez dos países africanos seguirem o exemplo estabelecido pelo ICF e promover grandes reformas no clima de investimento, que irão despoletar o desenvolvimento de África e libertar o espírito empresarial das suas gentes".[32]

Da mesma maneira, o Banco Africano de Investimento (*African Development Bank* – AfDB) reforça as economias africanas ajudando os seus 54 países-membros regionais e os seus 26 países-membros não-regionais (não-africanos) a alcançar os seus objetivos de desenvolvimento económico sustentável e progresso social. Ao ajudar os países africanos – individual e coletivamente – a investir capital público e privado, e ao financiar projetos desenvolvidos tanto por governos como pelo setor privado, este banco de investimento multilateral está a atacar diretamente aquele que é o seu principal alvo: a pobreza que assola o continente. Isto quer dizer que o AfDB não providencia apenas assistência financeira. Para apoiar os esforços ao desenvolvimento, os países-membros regionais recebem apoio ao desenvolvimento de políticas e assistência técnica sempre que necessário.

Com a sua ligação e compreensão do continente, o banco está numa posição única para ajudar os seus membros de forma extremamente eficaz. O *website* da AfDB (www.afdb.org) explica que "a admissão de membros não-regionais em 1982 deu ao AfDB recursos adicionais que lhe permitiram contribuir para o desenvolvimento económico e social dos seus países-membros regionais através de créditos com juros baixos. Com um maior número de membros, a instituição foi agraciada com maior competência e com a credibilidade dos seus parceiros, bem como o acesso aos mercados dos seus países-membros não-regionais. O AfDB beneficia de *ratings* triplo-A de todas as principais agências de *rating* internacionais. Contudo, o AfDB mantém um caráter africano, derivado da sua localização geográfica e da sua estrutura de acionistas. O banco cobre exclusivamente África. Tem a sua sede em África e o seu presidente é sempre africano".

Isto, a meu ver, é essencial: os africanos devem unir-se *em* África, *com* africanos, *por* África.

O que não quer dizer que devamos pôr de parte o envolvimento internacional completamente. O AfDB exemplifica o valor de uma constituição maior, com um alcance mais extenso e com maior acesso a fundos. É também o caso da Grande Muralha Verde (Great Green Wall). Sem o apoio externo de múltiplas organizações sem fins lucrativos e de agências internacionais como o Banco Mundial e as Nações Unidas, estes 20 países africanos talvez nunca se tivessem juntado na batalha contra a fome, ao mesmo tempo que reforçaram as suas economias. Mas fizeram-no nos termos de África.

A Iniciativa da Grande Muralha Verde do Saara e o Sahel (*Great Green Wall of the Sahara and the Sahel Initiative* – GGWSSI) foi um programa lançado em 2007 pela União Africana (*African Union* – AU) para reverter a degradação de terrenos e a desertificação do Sahel – a cintura semiárida que percorre 5.400 quilómetros (3.360 milhas) desde o Oceano Atlântico no Ocidente, até ao Mar Vermelho no Oriente – e a região do Saara. A iniciativa começou com um projeto massivo de plantação de árvores que resultou numa barreira de árvores – com 15 quilómetros (9 milhas) de largura e 7.775 quilómetros (4.831 milhas) de comprimento –, estendendo-se desde o Senegal no Oeste até ao Djibuti no Leste. Ainda que a ideia da muralha tenha vindo a ser considerada impraticável, a campanha de proteção da região evoluiu para algo novo.

"A pouco e pouco, a ideia da Grande Muralha Verde evolui para um programa centrado à volta das técnicas de uso da terra indígena, e não na plantação de uma floresta à volta do deserto", disse à *Smithsonian Magazine* Mohamed Bakarr, o principal especialista ambiental da Global Environment Facility.[33] "Nós alterámos a visão de base da Grande Muralha Verde, de uma que era impraticável para uma que é prática. Não é necessário uma muralha física mas sim um mosaico de práticas de uso da terra que eventualmente vão corresponder às expetativas que tínhamos para uma muralha. Foi transformada em algo metafórico."

Em todo o continente, todos os africanos devem lutar por melhores práticas nas atividades comerciais e por uma boa governança. Isto não deve ser deixado para empresas Ocidentais ou instituições estrangeiras fazerem. Agradecemos a ajuda mas temos de ser nós a liderar este processo. Não podemos continuar a ser testemunhas passivas no que toca a lutar por políticas que promovem o investimento, criam postos de trabalho e trazem prosperidade aos países africanos e às suas gentes.

Portanto, vamos aprender a pescar – e ensinar uns aos outros o que aprendermos.

3

Um Lugar à Mesa: África e a OPEP

Quando a Guiné Equatorial se tornou membro da OPEP em 2017, foi como ocupar um lugar no equivalente global à mesa dos adultos. A nação – o quarto maior produtor de petróleo de África nesse ano[34] – teria finalmente uma palavra a dizer quando fossem tomadas decisões que afetassem a economia petrolífera mundial e o seu próprio destino.

Os membros da OPEP controlam mais de 40% da produção petrolífera mundial, cerca de 39,4 milhões de bbl/d em 2017.[35] Desses, a contribuição da Guiné Equatorial é apenas uma pequena fração, cerca de 195.000 bbl/d.[36] Mas a importância do petróleo para a sua economia nacional não pode ser subestimado: o petróleo corresponde a cerca de 80% de todas as exportações da Guiné Equatorial e 90% das receitas do governo.[37] Com a OPEP decidida a ver os preços ajustados para o que a organização determina ser um nível confortável e aceitável para todos os agentes do mercado, só a possibilidade de fazer parte da conversa – e de ser ouvido – é de grande importância para a Guiné Equatorial.

"Dá-nos uma voz", disse Gabriel Mbaga Obiang Lima, Ministro de Minas e Hidrocarbonetos da Guiné Equatorial, à *S&P Global Platts* numa entrevista em 2019. "Acreditamos que fazer parte da OPEP é uma coisa positiva. Seguramente, deu-nos acesso a informação que de outra forma não poderíamos ter obtido, mas juntarmos-nos à OPEP e a esta nova iniciativa alcançou também o que nós queríamos, que era estabilizar o preço do petróleo. Quaisquer ideias novas que mantenham esta estabilização serão bem recebidas pelo governo."

A iniciativa a que Lima se refere é a histórica Declaração de Cooperação da OPEP, acordada pelos seus membros em 2016 e que a OPEP recentemente prolongou. Parece-me correto afirmar que os cortes de produção estabelecidos no acordo salvaram a indústria petrolífera do colapso, promoveram o interesse em investimentos petrolíferos em África e devolveram segurança económica a nações dependentes do petróleo, muitas das quais são africanas. E é pouco provável que esse sucesso tivesse ocorrido sem a participação de Àfrica, algo que o secretário-geral da OPEP, o Dr. Mohammad Barkindo reconhece.

Numa reunião de produtores de petróleo em Malabo, na Guiné Equatorial, em abril de 2019, Barkindo deu crédito a África por ter ajudado a avançar com a Declaração. Fez questão de relembrar a audiência de que mais de um terço dos 24 países que estão a trabalhar juntos sob esta estrutura de cooperação são africanos, e que as nações africanas compõem metade dos membros da OPEP. Os números, disse Barkindo, "demonstram o papel vital que este grande continente tem a desempenhar dentro da OPEP, dentro da Declaração de Cooperação, e dentro da indústria petrolífera mundial".[38]

Com 130 mil milhões em reservas de petróleo comprovadas – um valor que é 50% mais elevado do que no final dos anos 90 – e com reservas de gás natural comprovadas a duplicar desde meados da década de 80, África é um mercado de fronteira cheio de promessa, acrescentou o secretário-geral.

"É prova irrefutável do potencial petrolífero de África, das excitantes e abundantes oportunidades, e do papel que esta indústria pode desempenhar no desencadeamento de um tremendo desenvolvimento económico e de prosperidade para o continente", disse Barkindo.

A Declaração, tão apoiada pelos estados-membros africanos, está já a ter um impacto em todo o continente. Quando os mercados petrolíferos estão em crise, o caminho da dignidade e da prosperidade fica fechado para muitas famílias africanas. Deixa muitos africanos, particularmente aqueles com baixos níveis de educação, sozinhos para definirem o seu próprio curso, onde antes existiam caminhos claros e definidos que levavam a uma vida próspera. Mas quando os mercados estão estáveis, os benefícios espalham-se por todas as nações, mesmo naquelas que não possuem recursos petrolíferos, como veremos quando olharmos para os programas de ajuda humanitária da OPEP.

Na Guiné Equatorial, antecipa-se agora um aumento significativo da atividade de exploração *offshore*, e estas expetativas são fundamentais. Nos últimos anos, o país conseguiu atrair 2,4 mil milhões de dólares em investimento estrangeiro[39], e neste momento estão planeados 10 novos poços[40]. O país espera que esta nova atividade venha não só a reverter o recente declínio na produção nacional, mas que poderá mesmo levar a um aumento de produção para cinco vezes mais do que a produção atual em 2025 – uma prova de que ser membro da OPEP pode ser um forte motor de transformação.

Expandir os Números, Aumentar a Força

Mas além do efeito material nos mercados e no investimento, a Declaração de Cooperação também demonstra outra coisa: a importância de tomar uma posição unida.

Na verdade, a unidade está na base de todas as decisões da OPEP. A OPEP fala pelos interesses comuns de todos os membros mas também toma em consideração as necessidades e opiniões individuais de cada membro com muita seriedade e defende-as em nome desses membros. Por seu lado, o secretário-geral tem encorajado repetidamente os vários países africanos a construir alianças que promovam a otimização da utilização dos seus recursos petrolíferos, quer sejam membros da OPEP ou não. Barkindo já se provou o líder e o defensor de que a OPEP necessita neste momento, respondendo adequadamente a ataques vindos de alguns dos líderes legislativos e executivos do governo de Washington. A sua capacidade para gerir a saída do Qatar, para manejar as questões à volta da Líbia e do Irão, da Venezuela, da Arábia Saudita, e para trazer a Rússia para a mesa de negociações, tem sido revolucionária. Já tive oportunidade de o observar de perto e ele revelou-se extraordinariamente calmo sob grande pressão, refrescantemente eloquente, e deu provas de grande inteligência; demonstrou que tem a capacidade de construir coligações e de manter esta difícil organização coesa. Este tipo de senso comum e de liderança carismática precisa de ser valorizada tanto em África como no resto no mundo.

Ainda me impressiona a sua humildade e a sua determinação inspiradora para trazer a Rússia e outros para estabelecer um acordo que salvou a indústria petrolífera, e que beneficiou muito as economias africanas. Apesar dos muitos céticos e dos fortes ataques que lhe dirigiram, Barkindo manteve-se focado na obtenção dos objetivos da OPEP, e luta diariamente pela organização em face de extraordinários desafios.

Na OPEP a noção da força pela união está muito presente. A organização diz que cada novo membro contribui para a estabilidade do grupo e para reforçar a sua dedicação uns aos outros. Todas estas diferentes perspetivas criam uma cultura rica, onde os diversos parceiros podem aprender uns com os outros., antecipar e responder à complexidade dos mercados petrolíferos atuais, e, em último caso, influenciar o preço do petróleo. A OPEP também diz que os novos membros trazem novas perspectivas sobre os desenvolvimentos sociais, económicos e políticos de cada região. Acima de tudo, a OPEP é prova do que a gestão cuidadosa das riquezas petrolíferas pode trazer, particularmente num quadro geopolítico global tão complexo.

A Guiné Equatorial não é o único novo elemento da organização a reconhecer o quão apelativo é ser membro da OPEP: O Gabão voltou a juntar-se à organização em 2016, após um longo hiato, e, com incitação de Lima, a República do Congo também aderiu ao grupo em 2018. Com eles, o número de países africanos na OPEP sobe para 7, metade dos actuais 14 membros da organização.

Sendo que África é uma das últimas fronteiras de petróleo e gás no mundo, onde grandes descobertas são ainda possíveis, não é surpreendente que o equilíbrio esteja a mudar: Com a adição de mais nações africanas, a OPEP ganha maior controlo sobre a produção energética mundial e o crescente capital político que isso implica.

Isto é apenas uma parte da equação. Como bem sabemos, o Médio Oriente tem sido sempre a estrutura central de domínio da OPEP desde que a organização foi fundada. Mas com os reservatórios a atingir a maturação nesta região e com a produção progressivamente a declinar, expandir a sua cobertura geográfica é uma das fórmulas que a OPEP pode usar para trazer equilíbrio à sua estrutura produtiva. Quando a organização se associa a produtores africanos, é como se estivesse a assinar uma apólice de seguro para garantir a sua cota de mercado, onde até os pequenos produtores têm um papel importante no crescimento progressivo do domínio da OPEP sobre o mercado.

Para abrir a porta a nações como a Guiné Equatorial, a República do Congo ou o Gabão, a OPEP teve de repensar a sua estratégia de membros e de desistir da sua estrutura de quotas de produção que estava há muito estabelecida. Durante muitos anos, só países com uma produção mínima de 500.000 bbl/d poderiam sequer sonhar em ser membros da OPEP. O que não quer dizer que todos os produtores que preenchessem os critérios se tornassem membros do grupo: É improvável que os Estados Unidos alguma vez se juntem a este grupo, e a Rússia – que pôs de lado a sua animosidade com a Arábia Saudita, que é de facto o líder da OPEP, para participar nos históricos cortes de produção para estabilizar os preços em 2017 – também se mantém independente.

Portanto, agora que abandonou o critério de produção mínima, a OPEP está a ser mais agressiva do que nunca na procura de novos membros, estendendo convites com base em potencial mais do que na história petrolífera dos países. Como prova disso basta-nos olhar para a reunião que teve lugar em Viena, em Dezembro de 2018, em que a OPEP convidou vários pequenos produtores africanos para se juntar à discussão. Para o Chade, o Gana, os Camarões, a Mauritânia e a Costa do Marfim – que no seu todo produzem apenas cerca de 600.000 bbl/d – e o Uganda, que ainda nem sequer começou a produzir, este é um possível sinal de que a ascensão a membro da organização poderá estar a caminho.[41]

E se a adição destes países beneficiaria a OPEP, beneficiaria África ainda mais. Para ser levada a sério dentro da OPEP – para ter maior eficácia negocial – África precisa de uma representação maior. É simples, na verdade – quantos mais países-membros africanos, quanto maior a produção que lhes corresponder, mais provável é que estes países sejam ouvidos. Se queremos aumentar a influência que África tem dentro da OPEP e melhorar o perfil que temos dentro da economia petrolífera mundial, mais nações africanas têm de se juntar.

Ter Amigos nos Sítios Certos

O facto de o presidente Vladimir Putin ter concordado com reduzir a produção russa de petróleo em 2017 para se alinhar com os objetivos da OPEP foi mais um passo importante para uma parceria cada vez mais valiosa para os dois lados. Com uma produção diária de cerca de 11,34 milhões de bbl/d[42], sugerir que a Rússia é algo menos do que um gigante global do petróleo é risível. E não há que enganar no que toca à capacidade da Rússia de fazer sentir o seu considerável peso sobre outros elementos do mercado: a extensão dos cortes de produção para fazer subir os preços em dezembro de

2018 poderia nunca ter acontecido sem as promessas russas – e a sua capacidade de estruturar um acordo que pusesse fim ao conflito entre a Arábia Saudita e o Irão e satisfizesse as exigências de ambas as partes.

Não foi a primeira vez que a Rússia veio em auxílio da OPEP. Só nestes três anos em que tem sido aliada da OPEP, a Rússia já ajudou o grupo a ultrapassar momentos duros, incluindo a instabilidade de preços, alterações de regime em países-membros, e as brigas internas habituais – para não falar nas críticas que o Presidente americano costuma fazer no Twitter. Mas os benefícios não são de todo unilaterais: a Rússia consegue agora exercer uma influência nunca antes vista sobre os maiores mercados petrolíferos do mundo, e por extensão, sobre o Médio Oriente.

Especula-se que a Rússia poderá estar à beira de formalizar a sua relação com a OPEP. Mas quer isso aconteça quer não, a sua afiliação ao grupo é uma ótima notícia para os produtores africanos. Afinal de contas, se nos medirmos pelas companhias que mantemos, estar do lado da Rússia é definitivamente o sítio certo para estar.

Se Queremos Ir Longe, Temos de Ir Juntos

Um bloco com cada vez mais membros africanos na OPEP não é o único símbolo da emergência de África no palco petrolífero internacional, nem é a primeira vez que os produtores do continente se juntaram por um objetivo comum. Essa honra pertence a um grupo conhecido por Organização de Produtores de Petróleo Africanos (*African Petroleum Producers Organization* – APPO), que foi estabelecido em Lagos em 1987.

O objetivo da APPO é maximizar os proveitos económicos das atividades petrolíferas através da cooperação entre os seus 18 países-membros: a Algéria, Angola, o Benim, os Camarões, o Chade, a República Democrática do Congo, a Costa do Marfim, o Egito, o Gabão, o Gana, a Guiné Equatorial, a Líbia, a Mauritânia, o Níger, a Nigéria, a África do Sul, e o Sudão. A APPO fornece tudo, desde apoio tecnológico a força laboral para exploração, produção e refinagem.

Também apoia os esforços da OPEP para estabilizar preços, mesmo quando isso representa cortes de produção. Os dois grupos têm muitos membros em comum, e com aquilo a que Barkindo chama de intensificação das relações da OPEP com África, a colaboração entre a OPEP e a APPO parece quase instintiva.

Na verdade, o valor da parceria entre os dois grupos esteve muito presente quando Barkindo discursou no congresso e exposição APPO CAPE VII, que teve lugar na Guiné Equatorial em abril de 2019.

"Pode parecer muitas vezes que a nossa indústria está sujeita a forças que estão para lá do nosso controlo", disse o secretário-geral. "Eventos geopolíticos, catástrofes naturais, desenvolvimentos tecnológicos e outras incertezas críticas: estamos todos perfeitamente conscientes do impacto que podem ter. Ainda assim, como a Guiné Equatorial, a APPO, a OPEP e a Declaração de Cooperação demonstram, há outra força que está de boa saúde e que pode influenciar a indústria, que é o desejo de produtores, consumidores e investidores de terem uma estabilidade sustentável nos mercados petrolíferos. Esta força prospera nos corações e nas mentes dos líderes que sabem que a colaboração e o trabalho de equipa continuam a ser a estratégia mais eficaz para resolver problemas que esta indústria, ou qualquer outra indústria, alguma vez conheceu. Esta força pode guiar-nos para a saída de qualquer lugar escuro e trazer-nos para a luz", acrescentou. "Baseia-se no princípio da transparência, da justiça, da equidade e do respeito entre as nações."

Barkindo concluiu o seu discurso com um dos seus provérbios africanos preferidos: "se queremos ir depressa, vamos sozinhos. Se queremos ir longe, temos de ir juntos".

Para mim, nada demonstra a importância da cooperação melhor do que isto.

O Efeito Desconhecido do NOPEC

Durante os anos que passei como estudante de Direito nos Estados Unidos, uma das coisas que aprendi a admirar verdadeiramente foi a ingenuidade americana. Eu adorava seguir as notícias sobre as *startups* americanas que conseguiam juntar dinheiro suficiente para se expandirem internacionalmente, explorarem petróleo - e contra todas as expetativas - alcançarem o sucesso.

Estas empresas estavam a criar oportunidades tanto para americanos como para as pessoas dos países onde estavam a trabalhar. Era o Sonho Americano a acontecer diante dos meus olhos. Não tenho qualquer dúvida de que estas histórias inspiraram a trajetória da minha carreira em África, onde tive oportunidade de aconselhar muitos governos africanos sobre questões petrolíferas e de contribuir para melhorar as relações entre eles.

Escusado será dizer que é extremamente desanimador ver um país como os Estados Unidos, responsável por tanta inovação, simultaneamente a propor legislação que limita a inovação noutros países. E esse é apenas um dos efeitos secundários não intencionais que o proposto Ato Contra Cartéis de Produção e Exportação de Petróleo (*No Oil Producing and Exporting Cartels Act* – NOPEC) poderia ter. No limite, a proposta de lei da Câmara dos Representantes do governo americano (U.S. House of Representatives) produziria provavelmente o resultado contrário ao das empresas que me inspiraram enquanto estudante: Resultaria em menos oportunidades para os americanos e para os países que com eles colaboram.

A Guiné Equatorial é o quinto membro da OPEP que vem da África Subsaariana – e o mais pequeno produtor da OPEP. Mas antes que a tinta secasse no cartão de membro da Guiné Equatorial, o Ministro de Minas e Hidrocarbonetos Gabriel Mbaga Obiang Lima já estava a fazer planos ambiciosos. O seu objetivo é aumentar a produção petrolífera do país para 300.000 bbl/d até 2020, o que representaria um retorno aos valores pré-2014, quando o mercado colapsou. Num prazo mais longo, o Ministro quer ver a produção do país chegar aos 500.000 bbl/d em 2025.[43]

Uma incerteza que pode representar uma barreira a esse progresso é o NOPEC. Esta lei, que está pendente nos Estados Unidos no momento em que escrevo, permitiria ao Departamento de Justiça americano processar produtores de petróleo estrangeiro por coordenar quotas de produção e manipular preços, citando violações concorrenciais. Empresas estrangeiras perderiam a proteção concedida pela sua imunidade soberana.

A legislação não é nova: Foi inicialmente proposta em 2000 e ambos os ex-Presidentes George W. Bush e Barack Obama se opuseram. O

Presidente Trump, por outro lado, poderia apoiá-la. Já por repetidas vezes o Presidente fez uso da sua plataforma de Twitter para criticar a OPEP por fazer subir artificialmente o preço do petróleo.

A frustração americana com a OPEP é compreensível, porque historicamente a organização chegou a controlar 80% da produção petrolífera mundial. A OPEP já teve o poder de influenciar os mercados e os Estados Unidos já foram forçados a viver com as consequências disso.

Mas tentar acabar com a OPEP com processos legais punitivos não serve os interesses americanos. Em 2007, quando uma versão quase idêntica do NOPEC esteve a ser considerado, o Departamento de Administração e Orçamento americano (U.S. Office of Management and Budget) avisou que uma tomada de ação legal contra a OPEP e os seus membros poderia resultar em disrupções nos fornecimentos de petróleo, e que em vez de baixar o preço da gasolina, os processos legais iriam provavelmente fazer os preços subir. O Secretário do Tesouro americano, Henry Paulson, disse que só a aprovação do NOPEC enquanto lei seria uma ameaça ao investimento estrangeiro nos Estados Unidos: Os estados-membros da OPEP poderiam decidir retirar ativos para evitar que fossem apreendidos.

Estes não são receios despropositados, e o mesmo risco continua a existir hoje em dia.

A OPEP já avisou os Estados Unidos de que se a lei for aprovada, a organização "deixará de trabalhar". Noutras palavras, os cortes de produção que estão hoje instaurados desapareceriam e os estados-membros da OPEP começariam a produzir tanto petróleo quanto possível. Os preços cairiam rapidamente, o que teria sérias consequências para produtores de petróleo de xisto americanos, que necessitam do preço a um determinado nível para compensar o seu investimento.[44]

O NOPEC poria também em risco investimentos estrangeiros no setor petrolífero americano, desde a exploração à infraestrutura.

Por exemplo, em setembro de 2018, Gulftainer, uma empresa emiradense, recebeu sinal verde por parte do governo americano para operar o Porto de Wilmington, em Delaware; um porto e terminal marítimo de águas profundas. A Gulftainer já anunciou que irá expandir as capacidades do terminal de cargas e melhorar em geral a produtividade do porto. Quão provável será acordos como este voltarem a acontecer se o NOPEC for aprovado?

A perda de parcerias e oportunidades de investimento para os americanos estende-se para lá dos estados-membros da OPEP. Outros países podem questionar-se se o precedente estabelecido pelo NOPEC os põe em risco legal, particularmente num país tão litigioso como os Estados Unidos. Outras nações poderão pensar duas vezes antes de criar parcerias ou investir em projetos petrolíferos nos Estados Unidos, para proteger as suas próprias relações com membros da OPEP.

E temos também a questão das empresas de petróleo americanas que operam no estrangeiro. Países estrangeiros podem começar a limitar o acesso destas empresas ou bani-las completamente. Estas oportunidades perdidas não afetariam apenas as multinacionais de exploração e produção – como a ExxonMobil, a VAALCO Energy, a Chevron, a Murphy, a Anadarko Petroleum Corporation, a Apache Corporation, a Marathon Oil, a Occidental Petroleum, a Noble Energy ou a Kosmos Energy –, mas afetariam também as empresas de serviços petrolíferos como a Halliburton, a Schlumberger, a Stewart & Stevenson, a McDermott International, a MODEC, a Nalco Champion, a National Oilwell Varco, a Oceaneering International Inc., a Precision Drilling, a Weatherford International, ou a Baker Hughes.

Qualquer um destes cenários poderia afetar negativamente a economia americana com menos emprego, cortes na oferta de petróleo, ou o aumento do preço da gasolina.

Claro, não posso deixar de me concentrar particularmente no potencial que o NOPEC tem para prejudicar o meu continente natal. Este renovado interesse americano em passar legislação anti-OPEP surge numa altura em que o envolvimento e influência africana na OPEP nunca esteve tão alto.

A Guiné Equatorial e o Gabão tornaram-se membros da OPEP em 2016 e 2017, respetivamente. Quando a República do Congo se juntou ao grupo em junho de 2018, o número de países africanos na OPEP subiu para sete – comparando com seis do Médio Oriente – e deu ao continente africano um domínio sem precedentes sobre a organização, pelo menos em termos de número de membros.

Esta mudança pode ser sísmica em termos do crescimento e estabilização de África.

Durante demasiados anos, a existência de petróleo em África tem sido mais uma maldição do que uma bênção, contribuindo para a riqueza de investidores estrangeiros enquanto as populações indígenas sofrem com duras condições socioeconómicas e com instabilidade política.

Hoje, uma nova geração de africanos está a dar um passo em frente em todos os países do continente. Eles estão a assumir a responsabilidade de fazer mudanças positivas na sua comunidade através do empreendedorismo e da inovação tecnológica com parceiros americanos. Estes esforços para criar um continente mais estável e forte têm de incluir a utilização estratégica dos nossos recursos naturais, como o petróleo. E a oportunidade de tirar partido desses recursos e influenciar uma organização tão relevante como a OPEP – com uma voz forte e unida – poderia ser exatamente o impulso de que os produtores africanos necessitam.

Mas se o NOPEC for aprovado, este momento de oportunidade seria substituído por uma maior instabilidade em África, à medida que o fundamental investimento americano se esgotaria. Enquanto África se encontra, por agora, à beira de um novo futuro brilhante, as nações e cidades africanas poderiam virar rapidamente na direção do crime e do conflito armado: cenários que resultariam possivelmente na necessidade de intervenção americana, militar e financeira, para corrigir a situação.

Grande parte de África está a mudar para melhor. Políticas que arrisquem empurrar África para a desordem civil são contrários aos ideais americanos.

A América precisa que os estados-membros da OPEP em África

e no Médio Oriente dêem assistência no processo de paz israelo-árabe, que combatam os rebeldes do Boko Haram e do Al-Shabaab, e que promovam os valores americanos. Entrar em litígio contra estes países deixará advogados como eu muito ricos, mas também porá a segurança nacional americana em rota de colisão com os seus interesses económicos.

A América construiu um legado de criação de oportunidades. Criminalizar a OPEP não solucionará as questões que estão na base da subida dos preços da gasolina nos Estados Unidos, e em vez disso, servirá apenas para infligir danos económicos tanto a nível doméstico como internacional. Em geral, isto introduziria imprevisibilidade, volatilidade e o tipo de ciclos de expansão e contração que a OPEP se tem esforçado tanto para evitar. Não há dúvidas sobre o porquê da indústria petrolífera americana ser contra o NOPEC. É negativo em todos os sentidos.

Ser Membro e as Suas Recompensas

Perceber porque é que a OPEP está interessada em África é uma coisa. Mas além de ganhar influência sobre os mercados, de assegurar maior destaque a nível global e de ter maior oportunidade de se coordenar com outros produtores de petróleo mundiais – que são admitidamente grandes vantagens – que mais têm as nações africanas a ganhar por se juntarem à OPEP?

Uma das vantagens potencialmente menosprezadas de aceder à OPEP é o acesso a informação. Quando os preços do petróleo começaram a cair em 2014, muitos pequenos produtores foram apanhados desprevenidos. Em grande parte, isto aconteceu porque estes produtores não tinham acesso a informação de mercado que lhes permitisse compreender os efeitos potenciais da indústria petrolífera americana de xisto ou as consequências eventuais de um excesso de oferta. Para os membros da OPEP, os dias de se ser apanhado de surpresa chegaram ao fim. E mesmo que a história recente demonstre que simplesmente ser membro da OPEP não protege por completo os produtores das variações de preços no mercado mundial, o estatuto de membro oferece a oportunidade de participar numa resposta pensada e coordenada, construída sobre relacionamentos, diálogo e pesquisa fundamentada.

Mais, os membros da OPEP podem procurar e partilhar informação com outros que tiveram sucesso nas suas experiências e, talvez ainda mais importante, com aqueles que não foram bem sucedidos. Existe um grande reservatório de lições aprendidas que os operadores podem explorar e expandir à medida que desenvolvem a sua estratégia de crescimento.

Ser membro da OPEP pode até ajudar a financiar essa estratégia ao abrir a porta a investimento internacional direto, incluindo de países do Médio Oriente que têm consideráveis meios financeiros soberanos para investir. Obviamente, um fluxo de capital pode acelerar a exploração, desenvolvimento e produção – que, esperamos nós, irá gerar receitas que se distribuirão pelo resto da economia no seu todo. Mesmo o simples ato de se qualificar como destino de capital pode ser benéfico, particularmente uma vez que que isso obriga a produzir relatórios estatísticos rigorosos, algo que muitos países africanos têm dificuldade em fazer. De facto, ser membro da OPEP é um exercício de conformidade com normas e produção de informação rigorosa: A organização mantém padrões extremamente elevados para ambos. Muitas vezes, os relatórios acabam nas mãos de instituições financeiras em Wall Street, onde podem ajudar a melhorar o *rating* de crédito de um país e, por sua vez, melhorar as perspetivas financeiras de novos projetos.

Financiar uma Mudança Real

Se estatuto, estabilidade, informação, parcerias e disciplina regulatória fossem as únicas vantagens que a OPEP oferece, para alguns seria suficiente.

Mas isso seria desprezar um dos programas principais da organização: o Fundo da OPEP Para o Desenvolvimento Internacional (*OPEP Fund for International Development* – OFID).

Fundado como uma instituição financeira em 1976, o OFID promove a cooperação financeira entre os estados-membros da OPEP e países em desenvolvimento em África, na Ásia, na América Latina e no Caribe, e na Europa – quer sejam membros ou não. Destinado principalmente a promover o desenvolvimento socioeconómico, sob o mote "unidos contra a pobreza", o fundo oferece de tudo, desde empréstimos e apoio à balança de pagamentos até doações para ajuda humanitária de emergência.

Durante quase 50 anos, o OFID prestou assistência a iniciativas em nove áreas de foco: energia, agricultura, educação, serviços financeiros, saúde, telecomunicações, água e saneamento, indústria, e transporte. Entre os beneficiários mais recentes estão quatro países "parceiros":

- O Burkina Faso, que recebeu 19 milhões de dólares para melhorar 94 quilómetros de estrada, o que facilitará o comércio entre zonas rurais e a capital Ouagadougou. Estima-se que o projeto irá permitir que um quarto de milhão de pessoas tenha melhor acesso a serviços sociais;
- A Etiópia, que vai utilizar os 22 milhões de dólares que recebeu para melhorar estradas numa região onde a agricultura é a principal fonte de rendimento. Quase 750.000 pessoas vão ter um acesso facilitado a serviços sociais e ao comércio;
- A Guiné, onde o fundo está a financiar um projeto que ajudará a aliviar a pobreza e a melhorar a segurança alimentar para mais de 450.000 pessoas. O país recebeu 25 milhões de dólares para o seu Programa de Agricultura Familiar, Resiliência e Mercados na Alta e Média Guiné;
- O Malawi, que recebeu 15 milhões de dólares destinados ao Programa de Transformação do Vale do Shire. Estima-se que cerca de 56.000 famílias beneficiem do programa que irá fornecer irrigação, drenagem e gestão de zonas pantanosas para melhorar a produtividade agrícola.[45]

Vale a pena mencionar que nenhum destes países é atualmente um estado-membro da OPEP; na verdade, o Burkina Faso nem sequer tem reservas de petróleo ou de gás natural, ainda que os outros três estejam em diferentes fases do processo de exploração ou de produção inicial.

Olhando para os projetos que o OFID apoia, é fácil perceber como a sua abordagem difere daquela que é típica dos projetos humanitários promovidos por países ocidentais, que habitualmente envolve atirar dinheiro aos problemas e esperar pelo melhor. Sim, o capitalismo convencional já foi capaz de produzir milagres – não há como negá-lo –, e construir uma escola ou estabelecer um banco alimentar são projetos que ainda têm o seu lugar. Mas o OFID está mais interessado em construir infraestruturas que sejam facilitadoras da economia – estradas que conectem as pessoas com os mercados ou gestão de águas que aumente a produção agrícola e que suplante fatores que limitem a rentabilidade – para ajudar a tirar as pessoas da pobreza.

Como qualquer outro investidor, a OPEP está preocupada com um "retorno" – mas não no sentido habitual de gerar juros ou receita. Os fundos do OFID estão direcionados exclusivamente para projetos sustentáveis e com franco potencial de crescimento. Eles querem garantir que os projetos que financiam resultam em mudanças reais, com resultados reais, com consequências medidas não só com base no número de pessoas positivamente afetadas, mas medindo também o quanto estas pessoas progrediram. Afinal de contas é a reputação da OPEP que está em jogo: Se um projeto falha, as condições deterioram-se em vez de melhorarem, as pessoas sofrem, e a OPEP sofre com isso. Para evitar esse risco, a pesquisa e a supervisão são minuciosas e detalhadas.

Quem Será o Próximo?

A OPEP de hoje está muito longe da de há algumas décadas quando os únicos membros africanos eram os produtores históricos – a Algéria, a Líbia e a Nigéria –, países cujo total combinado de produção ficava muito à sombra dos grandes produtores da OPEP: a Arábia Saudita, o Iraque e o Irão.

Mesmo não sendo membros, tanto o Sudão como o Sudão do Sul participaram nos esforços do grupo para fazer subir o preço do petróleo através de cortes de produção. Na realidade, o Sudão do Sul, a mais recente nação do mundo, já está a considerar a sua candidatura, e é provável que a OPEP lhe dê as boas-vindas de braços abertos. Embora a produção do país tenha sofrido como resultado de questões de segurança e violência política, os seus 1,500 milhões de barris de reservas provadas – as terceiras maiores da África Subsaariana – tornam-no um candidato chave para a OPEP.

Como já mencionei, o Uganda também pondera neste momento uma candidatura a membro da OPEP, embora a produção de petróleo no país não deva começar antes de 2022. Ainda que o Uganda não possa ser aceite como membro até que comece a produzir, será uma boa decisão estratégica para o país, já que isso lhe permitirá aprender com a experiência de outros que seguiram um caminho semelhante logo desde o início.

E parece que a representação africana dentro da OPEP está longe do topo: uma vez que Moçambique, o Quénia, o Senegal e a Mauritânia entrem na economia do petróleo, a candidatura a membro da OPEP poderá não tardar.

Isto faz todo o sentido, claro: Tal como afirmei à *Footprint to Africa* em 2018, as nações africanas não se podem dar ao luxo de não estar presentes na mesa de negociação quando as mais importantes decisões sobre o seu futuro estão a ser tomadas.[46]

Por outro lado, a OPEP vai beneficiar do crescimento da voz política africana. Uma perspetiva melhorada para o setor, em conjunto com novas descobertas e uma liderança forte composta por líderes mais jovens e capazes, está rapidamente a atrair investidores de todo o mundo.

Rumo a um Indústria Mais Forte e Estável

Muitas pessoas olham para os países africanos e acham que estes são demasiado pequenos ou demasiado frágeis para ter um papel dentro da OPEP. E é verdade que a maior parte deles não tem o tamanho de reservas ou de fundos que os membros históricos da OPEP possuem. Quando houver volatilidade nos mercados ou uma quebra de negociações que crie volatilidade económica, são estas as nações que mais vão sofrer. Se o grupo acordar cortes de produção, a Arábia Saudita pode reduzir a sua produção em 400.000 bbl/d e gerir a situação, enquanto a maior parte dos países africanos iria à bancarrota e entraria em recessão económica. Também é importante perceber que os fundamentos e as dinâmicas são diferentes entre os países-membros líderes da OPEP do Médio Oriente e entre os líderes de membros africanos. Enquanto os sauditas conseguem produzir um barril de petróleo a 7 dólares, à maioria dos países africanos custa entre 30 dólares e 50 dólares produzir o mesmo barril. Até os contratos são diferentes: os sauditas têm contratos de serviços, onde toda a gente trabalha para o estado ou para a empresa estatal, enquanto os países africanos assinam contratos de partilha de produção, onde os investidores necessitam de recuperar o seu investimento. Só se conseguirem manter os investidores satisfeitos é que essas economias petrolíferas podem continuar a crescer.

Ainda assim, no fim, acredito que a OPEP e África podem trabalhar juntos para criar uma indústria petrolífera mais forte e estável.

Vai levar tempo. Os países africanos não irão ter mais poder dentro da OPEP até começarem a produzir mais. Na sua essência, este é um jogo de números. É necessário explorar mais. É necessário produzir mais. Um óptimo exemplo são os Estados Unidos, que hoje têm uma voz muito mais forte depois de se terem tornado um dos maiores produtores de petróleo do mundo, bem como um exportador líquido.

Para África, ter um lugar à mesa é só metade do trabalho. Há valor em conhecer colegas da OPEP que começaram como pequenos produtores e se conseguiram transformar em agentes dominantes no mercado. Muda a nossa forma de pensar. Começamos a olhar para objetivos maiores e a acreditar neles. Não há montanha que não consigamos escalar.

Um Africano ao Leme

Ter uma voz nem sempre significa estar alinhado com toda a gente, claro. Em qualquer grupo há potencial para desacordo. Os membros muitas vezes têm objetivos contraditórios, o que pode tornar difícil encontrar um meio-termo.

Desde 2016, o mérito de orquestrar a OPEP – e de minimizar o conflito – pertence ao Secretário-Geral Mohammad Sanusi Barkindo.

A ascensão de Barkindo da pequena cidade nigeriana de Yola à liderança da OPEP exemplifica como alguém pode vir de um pequeno sítio para concretizar grandes feitos.

Barkindo tem uma experiência muito significativa na indústria: Foi diretor-geral da empresa nacional de petróleo da Nigéria (*Nigerian National Petroleum Corporation* – NNPC) e ocupou também a função de representante nacional da Nigéria junto da OPEP. Desde 1991, Barkindo tem sido o líder da delegação técnica nigeriana nas negociações climáticas das Nações Unidas.

Além dos seus sucessos profissionais e das suas credenciais académicas – a sua educação passou por África, pelos Estados Unidos e pelo Reino Unido, onde concluiu uma pós-graduação em Oxford – Barkindo é um especialista a promover a colaboração. De facto, o maior acordo que a OPEP construiu nos últimos anos foi a Declaração de Cooperação que trouxe a Rússia, tão rica em recursos naturais, a juntar-se aos membros da OPEP e aos seus aliados para resgatar a indústria petrolífera. Isto não foi tarefa fácil: quando se olha para todos os países envolvidos, vemos todo o tipo de personagens. Nem todos se dão bem, apesar das heranças partilhadas, da proximidade nacional ou até dos objetivos comuns – e a recente saída do Qatar da OPEP é um exemplo demonstrativo.

Com uma produção de apenas 600.000 bbl/d, o Qatar era dos mais pequenos produtores da OPEP em 2018: era o décimo primeiro maior produtor para ser exato. Por outro lado, esta nação árabe, que se juntou à OPEP em 1961, é o maior exportador do mundo de gás natural liquefeito (GNL). Tem também as terceiras maiores reservas de gás natural do mundo, ficando atrás apenas da Rússia e do Irão.[47]

O ministro do petróleo do Qatar, Saad Sherida Al-Kaabi, disse ao *The National* – que é publicado nos Emirados Árabes Unidos – que o seu país decidiu sair da OPEP para poder produzir petróleo sem limites e aumentar a sua produção de GNL para 110 milhões de toneladas por ano (dos atuais 77 milhões de toneladas por ano).[48] Contudo, é interessante reparar que o Qatar tem estado envolvido numa crise diplomática desde que uma coligação liderada pela Arábia Saudita cortou laços com o país devido ao alegado apoio do Qatar a fações terroristas, o que faz com que a sua saída da OPEP pareça ter que ver menos com petróleo e mais com outros assuntos.

Este não foi o único conflito com que Barkindo teve de lidar durante o seu mandato enquanto chefe da OPEP. Já teve de manter a paz entre o Irão e o Iraque, cujo conflito intermitente se tornou já lendário. A Líbia foi outra questão complicada. Em suma, manter esta união a funcionar pode ser um verdadeiro desafio. Mas Barkindo mantém a calma, faz mediação entre os parceiros como o profissional que já provou ser, e constrói uma forte agenda de objetivos. O potencial para que África prospere sob da sua liderança é tremendo.

4

Capacitar as Mulheres por uma Indústria Petrolífera Mais Forte e Saudável

Em 2014, a atriz e celebridade Emma Watson discursou junto das Nações Unidas sobre a igualdade de género. Ao lançar a campanha global da ONU HeForShe, Watson apelou *tanto* a homens como a mulheres para que lutem pela igualdade de género.

"Quanto mais falo de feminismo, mais me apercebo de que a luta pelos direitos das mulheres se tornou muitas vezes sinónimo de ódio contra os homens", disse Watson. "Se há algo de que tenho a certeza é que isso tem de parar. Para que fique claro, o feminismo, por definição, é a crença de que homens e mulheres devem ter direitos e oportunidades iguais."[49]

Watson não poderia ter mais razão – o feminismo lida com a igualdade entre ambos os sexos, um assunto que obviamente devia preocupar tanto homens como mulheres. A necessidade de nos preocuparmos com este assunto é tão óbvia para mim que ainda me choca quando alguém me questiona sobre o porquê de eu defender tão fervorosamente uma maior presença de mulheres na indústria energética. Mais, entristece-me sentir que muitas vezes tenho de defender o meu direito a preocupar-me com este assunto só porque sou homem.

Neste capítulo, quero deixar claro que deixar as mulheres para trás funciona apenas em detrimento do desenvolvimento económico e da sociedade como um todo. Espero deixar claro que as mulheres são vitais para o sucesso do setor petrolífero africano.

Desigualdade de Género no Setor Energético e em África

O setor de energia é conhecido pelas dificuldades que enfrenta para atrair profissionais do sexo feminino. As mulheres na indústria do petróleo e do gás enfrentam uma série de desafios – licenças de maternidade inadequadas (ou inexistentes), uma geral falta de mentores e referências femininas no setor, desigualdade salarial, elevadas taxas de assédio sexual, e uma cultura de trabalho que tende a desvalorizar as mulheres e a feminilidade como um todo.

Um estudo de 2018 da Universidade de Massachusetts, por exemplo, demonstrou que o setor petrolífero tem uma maior taxa de acusações de assédio sexual do que qualquer outro setor nos Estados Unidos.[50]

Não é de admirar, portanto, que as mulheres estejam tão pouco representadas no setor energético global. Em 2017, as mulheres representavam apenas cerca de 22% da força de trabalho global do setor, e este valor cai para 17% em cargos de nível sénior e executivo. Nesse ano, apenas 1% dos CEOs de empresas de gás e petróleo eram mulheres.[51] Além disso, em muitos casos, as mulheres que trabalham neste setor ganham menos do que os seus colegas do sexo masculino pelo mesmo trabalho. Um estudo divulgado no Fórum Económico Mundial de 2016, "O futuro dos empregos", revelou que existe em média uma disparidade salarial de 32% entre os dois sexos no setor petrolífero a nível mundial.[52]

África não é exceção. Ainda que seja difícil encontrar dados concretos sobre a participação feminina na indústria petrolífera africana, as evidências empíricas mostram que as mulheres estão largamente sub-representadas. Na minha opinião, isso é inaceitável, retrógrado e, honestamente, um obstáculo muito real para os países africanos que efetivamente procuram maximizar os benefícios socioeconómicos que uma indústria petrolífera próspera pode proporcionar.

Se queremos realmente que estas nações prosperem, por que não haveremos de fazer tudo ao nosso alcance para garantir que metade da população do continente participa nesta que é uma das indústrias mais lucrativas no mercado?

O Programa das Nações Unidas para o Desenvolvimento (PNUD) descreve a África Subsaariana como uma das regiões com maior desigualdade de género do mundo, em grande parte devido a "perceções, atitudes e ao posicionamento histórico-social de ambos os géneros". Há mais mulheres com limitações no acesso a cuidados de saúde, à educação e a oportunidades económicas em África do que em qualquer outro lugar do mundo. Estas limitações de acesso a oportunidades económicas produtivas, só por si, custam aos países da África Subsaariana cerca de 95 mil milhões de dólares por ano em perda de produtividade, segundo estimativas da PNUD.[53] A indústria petrolífera tem um potencial real para começar a reverter esta situação, mas com o nível de desigualdade de género que ainda permeia o setor, os potenciais benefícios económicos são limitados.

Parece-me que a maioria dos homens neste setor continua a não ter consciência do problema da desigualdade no setor. É comum ouvir falar de diversidade. No entanto, o ambiente de trabalho é maioritariamente masculino. Quando se fala com os homens da indústria, a afirmação mais comum é que temos que contratar, promover e dar oportunidades às mulheres exclusivamente com base no mérito. Sim, claro que temos! Mas qual é o problema? Estarão eles a sugerir que haveria mais mulheres a trabalhar em gás e petróleo se simplesmente houvesse mais candidatas qualificadas? Será uma insinuação de que os defensores da diversidade no setor petrolífero estão mais preocupados em estabelecer e cumprir cotas do que em contribuir para melhorar a indústria? Nenhuma destas sugestões conta a história de forma correta. O centro da questão é que é imperativo aproveitar todo o enorme potencial da indústria petrolífera para melhorar a vida de todos os africanos, homens *e* mulheres.

O Centro Africano de Recursos Naturais e o Banco Africano de Desenvolvimento abordaram o potencial desta indústria para ajudar as mulheres africanas no seu relatório de 2017, "Capacitação económica das mulheres na indústria do petróleo e do gás em África".

"Dado que se deteta uma grande desigualdade de género no Produto Nacional Bruto (PNB) per capita em todos os países africanos analisados, as mulheres têm mais margem para ganhar com a capacitação económica e aumentar os seus rendimentos, seja por meio de um emprego formal (petróleo e gás) ou através do empreendedorismo ", afirma o relatório.

Mas, segundo o relatório, não é isso que está a acontecer. Em África, são os homens que conseguem a maioria dos empregos no setor de petróleo e gás, as maiores remunerações e a maioria das oportunidades de negócios. Por seu lado, as mulheres africanas raramente beneficiam dessas oportunidades – ainda que continuem a partilhar os riscos e os custos associados à indústria, desde as deslocações forçadas aos impactos económicos. E porque, em África, as mulheres encontram-se geralmente num terreno económico mais instável do que os homens, estão na verdade *mais* vulneráveis a esses riscos.

Consideremos o seguinte: a agricultura é uma atividade de geração de rendimento fundamental para as mulheres africanas – mas quando os oleodutos e gasodutos são construídos, localizam-se frequentemente sobre essas terras de cultivo. Além de obstruir a única fonte de rendimento destas mulheres, estas mudanças no ambiente também fazem com que seja cada vez mais difícil aceder a simples necessidades do dia-a-dia.

Como disse Wangari Maathai, a primeira africana galardoada com o Prémio Nobel da Paz: "no Quénia, as mulheres são as primeiras vítimas da degradação ambiental, porque são elas que passam horas à procura de água, que apanham lenha e que asseguram a alimentação das suas famílias".[54]

Mais, quando as empresas petrolíferas concedem compensações económicas às famílias afetadas pelas suas atividades, o dinheiro é tipicamente recebido pelo homem, o chefe de família.

A indústria petrolífera está a perder uma oportunidade única para capacitar as mulheres através de parcerias e de acordos comerciais com mulheres empresárias, que poderiam oferecer uma vasta gama de serviços e bens, da logística à engenharia até aos serviços de alimentação. As taxas de empreendedorismo feminino na África Subsaariana são das mais altas do mundo, de acordo com o "Relatório de Empreendedorismo das Mulheres 2016-17" do Global Entrepreneurship Monitor. Quase 26% da população feminina adulta de África está envolvida em actividades empresariais em estágio inicial. Mas um dos exemplos mais flagrantes da discrepância de representação de género no setor petrolífero é o facto de este consistentemente fracassar no que toca a desenvolver relações comerciais com micro, pequenas e médias empresas (PMEs) que sejam propriedade de mulheres, quer como fornecedores, prestadores de serviços ou parceiros.[55]

Empresas dispostas a trabalhar com PMEs dirigidas por mulheres não terão dificuldade em encontrar a orientação certa para construir parcerias de sucesso. Por exemplo, a BSR, uma organização sem fins lucrativos que desenvolve uma rede global de parcerias e consultoria económica dedicada à sustentabilidade, lançou recentemente um vídeo com passos práticos que diferentes empresas podem seguir para promover a igualdade de género nas suas redes de fornecedores. Estas linhas de orientação não se focam particularmente na indústria petrolífera, mas podem ser também aplicadas ao setor.

"Como empresa, faz sentido integrarmos uma consciência de género na nossa estratégia de cadeia de valor, assim como códigos de conduta para fornecedores, uma abordagem de avaliação e investigação prudente e implementar as melhores práticas na atenção à origem dos produtos", disseram Magali Barraja, gerente da BSR, e Dominic Kotas, um dos associados de comunicação da BSR, num artigo de promoção do vídeo. "Estas ações representam um primeiro passo sólido para garantir que as mulheres trabalhadoras ganhem visibilidade, que os desafios específicos que elas enfrentam sejam melhor identificados e que as medidas destinadas a remediar essas questões estejam a ser projetadas com as necessárias especificidades de género em mente."[56]

Liderar a Mudança

Indo direto ao assunto, o fracasso demonstrado da indústria petrolífera na criação de mais oportunidades para as mulheres é um uma farsa. As mulheres têm um papel fundamental a desempenhar neste setor, particularmente como líderes. Efetivamente, aquelas que alcançaram estatuto de executivas têm sido extremamente bem sucedidas e têm tido um impacto considerável na indústria. Seria de esperar que a indústria aprendesse qualquer coisa a partir dos exemplos positivos que as líderes femininas de empresas de gás e petróleo têm vindo a estabelecer. Estes sucessos deviam ser entusiasmantes e estar a inspirar mais empresas a procurar talento feminino para ocupar cargos de liderança empresarial.

Olhemos para Catherine Uju Ifejika, presidente e CEO do Grupo Britannia-U, com sede na Nigéria.

Quando Uju Ifejika trabalhava como consultora júnior na Texaco Petroleum, na década de 80, a jovem advogada teria ficado chocada se alguém lhe dissesse que um dia seria considerada "a mais bem-sucedida magnata do petróleo em África". Ou que seria uma das mulheres mais ricas do continente. Ou que seria a fundadora da primeira empresa de E&P de petróleo nativa da Nigéria a ser gerida por uma mulher nigeriana.

No início da sua carreira, Uju Ifejika estava apenas a tentar construir uma carreira bem-sucedida na área jurídica, dentro de um ambiente altamente competitivo e dinâmico. Nunca teve planos de abrir novos caminhos para as mulheres no setor ou de deixar a sua carreira de advogada para ir gerir uma grande empresa de gás e petróleo. Mas hoje, como presidente e CEO da Brittania-U, Uju Ifejika tornou-se um importante modelo para todas as mulheres.

Ela atribui o crédito da sua ascensão ao poder, até certo ponto, simplesmente à pura determinação.

"Eu não sou geóloga e nunca trabalhei em exploração e produção", revelou durante uma entrevista com a Fascinating Nigeria. "A única coisa que sei fazer é pegar em algo que ainda não é nada e criar algo que se possa ver e apreciar... Não ser engenheira ou geóloga foi irrelevante. Hoje sou capaz de comunicar no jargão dos geólogos, sei interpretar mapas e, quando trazem dados técnicos, nós analisamo-los juntos – porque eu consegui ultrapassar as minhas barreiras e receios. "[57]

A sua empresa, que trabalha em E&P, engenharia de petróleo, consultoria de dados, importação de produtos refinados, transporte marítimo, operação de embarcações e atividades de engenharia de sub-superfície, associa-se regularmente a outras empresas nativas, o que contribui para a estabilidade económica nacional. Os seus programas de treino já certificaram mais de 25 locais como engenheiros marítimos, e atualmente a empresa oferece trabalho a tempo inteiro a mais de 20 moradores da comunidade local, além de outros 9 funcionários contratados.

E ainda que os sucessos de Uju Ifejika devam servir de inspiração – em parte porque os exemplos de mulheres em cargos de liderança executiva na indústria de petróleo e gás são tão raros – o sucesso das mulheres nesta indústria não devia ser uma raridade.

Existem medidas concretas que a indústria e os países africanos podem adotar para garantir que as mulheres tenham uma participação mais ativa neste setor.

Passos em Frente

Estou convencido de que capacitar as mulheres através da indústria petrolífera teria vastos benefícios socioeconómicos.

"As mulheres são muitas vezes os elementos centrais das suas comunidades, desempenhando papéis-chave nos cuidados de saúde, na nutrição, na educação e na segurança das pessoas ao seu redor", afirma o estudo "A Indústria de Extração de Petróleo e Gás na África Oriental: Uma Perspectiva Feminista Africana". Este estudo foi produzido em 2014 pela Akina Mama wa Afrika (AMwA), uma organização regional pan-africana de mulheres com sede em Kampala, no Uganda.

Eu não poderia estar mais de acordo.

As empresas, em particular, têm muito a ganhar ao criarem oportunidades para as mulheres, conseguindo melhorar a sua imagem pública, contribuindo para a estabilidade das comunidades africanas onde elas trabalham e vivem, e expandindo consideravelmente o número de profissionais no mercado num momento em que a indústria petrolífera se debate com uma grave escassez de pessoal competente.

Então, como pode o setor contribuir para capacitar as mulheres? Fazendo esforços estratégicos para recrutar, contratar e reter estas mulheres – a todos os níveis – faria desde logo uma enorme diferença.

Antes de mais, as empresas podem colaborar com os governos para eliminar as barreiras que dificultam o trabalho das mulheres nesta indústria. É demonstrativo que, até agora, apenas quatro países africanos tenham ratificado a Convenção N.º 183 da Organização Internacional do Trabalho, que estabelece licenças de maternidade pagas garantidas, garante intervalos para amamentar e/ou extrair leite, e protege as mulheres contra a discriminação.

Além disso, um estudo da Organização Internacional do Trabalho descobriu que, mesmo nos países africanos que exigem que as empresas dêem licenças de maternidade remuneradas, as leis raramente são cumpridas, e estima-se que apenas 10% das mulheres continuam a receber o seu salário durante o tempo da licença.

Esta questão precisa de ser imediatamente resolvida, tanto pelos governos como pelo setor privado. Apelo aqui aos governos para que criem leis que, com responsabilidade e de forma sustentável, protejam as mulheres no seu local de trabalho. Olhar para os exemplos de países africanos que já criaram proteções funcionais da licença de maternidade – como o Ruanda, que estabelece 12 semanas de licença, totalmente pagas, ou a África do Sul, onde as mulheres têm direito a quatro meses de repouso durante a maternidade – já é um bom começo.

As empresas também têm um papel importante a desempenhar aqui. E há benefícios tangíveis para as empresas que assumirem essa responsabilidade. Na minha firma, por exemplo, a política de licença de maternidade tem vindo a mudar ao longo dos anos e a tornar-se cada vez mais generosa. Neste momento, oferecemos até 12 meses de licença remunerada para o guardião principal e três meses para o guardião secundário, para além de fazermos contribuições para pensões e apólices de seguro. Esta política, uma das mais competitivas do mundo, gera resultados positivos não só para as famílias e para a sociedade, mas também para a nossa empresa e para os nossos clientes. A nossa política de licença de maternidade ajudou a reter trabalhadores, especialmente funcionários altamente qualificados e com conhecimentos específicos, e, portanto, reduziu os custos de rotatividade de pessoal da Centurion. Observámos um aumento da produtividade laboral e uma melhoria na lealdade e na moral dos nossos colaboradores. Isto tem-nos permitido competir com empresas maiores.

O que tem sido também crucial para o sucesso destas políticas foi a criação de um ambiente de trabalho positivo, que promova a utilização destes benefícios por parte das famílias. A existência de uma licença de maternidade é irrelevante se as nossas colaboradoras tiverem medo de a usar.

Desde os níveis de entrada mais baixos, as empresas podem e devem oferecer uma ampla gama de empregos a mulheres, apoiar programas de educação e dar prioridade ao aumento do número de colaboradores femininos nos quadros das empresas, bem como dar visibilidade a mulheres que se destaquem e que possam inspirar outras com o seu trabalho. Durante as suas carreiras, as empresas deveriam garantir que oferecem às mulheres as mesmas oportunidades de que beneficiam os homens, e estabelecer programas de mentoria que ajudem a orientar e a apoiar o desenvolvimento do percurso profissional destas mulheres.

Ao nível da liderança executiva, a prioridade deve ser o aumento do número de mulheres nestas posições de poder e a criação de estruturas que as ajudem a ser bem-sucedidas.[58] A reformulação das políticas de contratação é um caminho claro no sentido certo.

Este é o tipo de práticas já em vigor na East African Breweries Ltd. (EABL), sediada no Quénia, onde mais de 45% do conselho administrativo é composto por mulheres; um salto enorme em relação à década anterior, em que as mulheres representavam apenas 16% da administração da empresa. Segundo Eric Kiniti, diretor de relações corporativas da EABL, esta mudança é o resultado das políticas de contratação da empresa. "Antes de contratarmos alguém para uma posição sénior, solicitamos que haja pelo menos um candidato do sexo feminino em todas as nossas listas", disse Kiniti. "E se não houver, perguntamos porquê."

O grupo multinacional de consultoria de gestão McKinsey & Company recomenda às administrações empresarias estabelecerem quatro objetivos para promover a diversidade de género, incluindo a liderança feminina, nas empresas:

- Faça da diversidade de género um tema de alta prioridade para o conselho administrativo e para o CEO;
- Anuncie aos funcionários da empresa quaisquer políticas relevantes sobre questões de diversidade de género;
- Confronte atitudes que sejam prejudiciais em relação às mulheres no local de trabalho;
- Implemente uma estratégia de diversidade de género baseada em factos (use métricas e dados para compreender a contribuição das mulheres para a empresa).[59]

É claro que, uma vez que estas ou outras políticas semelhantes sejam estabelecidas, elas têm de ser cumpridas. Em África, esse nem sempre é o caso. A África do Sul, por exemplo, tem leis que estabelecem a exigência de equidade de género nas instituições públicas; no entanto, as mulheres constituem apenas 33%da força laboral nessas instituições.

Katy Heidenreich é a autora de *O segredo mais bem guardado da indústria petrolífera: um livro cheio de inspiração e conselhos*. A autora observa que para construir uma força de trabalho mais inclusiva para ambos os géneros, será necessário mais do que apenas abrir as portas às mulheres. Exigirá também um esforço estratégico para as atrair primeiro para a indústria petrolífera. A indústria vai precisar de combater a ideia de que o petróleo é um mundo de homens e mostrar às mulheres que existem oportunidades de carreiras muito lucrativas que estão ao seu alcance no setor.

Olhemos para trabalhos *offshore*, por exemplo. Porque não haveriam as mulheres de se interessar por esse tipo de trabalho?

"A vida *offshore* é um mundo diferente", disse Lindsey Gordon, uma engenheira de petróleo da BP, à *Offshore Technology*. "As plataformas e unidades de armazenamento, produção e descarregamento flutuantes (*Floating, Production, Storage and Offloading* – FPSOs) são incríveis feitos de engenharia. A camaradagem é incomparável, o que é importante quando passamos semanas a fio juntos no mar. E ainda vou de helicóptero para o trabalho."[60]

As mulheres também precisam de perceber que é possível encontrar o equilíbrio entre o trabalho e a família. Caroline Gill, uma geóloga de topo na Shell UK, descreveu no livro de Heidenreich as soluções que ela e o seu marido, também geólogo, encontraram.

"Como casal, ambos temos a flexibilidade de trabalhar em casa e qualquer trabalho extraordinário que não seja possível fazer durante o dia, fazemos à noite, depois de as crianças se irem deitar. É uma parceria perfeitamente equilibrada – cada um de nós faz a sua justa parte. Mesmo quando temos de trabalhar longas horas, isso não afeta a nossa vida familiar "

Num artigo para o LinkedIn com o título: "Mulheres na Energia: Olear as Engrenagens do Talento", Rolake Akinkugbe, Chefe de Energia e Recursos Naturais da FBN Capital, sugere que novos desenvolvimentos tecnológicos poderiam ajudar as mulheres a equilibrar as suas responsabilidades familiares com o trabalho. "À medida que a digitalização avança, pode ser possível que mais tipos de posições dentro da indústria possam ser executados de forma remota, o que facilitaria a vida das mulheres que procuram uma maior flexibilidade laboral, que lhes permita dar continuidade a uma carreira na indústria durante um período de tempo mais longo", escreve.

Quanto ao recrutamento de mulheres, Akinkugbe sugere que dar visibilidade a mulheres de sucesso na indústria terá muito peso na atração de novas candidatas. "A importância da visibilidade não pode ser sobrestimada; as mulheres tendem a encontrar inspiração noutras mulheres que singraram em carreiras de alto nível na indústria do petróleo, precisamente devido à sua imagem histórica de setor predominantemente machista. Quanto menos diversidade de género houver nos níveis técnicos e seniores da indústria, menor é a probabilidade de outras mulheres se sentirem motivadas a seguir carreiras na área de petróleo e gás e, consequentemente, será ainda mais difícil para as empresas recrutar mulheres. O inverso também é verdade."

Outra peça chave para promover o crescimento da diversidade de género é dar mais autoridade às mulheres para desenharem políticas de contratação. Um exemplo encorajador nessa área é Eunice Ntobedzi, diretora na Sandico Botswana, uma empresa de serviços de energia. Ntobedzi emprega engenheiras no desenvolvimento de projetos de energia no Botsuana, e também trabalha ativamente para reduzir a desigualdade de género através da Universidade Internacional de Ciência e Tecnologia do Botsuana, que incentiva as mulheres a apoiar o desenvolvimento sustentável do país.[61] É uma situação em que todos ganham: Estes esforços ajudam a capacitar as mulheres do continente e dão um apoio fundamental ao processo de dar mais poder a todos os africanos.

As empresas de petróleo em África deveriam seguir o exemplo de Ntobedzi, não apenas nas práticas de contratação que ela estabeleceu, mas também no compromisso que assumiu de dar apoio à criação de novas oportunidades de formação para as mulheres. Estas são apenas algumas das medidas que a empresa internacional de minério Asanko Gold Inc. prometeu implementar através do seu novo programa Asanko Women in Mining Botae Pa (Bom Propósito) no Gana, na África Ocidental. Os projetos da iniciativa vão incluir a promoção de carreiras para mulheres no setor da mineração e a oferta de programas de desenvolvimento profissional, mentoria, contatos na indústria e programas comunitários, centrados nas necessidades das mulheres e jovens do sexo feminino nas áreas da educação, da saúde e das finanças.[62] Se ao menos houvesse mais empresas da indústria extrativa, em particular empresas petrolíferas, a fazer o mesmo.

As figuras femininas na liderança governamental também estão a ter um papel impulsionador na promoção do diálogo sobre este tema e no desenvolvimento de novas iniciativas, como é o caso da Primeira-dama da República de Angola, Ana Dias Lourenço. Economista, ministra governamental, presidente de longa data da Comunidade para o Desenvolvimento da África Austral e ex-governadora do Banco Mundial, Ana Lourenço tem participado em reuniões de alto nível nas Nações Unidas sobre a questão da igualdade de género.

Irene Nafuna Muloni, Ministra de Energia e Minérios do governo do Uganda, tem vindo a pedir um maior envolvimento feminino no setor da energia. Hoje em dia, o Uganda exige que as mulheres sejam consideradas parte das novas atividades em desenvolvimento na indústria.

Educação: Investimentos a Longo Prazo

Algumas pessoas argumentam que não é possível abordar o tema da desigualdade de género de forma significativa sem alterar normas e perceções culturais – e que esse tipo de mudança tem de começar com programas de educação familiar, que podem ser oferecidos por governos, escolas, empresas e ONGs.

"Tem de ser criado um ambiente propício a todos os níveis da sociedade, começando pelas famílias", escreve Gerald Chirinda, diretor executivo da Tapiwa Capital, uma empresa que desenvolve iniciativas sustentáveis no Zimbábue. "É importante que os pais invistam o seu tempo e sejam conscientes da necessidade de influenciar e incentivar positivamente as suas filhas. É igualmente importante ensinar aos rapazes a importância de respeitar, honrar e capacitar as mulheres."[63]

Eu concordo com Chirinda, mas acredito que as raparigas também precisam de oportunidades de formação que lhes dêem os fundamentos necessários nas áreas da ciência, tecnologia, engenharia e matemática (*Science, Technology, Engineering and Mathematics* – STEM) para que possam assumir posições lucrativas na indústria petrolífera. Começámos já a ver exemplos de programas educativos deste tipo. Um deles é a Academia Africana de Ciências (AAC), uma escola secundária baseada no Gana para raparigas que se especializam em matemática e física avançadas. As estudantes são recrutadas por todo o continente, e existem bolsas disponíveis para cobrir os custos das propinas e das viagens. A academia afirma que nenhuma rapariga africana qualificada é recusada por não ter dinheiro para pagar. E os melhores alunos da AAC têm a oportunidade de participar num programa de estudos de uma semana nas universidades de Oxford ou Cambridge no Reino Unido, o que abre as portas a novas oportunidades educativas.[64]

Em muitos casos, são as organizações sem fins lucrativos que estão a fazer os maiores avanços na criação de oportunidades de educação para as raparigas africanas. É o caso, por exemplo, da Trabalhar para Avançar a Educação nos Campos de STEM para as Mulheres Africanas (*Working to Advance STEM Education for African Women* – WAAW). Esta organização sem fins lucrativos foi fundada pela nigeriana Unoma Okorafor, que escreveu recentemente sobre o seu trabalho para o *site* indiegogo.com: "Nos próximos dez anos, milhares de pessoas em todo o continente africano vão ser profundamente impactadas por mudanças tecnológicas mundiais... Para o Quénia e para a Nigéria serem competitivos com o resto do mundo, as nossas raparigas precisam de desenvolver capacidades nas áreas da robótica, na operação de múltiplas formas de sistemas energéticos, na programação, e nas várias fundações do nosso mundo científico moderno."[65]

A WAAW opera campos de STEM para jovens adolescentes de toda a África, assim como programas de treino para professoras nas áreas de STEM, clubes de programação durante os fins-de-semana e, depois das aulas, aconselhamento, e outros programas. Já é altura de outros seguirem este exemplo, incluindo empresas, parcerias público-privadas e governos.

Pondo as Políticas em Prática

Os governos, na verdade, têm um enorme papel a desempenhar na preparação do caminho, para que mais mulheres possam beneficiar das oportunidades da indústria petrolífera. Isto deve começar com políticas de conteúdo local, dirigidas especificamente às mulheres.

Estas políticas devem incluir mandatos para:

- Garantir que certa percentagem das vagas de emprego são dadas a mulheres locais;
- Trabalhar com empresas de fornecedores e subcontratantes que sejam geridas por mulheres;
- Criar oportunidades de educação e de treino, incluindo estudos na área de STEM, para mulheres e raparigas;
- Garantir que mulheres e homens recebem compensações iguais, quer a nível de salários, quer a nível de programas comunitários e dividendos de propriedade;
- Oferecer licenças de maternidade adequadas e sustentáveis, e proteções para condições de baixa para quando membros familiares estão doentes ou necessitam de cuidados.

As empresas estrangeiras estariam provavelmente mais recetivas ao aumento de exigências de conteúdo local se os governos lhes dessem incentivos e não apenas punições. Porque não oferecer um incentivo fiscal às empresas que contratam mulheres locais, que subcontratam – e compram produtos de – PMEs geridas por mulheres? Ou providenciar incentivos às empresas que ofereçam licenças de maternidade?

Além de criar e reforçar as leis de conteúdo local, os governos podem ajudar as mulheres através de políticas que criem um ambiente mais propício para PMEs ligadas ao setor do petróleo e do gás. A Organização Internacional do Trabalho, na publicação "Práticas de Negócios Inclusivas nas Indústrias Extrativistas em África", recomenda:

- Simplificar os procedimentos de registo e licenciamento;
- Simplificar políticas fiscais e administrativas;
- Facilitar o acesso ao financiamento, especialmente ao microcrédito para *startups*;
- Melhorar o sistema de títulos, registos e administração de terras;
- Simplificar e acelerar o acesso a tribunais comerciais e recursos de resolução de disputas alternativos;
- Melhorar o acesso a informação sobre os mercados.

Também precisamos de legislação que proteja e seja propício às mulheres: leis que protejam as mulheres de assédio sexual e que proteja o seu direito ao trabalho.

Na África como um todo, os sistemas para proteger as mulheres que sofrem assédio sexual ou abusos são tão pobres que é chocante. Na África do Sul, por exemplo, uma em cada três mulheres sofre pelo menos uma violação durante a sua vida, quatro em cada dez mulheres na África Central e Ocidental casa antes dos 18 anos, e 40 a 60% das mulheres no Norte de África afirma ter já experienciado algum tipo de assédio sexual na rua. Isto é inaceitável, e leis duras têm de ser desenhadas – e implementadas – para proteger as mulheres urgentemente.

Também precisamos de leis que garantam um salário igual por trabalho igual. No fim do dia, as mulheres não pagam menos por leite do que os homens. Não pagam menos renda. Portanto, não deveriam estar a trabalhar por um salário inferior ao dos seus colegas masculinos.

Organizações Não-Governamentais: A Caminhar na Direção Certa

Enquanto ficamos a aguardar que as empresas do setor privado desenvolvam esforços para ajudar as mulheres a tirarem maior partido das oportunidades existentes no setor do gás e petróleo, é encorajador ver o número crescente de organizações a marcar avanços nesta área. Uma delas, a TheBoardroom

Africa, conecta mulheres líderes altamente qualificadas e que ganharam o apoio e a admiração dos seus pares com empresas africanas que procuram preencher posições de liderança nos seus conselhos de administração, inclusive no setor petrolífero. A organização foi fundada pela ganesa Marcia Ashong, cujo currículo profissional inclui experiências nas áreas de lei de exploração petrolífera, gestão de projeto, consultoria e desenvolvimento corporativo. Ashong gere este programa com o co-fundador Tasmin Jones, um empreendedor social baseado em Londres.

"Precisamos de desmistificar a ideia de que não há mulheres qualificadas suficientes no mercado para assumir posições de liderança", diz Ashong. "Ao criar a rede líder de mulheres qualificadas para assumir qualquer cargo de liderança corporativa, já começámos a desfazer esse mito, mas mais importante do que isso, estamos a trabalhar diretamente com a comunidade empresarial e com influenciadores chave, o que nos permite demonstrar os benefícios da diversidade de género nos conselhos administrativos."[66]

Outra organização, a Association for Women in Extractives and Energy in Kenya, foca o seu trabalho na promoção de oportunidades profissionais e de desenvolvimento económico equitativas para mulheres nas indústrias extrativas do Quénia, incluindo na indústria do gás e do petróleo, assim como na mineração.

Uma organização relativamente recente, a African Women Energy Entrepreneurs Framework, foi concebida como o resultado de um *workshop* sobre Mulheres Empreendedoras e Energia Sustentável (*Women Entrepreneurs and Sustainable Energy* – WESE), que se realizou na African Ministerial Conference em Libreville, no Gabão, em junho de 2017.

Os objetivos da organização são os seguintes:

- Assegurar políticas que respondam às necessidades de igualdade de género e uma participação totalmente inclusiva no setor da energia renovável e do empreendedorismo;
- Promover parcerias entre os blocos regionais, os governos, o setor privado, e a sociedade civil a um nível regional, nacional e local
- Integrar a coordenação e a gestão de conhecimento para reforçar as capacidades dos governos locais e nacionais, cooperativas e associações femininas, e as próprias mulheres empreendedoras;
- Melhorar o acesso ao financiamento e aos mercados para mulheres empreendedoras no setor energético.

Todas estas organizações têm o potencial para criar oportunidades significativas para as mulheres, mas são apenas uma das peças do *puzzle*.

Trazer mais mulheres para a indústria e dar-lhes as ferramentas necessárias para serem bem-sucedidas, deveria ser uma prioridade em toda a África. Tanto os empregadores, como os governos, os educadores e as organizações têm de fazer a sua parte.

Temos tudo a ganhar com uma indústria petrolífera próspera. E com mais mulheres envolvidas no setor, melhor posicionados estaremos para crescer.

WEX Africa: A Mostrar Como se Faz

Oguto Okudo recusa-se a deixar-se distrair quando os seus colegas da SpringRock Energy Kenya se referem a ela como "Miúda", ou quando recebe *e-mails* em que se dirigem a ela como "Sr. Okudo".

Ela sabe que no Quénia – e na maior parte do continente africano – o seu papel como diretora nacional de uma empresa de energia faz dela uma raridade. Por cada história de sucesso como a dela, há milhares de mulheres africanas cujas perspetivas económicas são, no mínimo, desoladoras. Portanto, em vez de ficar irritada com as descortesias e as suposições erradas com que se confronta no seu trabalho, Okudo trabalha para ajudar outras mulheres africanas a entrar e a prosperar neste setor. A organização que fundou em 2011, Mulheres nas Indústrias Energéticas e Extrativas Africanas (*Women in Energy and Extractives Africa* – WEX Africa), debruça-se sobre o problema da disparidade de género nos setores do petróleo, do gás e da energia.

WEX Africa oferece às mulheres acesso a informação e a treino em desenvolvimento pessoal, promove o setor energético e as indústrias extrativas como uma escolha de carreira para mulheres; e informa os líderes da indústria sobre os desafios e oportunidades existentes para as mulheres nas suas empresas. Okudo vê o trabalho da organização como uma vitória, tanto para as mulheres como para as comunidades onde elas vivem. "As mulheres são catalisadores da mudança", disse ao *Daily Nation* em 2018. "Quando se consegue aproveitar por completo o seu potencial, somos capazes de ter um desenvolvimento económico mais inclusivo, enquanto contribuímos para a melhoria das condições de vida de todos os membros da sociedade."[67]

Estou extremamente impressionado com a abordagem que a WEX Africa tomou para responder ao vasto espectro de necessidades de que padecem as mulheres africanas na atualidade. A organização desenvolveu programas para abordar quatro esferas específicas, cada uma delas focadas num grupo populacional diferente.

A primeira esfera foca-se em mulheres que são diretamente afetadas por casos de exploração nas suas comunidades. A WEX Africa considera estas mulheres como a sua população-alvo e procura defendê-las junto das empresas e dos líderes locais. "Nós compreendemos que o impacto das operações de extração e de produção energética não são iguais para os diferentes géneros", comunica o *website* da organização.

A segunda esfera é composta por mulheres que estão a entrar ou que já integraram a indústria. A WEX Africa ajuda as mulheres nesta esfera notificando-as sobre oportunidades, informando os líderes da indústria sobre os desafios que elas enfrentam, ajudando as mulheres a obter as licenças necessárias e promovendo o uso da organização como um recurso para estas mulheres.

A WEX Africa apoia a terceira esfera, jovens mulheres e raparigas, através de programas educativos, incluindo a campanha "Kitabu si Taabu", que encoraja jovens raparigas por todo o mundo a irem à escola. A organização também personalizou programas na área de STEM para se adaptarem a jovens raparigas em comunidades afetadas pelas indústrias extrativas ou energéticas, algumas das quais registam taxas de literacia entre mulheres tão baixas quanto 3%.

A quarta esfera da organização é composta por mulheres envolvidas na cadeia de valor empresarial. A WEX Africa esforça-se por ajudar estas mulheres pressionando líderes a criar um ambiente de trabalho que seja propício para elas e encorajando mais mulheres a envolverem-se no setor. A organização também encoraja a partilha de conhecimentos e oportunidades entre mulheres empreendedoras.

Que excelente modelo a seguir, não só para outras organizações, mas também para governos e empresas. Claramente, é possível desenvolver programas que ofereçam apoio e assistência efetivos às mulheres, programas que lhes permitam tirar partido das muitas oportunidades que existem no setor do gás e do petróleo.

Afinal, nós precisamos de capacitar mais mulheres africanas também para beneficiar a indústria petrolífera, quer estejamos a falar de oportunidades em trabalhos de campo em zonas de perfuração, posições profissionais, papéis de liderança, ou oportunidades de negócio para empresas geridas por mulheres empreendedoras.

Como disse a atriz Emma Watson durante o seu discurso às Nações Unidas: "Estou a convidar-vos a mobilizarem-se, a se fazerem ver, e a perguntarem a vocês mesmos: "Se não for eu, quem será? Se não for agora, quando será?"

Abrir Caminho

Estes são apenas alguns exemplos de líderes femininos na indústria do petróleo – mulheres que estão, esperamos, a abrir o caminho para que outras possam seguir os seus passos.

- A chefe da divisão de energia e recursos naturais da FBN Capital Rolake Akinkugbe, da Nigéria, foi nomeada Analista de Petróleo e Gás Africana do Ano, no final de 2018, pela sua dedicação à indústria, pelos seus conhecimentos e pelas suas valiosas análises.[68] Akinkugbe é membro do Conselho Económico do Gabinete do Vice-Presidente da Nigéria. É comentadora frequente nos média; escreve sobre recursos naturais em África, faz uma revisão das principais manchetes todos os meses para a *BBC World News*, e é palestrante regular em conferências sobre energia, recursos naturais e investimentos. Além disto, também gere uma iniciativa que dá formação em discursar em público, a VoxArticl8™, e é fundadora da InaTidé, uma empresa de responsabilidade social que encontra fontes de financiamento e capacidade técnica para projetos de energia *off-grid* sustentáveis na África Subsaariana.[69]
- Elizabeth Rogo é fundadora e CEO da Tsavo Oilfield Services, uma consultora energética baseada no Quénia, focada nos setores de gás e petróleo, de energia geotérmica e nos setores de minério no Leste africano. Para além dos seus compromissos profissionais, Rogo é mentora de jovens profissionais no setor da energia e é uma palestrante muito

solicitada para falar de questões de diversidade de género e conteúdo local na indústria de gás e petróleo.[70]

- A doutora Amy Jadesimi, médica e CEO da empresa nigeriana de logística LADOL, recebeu recentemente o prémio Mulheres Líderes no Setor do Gás e Petróleo, durante o Jantar de Patronos Honorários e Cerimónia de Prémios da Foreign Investment Network (FIN) e do Ministério Federal de Recursos Petrolíferos, em Abuja, durante a Cimeira Internacional de Petróleo na Nigéria, em 2019. Jadesimi também foi nomeada Jovem CEO do Ano pelo African Leadership Forum, Jovem Líder Global pelo Fórum Económico Mundial (*World Economic Forum* – WEF), e escolhida para Archbishop Tutu Fellow pelo seu trabalho na redução da mortalidade maternal. Jadesimi também foi nomeada Talento em Ascensão pelo Women's Forum for Economy and Society, uma das 20 Jovens Mulheres Mais Poderosas em África pela Forbes, e entrou na lista dos 25 Africanos Mais Promissores, escolhidos pelo Financial Times.[71]

- Althea E. Sherman é a presidente interina/CEO da empresa nacional de petróleo da Libéria (*National Oil Company of Liberia* – NOCAL). Ela serviu também como COO da empresa e, como advogada, tem mais de 20 anos de experiência legal e empresarial com grandes empresas americanas, incluindo a Oracle Corporation, a AT&T e a Verizon Communications.[72]

- Na Guiné Equatorial, Mercedes Eworo Milam ganhou o respeito generalizado da indústria quando assumiu o cargo de diretora geral de hidrocarbonetos do Ministério de Minas, Indústria e Energia. Já em 2014, Milam foi reconhecida pelo seu extraordinário trabalho no desenvolvimento sustentável do setor petrolífero do país quando recebeu o prémio de Mulher do Ano na cerimónia dos Oil and Gas Awards. Teve o mérito de manter um firme equilíbrio enquanto diretora de hidrocarbonetos, encorajando as empresas de petróleo a investir e dando-lhes a confiança para operar. Ao mesmo tempo, Milam garantiu que as mulheres eram contratadas e consideradas para empregos, formações e promoções, e que ganhavam contratos.[73]

5

Abundante, Acessível, Económico: A "Era de Ouro" do Gás Natural Brilha em África

"Estamos a entrar numa Era de Ouro do Gás?"

Esta foi a pergunta que a Agência Internacional de Energia (AIE), sediada em Paris, colocou em 2011[74] – uma pergunta a que a agência respondeu com um retumbante "Sim". A perspetiva era positiva por vários motivos, entre os quais o facto de haver uma enorme quantidade de recursos disponíveis, tanto em termos de distribuição como de volume. Existem bacias de gás natural em seis dos sete continentes, excluindo apenas a Antártica, e os autores do relatório estimaram que a quantidade total de reservas recuperáveis comercialmente – naquela época, eram cerca de 193,8 biliões de barris – poderia sustentar os níveis de produção dessa altura por mais 250 anos.

A AIE observa que, além de abundante, o gás natural é mais limpo do que outros combustíveis fósseis e mais barato para os consumidores. A agência prevê que, eventualmente, o gás natural se venha a tornar um combustível de transporte, que irá contribuir para reduzir o uso do carvão e da energia nuclear e reduzir drasticamente a poluição e os gases de efeito estufa. A AIE projeta que, até 2035, a procura global crescerá 55% e o gás natural será responsável por 25% da energia mundial, uma parcela significativamente maior do que em qualquer momento no passado.

Embora os preços tenham oscilado ligeiramente desde esta previsão de 2011, o otimismo não foi injustificado. O gás natural pode alcançar tudo isto e muito mais. O gás natural ocupa um lugar especial no mundo da energia, situando-se no encontro entre a economia e o meio ambiente. É abundante, acessível e económico. E porque fornece a maior quantidade de energia por unidade de emissão de carbono de entre todos os combustíveis fósseis, preenche os requisitos necessários para aqueles que ainda não estão prontos para largar a dependência dos hidrocarbonetos mas que estão interessados num tipo de combustível mais amigo do ambiente.

E o esplendor desta Era de Ouro do Gás estende-se a África. Tanto que, de facto, muitos especialistas do setor consideram o continente como a nova fronteira para a exploração deste recurso. Com descrições como "um dos principais impulsionadores"[75], "o novo petróleo para África"[76] e a chave para uma "mudança transformadora"[77] no continente, acredito que iremos ver o gás natural a desempenhar um papel fundamental no futuro económico de África.

Promovendo a Mudança Social em África

Para muitos em África, os confortos da "vida moderna" permanecem além do seu alcance. Com a expansão da rede urbana, e com o correspondente crescimento do consumo de luz, de aparelhos elétricos e de dispositivos digitais, grandes áreas urbanas de África mergulham na escuridão parcial ou total assim que anoitece. Mais de 620 milhões de africanos subsaarianos – ou dois terços da população – vivem sem acesso a qualquer tipo de eletricidade. E esse número está, na realidade, a aumentar. Enquanto a AIE projeta que mil milhões de pessoas terão acesso a eletricidade em África até 2040, incluindo 950 milhões na região subsaariana, espera-se que o explosivo crescimento populacional afunde cada vez mais pessoas neste abismo de impotência.

Como observa a AIE, "a população global ainda sem acesso a eletricidade está a concentrar-se cada vez mais na África Subsaariana – este número irá chegar a 75% em 2040, em comparação com metade nos dias de hoje"[78]. Aliás, este é o único lugar no mundo em que a falta de acesso está a piorar, e não a melhorar.

Isto não é um problema de falta de conveniências ou de luxos. É um problema muito real de saúde pública. Na República Democrática do Congo, por exemplo, as clínicas das aldeias remotas estão tão longe da rede nacional que só sistemas de energia solar podem efetivamente iluminar o acesso a cuidados médicos. A energia solar, está claro, não é fiável o suficiente para ser utilizada como base de um sistema de geração, e portanto, quando não há sol, são muito poucos os serviços que funcionam.

O Gana, por outro lado, é um exemplo do tipo de avanços médicos que se podem alcançar quando a eletricidade chega a um maior número de pessoas. Instalações de saúde bem iluminadas e bem equipadas estão, na verdade, a impulsionar a procura por serviços de saúde, com cada vez mais mulheres a utilizarem instalações de cuidados de saúde para dar à luz com uma parteira qualificada. Além disso, esta melhoria na fiabilidade da rede elétrica do país tem-se traduzido em melhores cadeias de fornecimento de produtos refrigerados, que garantem o transporte seguro de vacinas infantis essenciais, e podem até ajudar a prevenir o próximo surto de ébola no continente.

Mas a expansão do acesso a eletricidade fiável poderia fazer mais do que melhorar a qualidade de vida dos africanos: também libertaria a África subsaariana da sua dependência da biomassa para produção energética. Cerca de 730 milhões de pessoas dependem de lenha, carvão vegetal, resíduos agrícolas ou mesmo estrume animal para cozinhar. A queima de biomassa produz fumo potencialmente nocivo, carregado de partículas, e queimá-la dentro de casa – como fazem milhões de pessoas – concentra o fumo ao ponto de inalá-lo ser tão tóxico como fumar dois maços de tabaco por dia.[79] Alguns investigadores já encontraram um vínculo direto entre a exposição à poluição proveniente da biomassa em espaços fechados, e a morte prematura de cerca de 1,3 milhões de pessoas por ano em todo o mundo.[80]

Podemos olhar para o norte da África como um modelo de sucesso a nível de eletrificação no continente – 90% da população da região está ligada à eletricidade. E, apesar da perspetiva ser mais sombria na África Subsaariana, vemos já alguns exemplos de avanços, em particular na Nigéria, na Etiópia, na Tanzânia e no Quénia. De 2000 a 2018, o Quénia expandiu a sua taxa de acesso a energia em 65 pontos percentuais para 73% da população, e tem como objetivo chegar ao acesso universal até 2022. A Etiópia fornecia energia a apenas 5% da sua população no ano 2000. A taxa de acesso é agora de 45%, com uma meta de acesso universal estabelecida para 2025.[81]

Um Crescente Interesse na Geração Elétrica a Partir do Gás

Já sabemos que os problemas de eletricidade em África são enormes, contribuindo para aumentar e ampliar os sérios problemas económicos, sociais, de saúde e de desenvolvimento humano. Mas eu vejo uma luz ao fundo do túnel. Se explorarmos estrategicamente as novas descobertas de gás natural do continente para produzir eletricidade – "gás-para-energia", como é conhecido –, investidores e produtores podem ajudar África a reduzir as importações, a aumentar as exportações, a expandir o acesso à eletricidade, a melhorar a sua economia e a financiar o seu desenvolvimento social.

O gás natural também é visto como um passo na direção de um mundo mais sustentável, e de baixas emissões de carbono, que dependa exclusivamente de recursos renováveis. À luz das crescentes pressões ambientais para reduzir as emissões de gases de efeito estufa, o gás natural, progressivamente mais limpo (e cada vez mais económico), entrou em cena para substituir o carvão como a alternativa mais atraente para a geração de eletricidade. Para transporte e produção de energia, o gás natural produz menos emissões de CO2 do que o *diesel*, a gasolina ou o carvão. Para a geração de eletricidade, as centrais de geração elétrica alimentadas a gás natural podem ser integradas com fontes renováveis, como a energia eólica e a solar.[82]

Além dos benefícios ecológicos da geração a gás, esta tem também vantagens financeiras: as centrais são tipicamente mais baratas e mais rápidas de construir do que as centrais a carvão ou a energia nuclear, e o gás natural é tão eficiente que um pequeno volume de gás gera muita eletricidade.

O gás natural tem sido o combustível mais utilizado para geração de eletricidade desde 2015, depois de ter ficado em segundo lugar (atrás do carvão) durante décadas.[83] A Rússia, o Japão e Taiwan têm as cinco principais centrais a gás do mundo.[84] E como resultado de enormes descobertas de gás feitas *em alto mar*, África tem uma ótima oportunidade para participar de forma mais plena neste movimento de geração a partir do gás.

África tem certas vantagens económicas quando se trata de extrair gás natural, incluindo um acesso relativamente fácil e condições de licenciamento geralmente atraentes. Os custos mais baixos de acesso aos recursos do continente têm sido atraentes para um amplo leque de investidores, desde os grandes produtores a empresas independentes e empresas nacionais de petróleo. Embora os recursos não estejam divididos de forma equilibrada – mais de 92% das reservas de gás do continente estão concentradas em quatro nações: Nigéria, Argélia, Egito e Líbia – as perspetivas são promissoras em todo o continente, da costa da Mauritânia até às águas de Moçambique.

Por outras palavras, o potencial está lá. E alguns governos, um pouco por todo o continente, já o estão a explorar.

Segundo o Banco Mundial, a Nigéria, só por si, já descobriu gás suficiente para gerar mais de 80 GW de energia durante 30 anos.[85] O plano da Nigéria para a reforma do setor elétrico estabelece uma meta de 20 GW de capacidade de geração até 2020, e a maior parte dessa capacidade será alimentada a gás. As descobertas no mar do Gana, da Namíbia e da Costa do Marfim devem produzir gás suficiente para responder à procura atual de eletricidade por mais de 50 anos, enquanto os Camarões, a República do Congo, a Mauritânia e o Gabão têm gás descoberto equivalente a mais de 100 anos de consumo. Estima-se que uma descoberta de enorme escala no alto mar Senegalês e Mauritano contenha cerca de 450 bcm adicionais de gás[86]. Não só poderia parte deste ser convertido em eletricidade, como esta descoberta levou o ministro da Energia do Senegal a dizer que prevê que o seu país poderá tornar-se auto-suficiente a nível energético, com a possibilidade de até se tornar um exportador líquido de gás.

E estes não são os únicos avanços. Além destes:

- O programa de energia a gás do Departamento de Energia da África do Sul foi desenvolvido para facilitar a construção de infraestrutura de distribuição de gás;[87]
- As centrais térmicas alimentadas a gás natural sustentam 50% da capacidade de geração ligada à rede na região subsaariana. A Agência Internacional de Energia Renovável (*International Renewable Energy Agency* – IRENA) diz que mais de 90% da capacidade vem da Nigéria, do Gana e da Costa do Marfim. Angola está atualmente a desenvolver 400 MW de centrais termoelétricas a gás;
- O desenvolvimento do campo de gás Coral, em Moçambique, trouxe para o país um investimento equivalente a mais de 70% do seu produto interno bruto, que registou 11 mil milhões de dólares em 2016, e as reservas do campo irão satisfazer as necessidades energéticas tanto de Moçambique como as dos seus vizinhos;[88]
- Os Camarões têm tido considerável sucesso recentemente com a utilização de plataformas flutuantes de GNL em alto mar. Também introduziram melhorias tecnológicas que podem vir a reduzir ainda mais os custos de produção e tornar o gás natural ainda mais competitivo como combustível para geração elétrica;
- Apesar do progresso, os produtores africanos de todo o continente

continuam a cometer um grave erro: prejudicam-se a si próprios, e a África como um todo, continuando a queimar gás. Em vez de desperdiçarmos este recurso precioso, devíamos recuperá-lo e usá-lo como base para alimentar a nossa indústria.

Precisamos de chegar a um entendimento universal: não podemos alimentar indústrias a geradores. Usar gás para produzir energia vai ajudar-nos a usar também este gás para criar uma economia industrializada e diversificada.

Reavaliar Prioridades

Num artigo publicado em 2018, fiz a seguinte pergunta: porque é que um país da África Ocidental optaria por importar *diesel* de refinarias no Texas para alimentar as suas centrais de energia, com grandes custos financeiros, quando poderia usar os seus próprios recursos, a muito menor custo, ou os de um vizinho produtor de gás, para alimentar a sua economia?[89]

Responder primeiro às necessidades dos africanos é de vital importância. O que seria ainda melhor? Satisfazer as nossas necessidades com os nossos próprios recursos. O mercado interno dentro das nossas fronteiras continentais não pode continuar a ser negligenciado. Depois de satisfazermos as nossas próprias necessidades, podemos discutir o tema das exportações. Mas vamos tentar estar cientes de para onde é que essas exportações estão a ir.

Historicamente, o continente não desenvolveu os seus recursos energéticos para levar energia às pessoas – em vez disso, o foco sempre foi apoiar outras nações por meio de exportações. Considere-se a Nigéria, membro da OPEP, que envia 40% do seu petróleo para os Estados Unidos, ou o Gana, onde a maior exportação é combustível que vai para a União Europeia. Na verdade, dois em cada três dólares investidos no setor energético subsaariano desde o ano 2000 estão já destinados à produção de recursos para exportação.

Com a expetativa de que a região subsaariana produza 175 bcm de gás natural por ano até 2040, este recurso poderá ter uma considerável influência em todo o continente, complementando os recursos hídricos de África e substituindo o carvão e combustíveis líquidos (e biomassa) na produção de energia. Mas isso só pode acontecer se África mantiver para si própria alguma da sua riqueza em gás natural.

Concordo com o Sr. Gabriel Mbaga Obiang Lima, ministro de Minas, Indústria e Energia da Guiné Equatorial, que recentemente me disse: "precisamos primeiro de fornecer os nossos cidadãos, que precisam de abastecer os seus carros, as suas casas e os seus negócios. Para atingir este objetivo, é mais barato criar uma indústria através da qual possamos usar o nosso próprio gás, em vez de exportar o nosso gás como GNL e depois ser forçados a importar combustível para uso doméstico. Há um grande valor tanto na exportação quanto no uso doméstico de gás numa economia diversificada e forte".

A Guiné Equatorial é um dos maiores mercados de petróleo e de gás na África Subsaariana. E com um currículo impressionante que inclui uma presença ativa no setor petrolífero desde 1997, Lima compreende o papel vital que os hidrocarbonetos desempenham na receita interna do país. Antes de assumir o seu cargo atual,foi ministro delegado, vice-ministro, secretário de estado de Minas e Hidrocarbonetos, representante do governo na participação do estado em contratos de partilha de produção de petróleo e gás, e conselheiro presidencial para os hidrocarbonetos. Lima foi ainda membro do conselho de três empresas nacionais: a Sonagas, a SEGESA e a GEPetrol.

"Embora haja certamente uma procura global pelas nossas exportações, também existe uma grande necessidade de que os setores de *downstream* se desenvolvam em África e que esses recursos sejam usados a nível doméstico, como produtos refinados, fertilizantes, petroquímicos, e na geração de energia ", disse Lima, cujo objetivo é criar um ambiente propício para empresas nacionais e internacionais de petróleo e gás, garantindo ao mesmo tempo que os cidadãos nacionais beneficiem desses esforços. "Isso leva a mais estabilidade, à diversificação, a uma melhor qualidade de trabalho e a mais empregos para a nossa população."

Os pontos de vista de Lima sobre o gás natural estão estreitamente alinhados com os de Guillaume Doane, CEO da *Africa Oil & Power*. Como o organizador de conferências de investimento de alto nível focadas nas indústrias africanas de energia, Doane está num lugar privilegiado para sentir o estado do setor. E de facto, Doane referencia a Guiné Equatorial como um modelo exemplar do movimento "África em Primeiro Lugar", que apela aos países africanos para que maximizem a refinação local dos seus recursos naturais.

"A Guiné Equatorial, de muitas formas diferentes, estabeleceu o exemplo a seguir e demonstrou que está numa posição de liderança no que toca a utilizar os seus recursos naturais para o benefício do seu próprio povo e dos povos vizinhos. O uso que o país faz hoje do seu gás natural, para exportações de GNL, para geração elétrica, na forma de gás natural comprimido e, no futuro, utilizando estes recursos para grandes projetos industriais e petroquímicos, fixa um ponto de referência para o resto do continente ", disse-me Doane numa entrevista recente. "Além disso, a Guiné Equatorial estabeleceu um modelo de como os países africanos que detêm grandes quantidades de gás natural podem partilhar esses recursos e trabalhar com países vizinhos na construção de infraestrutura de importação de gás."

Temos também de perceber que o mercado global de exportação pode não ser a "vaca leiteira financeira" que já foi. O mercado está saturado devido ao *boom* do gás de xisto nos Estados Unidos, ao aumento da produção no Médio Oriente e a investimentos significativos na Austrália em exportações de GNL, entre outros fatores. Os produtores africanos costumavam ver nos Estados Unidos e nos países europeus clientes sólidos de longo prazo. Já não é bem assim.

Do meu ponto de vista, isto acaba por ser um mal que veio por bem. O uso de gás natural de origem local (ou pelo menos de origem continental) pode ajudar a reduzir as nossas importações de produtos petrolíferos refinados, que tanto custam ao erário público. Forçar os nossos produtores de energia a olharem para "dentro da caixa" (para dentro de África, quero dizer) pode ser o impulso necessário para fomentar um vibrante mercado intra-africano de energia. E laços económicos fortes podem promover alianças políticas e criar um mercado interno forte.

Então, vamos deixar-nos de tentar competir por contratos internacionais com os principais produtores de energia do mundo e foquemos-nos em vez disso no nosso mercado regional. É simplesmente mais realista – e mais importante para a saúde económica e para a prosperidade futura do nosso continente.

Consideremos a Tanzânia: atualmente, pelo menos 50% da energia gerada a partir de gás natural no país está a ser utilizada pela Tanzania Electric Supply Company (TANESCO), com o restante a servir para aquecimento industrial, como matéria-prima para a indústria petroquímica, para cozinhar, e como combustível para veículos. A produção de gás natural está a reduzir efetivamente a dependência da Tanzânia de importações de energia – poupando mais de 7,4 mil milhões de dólares entre 2004 e 2015, de acordo com a Tanzania Petroleum Development Corporation (TPDC). Esses fundos têm vindo a ser canalizados para projetos que, de outra forma, poderiam ter ficado suspensos, como a construção de uma fábrica de fertilizantes com capacidade instalada para produzir 2.200 toneladas de amónia e 3.850 toneladas de ureia por dia. Este projeto irá criar até 5.000 novos empregos permanentes – e contribuir para a melhoria da economia do país durante gerações.[90]

A forte posição económica da Tanzânia a nível regional irá também melhorar as relações entre os países da região e permitirá a criação de um mercado interno robusto para as indústrias africanas, para as empresas africanas e para os povos africanos. Quando o seu sistema doméstico de gás natural estiver completamente desenvolvido, a Tanzânia tenciona exportar parte da eletricidade que produz – mas apenas para o vizinho Quénia.[91]

Aplaudo também o trabalho do consórcio liderado pela SacOil, uma empresa de E&P independente da África do Sul, na promoção da construção de um gasoduto de grande diâmetro, com 2.600 quilómetros (1615 milhas) de extensão, que ligue a bacia de Rovuma, no norte de Moçambique, à província de Gauteng, onde se localizam as cidades de Joanesburgo e Pretória. O Dr. Thabo Kgogo, CEO interino da SacOil, disse à revista *ESI Africa* que o projeto "irá melhorar o panorama da infraestrutura energética de África, apoiar o crescimento económico, aumentar a competitividade internacional das economias da África Austral, criar empregos e melhorar os padrões de vida."[92]

E, na verdade, é isto que está no cerne da oportunidade que o gás natural oferece em África. Sim, investidores de todo o mundo reconhecem o potencial económico de explorar recursos ainda por descobrir. Mas para mim é claro que à medida que a indústria energética do continente cresce, os povos africanos serão os que mais devem, e irão, beneficiar.

Mas não se fiquem apenas pelas minhas palavras – considerem as palavras exprimidas na Quarta Mesa Redonda da China sobre as Adesões à OMC, que teve lugar em Nairóbi, em dezembro de 2015: "Acreditamos que combater as barreiras ao comércio intra-africano pode ter efeitos positivos desproporcionais para os mais pobres. Isto faz com que uma maior integração comercial africana seja central para o nosso próprio objetivo de acabar com a pobreza até 2030, e para as aspirações dos governos e comunidades africanas."[93]

As Ambições Expandem com Mais GNL

Conseguem acreditar que foi em África que foi instalada a primeira central comercial de liquefação de GNL do mundo? Pode ser difícil imaginar, tendo em conta que o continente está atrás de grande parte do mundo no que diz respeito à produção de GNL, mas uma fábrica em Arzew, na Argélia, começou a operar em 1964.[94]

Infelizmente, ao início o GNL não teve grande procura comercial. Mas isso está a mudar.

O GNL está a tornar-se uma prioridade para o crescente setor de gás natural africano. Este gás natural, inodoro, incolor, não-tóxico e não-corrosivo (predominantemente metano com algum etano) é arrefecido até chegar à forma líquida, para facilitar o armazenamento e o transporte – muitas vezes por barco – para zonas onde não é prático nem economicamente viável construir um gasoduto. Uma vez chegado ao destino, o GNL é regaseificado e distribuído, normalmente através de um gasoduto.

"Há evidências em todo o continente de que o gás natural – mais especificamente o GNL – pode ser a resposta, tanto para impulsionar o setor energético africano em geral, como para ajudar países a nível individual a melhorar a sua situação", Guillaume Doane destacou durante a nossa entrevista. "África tem uma população vasta, vibrante e jovem, cuja necessidade de consumo de energia acessível e fiável está a crescer mais rapidamente do que em qualquer outra parte do mundo. Os países africanos devem poder depender uns dos outros para terem acesso a essa energia. O cumprimento deste potencial irá requerer líderes com coragem, que tenham a força para fazer o que é necessário para garantir que nenhum país do continente fique para trás na procura da prosperidade e da segurança energética."

Para Doane, possivelmente um dos melhores exemplos é a Nigéria, que tem uma longa e forte experiência como produtora e exportadora de GNL: "Com as maiores reservas de gás do continente, a Nigéria está agora também a posicionar-se como um dos maiores produtores de gás natural para uso doméstico. O país está seriamente a avaliar soluções para reduzir a queima de gás e utilizar este recurso para alimentar a sua geração elétrica e a sua indústria local."

Como parte deste objetivo de reduzir a presença do carbono na sua economia, a África do Sul também está a desenvolver um ambicioso projeto de geração de energia a partir de GNL. Atualmente, o país está a licitar um contrato para o desenvolvimento, financiamento, construção e gestão de uma central elétrica com a capacidade de utilizar GNL para produzir 3.000 MW de energia. Atrasos no quadro regulatório do setor e dificuldades técnicas têm causado demoras, mas a África do Sul está a planear utilizar navios que ficarão localizados *offshore* e que serão responsáveis por receber, converter e armazenar as importações de GNL. A Eskom, empresa nacional de energia da África do Sul, já concordou em comprar a eletricidade que será gerada por esta central.

A *Africa Oil & Power* diz que as estruturas de financiamento e desenvolvimento são fatores decisivos para os projetos de geração elétrica a partir de GNL. Esse é um dos motivos pelos quais a África do Sul (e outros) incluíram instalações flutuantes de armazenamento e regaseificação (*Floating Storage and Regasification Facilities* – FSRF) nos seus planos. Com um custo médio que varia entre os 300 e os 500 milhões de dólares, estas embarcações custam cerca de metade do que custaria construir um terminal de importações em terra. Além de reduzir o CAPEX, um FSRF leva apenas cerca de dois anos até ficar operacional, o que significa que permite reduzir consideravelmente o tempo de desenvolvimento do projeto.

Entretanto, no outro lado do continente, Marrocos também está a considerar desenvolver infraestrutura para importar GNL, enquanto o Egito já contratou dois navios para armazenar GNL. Um grupo de investidores no Gana está a considerar financiar uma central de geração elétrica a partir de GNL com uma capacidade de 1.300 MW, o que permitiria ao país reduzir a sua dependência do gasoduto da África Ocidental, que peca por ser pouco fiável.

Talvez o mais entusiasmante é o facto destes avanços não se localizarem apenas em nações com enormes reservas. Nos últimos anos, à medida que a oferta de GNL foi aumentando e os preços têm vindo a diminuir, a geração elétrica a partir de GNL tem vindo a ser cada vez mais amplamente considerada como uma solução alternativa para geração de eletricidade. Desde 2015, a evolução das tecnologias de geração elétrica a partir de GNL têm sido uma benção para os países africanos que não têm fontes domésticas de gás natural ou que não dispõem de um gasoduto que lhes permita receber gás importado. Entre eles está Moçambique, que tem planos para desenvolver 10 unidades de liquefação de GNL que consumiriam cerca de 70% dos recursos descobertos até hoje no país, de acordo com o Banco Mundial.

As perspetivas para o desenvolvimento de GNL no nosso continente são encorajadoras: Douglas-Westwood, um consultor da indústria, previu que os gastos globais em instalações de GNL aumentariam 88% até 2019, com 193 mil milhões de dólares gastos em liquefação e transporte.[95]

Esse crescimento da indústria representa uma grande oportunidade para os países africanos com reservas de gás natural, benefícios estes que poderiam facilmente estender-se às pessoas desses países.

Gabriel Mbaga Obiang Lima concorda: "investir no uso doméstico de gás vai industrializar o país: cria novas indústrias, diversifica a economia e cria empregos necessários."

Ou, como observaram os autores de "África Oriental – Oportunidades e Desafios para o GNL Numa Nova Região Fronteiriça", os rendimentos que os desenvolvimentos de GNL em águas profundas podem gerar para o governo – desde a criação de emprego e impostos pagos pelos funcionários, até ao aumento das despesas feitas dentro das economias locais – poderiam, por sua vez, gerar ainda mais emprego e receitas fiscais.

"Durante a fase de construção de um projeto de GNL, poderia haver entre 3.500 a 5.000 pessoas diretamente envolvidas na construção da central; destes, cerca de 80% seriam técnicos e profissionais qualificados", escreveram os autores.[96]

O Que Nos Bloqueia o Caminho?

Estes benefícios poderiam ter um efeito exponencialmente maior se os diferentes agentes líderes da indústria colaborassem para promover o comércio intra-africano. Como já mencionei na discussão sobre a necessidade de colaboração no capítulo 3, é vital que governos, empresas indígenas e consórcios continentais se unam. E precisamos absolutamente que os comerciantes de petróleo, os produtores de energia e os industriais africanos, participem.

As empresas de *trading* compram contratos de futuros no mercado de *commodities* e fixam bons preços para os seus clientes, normalmente as refinarias, as empresas nacionais de energia ou os grandes complexos de escritórios com grande poder de aquisição. Para conseguirem garantir os melhores preços para os seus clientes, os *traders* têm de estar constantemente atentos ao seu entorno e não enfiar a cabeça na areia. Como resultado, estes *traders* conseguiram construir sofisticadas redes de informação. Há muito tempo que descobriram a importância da cooperação transfronteiriça, e há certamente algo a aprender com estes agentes e com as suas experiências.

Infelizmente, estes *traders* também causam por vezes estrangulamentos no mercado. É necessário criarmos uma plataforma que requeira um volume considerável de gás natural para ser posto de lado para projetos de geração africanos. Esta é uma necessidade absoluta para que a industrialização generalizada que se pretende para o continente beneficie de uma vantagem competitiva na economia global.

Do meu ponto de vista, a solução está no GNL de pequena escala. A má notícia é que isso significa romper com o domínio dos *traders* de energia que controlam o comércio de GNL. Na sua grande maioria, os *traders* são contra o GNL de pequena escala porque isso reduziria as suas vendas a compradores preferenciais na Europa, na Ásia e na América. Em vez disso, precisariam de encontrar estruturas alternativas de financiamento para cobrir a sua participação em projetos de GNL ou noutros projetos de gás.

A estratégia de exportação de energia de África, perpetuada por estes *traders* de energia, é talvez o maior impedimento a desenvolvimentos de geração a partir de GNL. Precisamos de políticas que promovam o comércio intra-africano. É verdade que já se fizeram alguns progressos com a Área de Comércio Livre Continental (*Continental Free Trade Area* – CFTA), que, se espera, irá aumentar o comércio intra-africano em 52% até 2022, irá eliminar tarifas em 90% dos bens, e acabar com atrasos desnecessários nas alfândegas fronteiriças e com outros obstáculos ao êxito do comércio intra-africano. Até muito recentemente, demoras burocráticas atrasaram a ratificação deste acordo de comércio livre intra-africano tão crítico para o continente: só entrou em vigor com as assinaturas de 22 dos 55 membros da União Africana. A hesitação de alguns destes países-membros demonstra que exportar para mercados potencialmente mais rentáveis continua a ser mais prioritário para alguns do que dar estrutura ao nosso mercado doméstico continental. Em abril de 2019, a Gâmbia tornou-se no 22.º país a assinar o CFTA, permitindo que a iniciativa siga em frente.

Guillaume Doane acredita que o sucesso do comércio de energia intra-africano também está a ser travado pela falta de infraestrutura e capital de investimento: "África tem menos infraestrutura de exportação de petróleo e gás do que qualquer outra região no mundo. O continente precisa de mais oleodutos/gasodutos e de mais instalações de exportação/importação que propiciem o comércio", disse Doane.

Para os países menores, a ideia de desenvolver infraestrutura de geração elétrica a partir de gás pode parecer proibitiva. Como as centrais a gás são tão eficientes, os volumes de gás que se consomem podem ser tão baixos que podem fazer com que os investimentos em infraestrutura de importação e transporte não sejam economicamente viáveis. Criar uma rede de geração a partir de gás pode muitas vezes não fazer sentido do ponto de vista individual de cada país; simplesmente porque não existem economias de escala que justifiquem esse investimento, pelo menos em termos de construir a infraestrutura necessária de *upstream* e *midstream*.

Mas o facto é que, mesmo entre as economias menores, as oportunidades abundam.

Cooperativas regionais transfronteiriças de energia, com centros de geração intra-regionais que também respondam às necessidades de energia dos países vizinhos, poderiam ser a resposta para todo o continente. Os países anfitriões com reservas de gás natural poderiam aumentar as receitas vindas da exportação e desenvolver a infraestrutura necessária, enquanto os seus países vizinhos importariam a eletricidade de que necessitam sem ter de construir as suas próprias instalações de geração. Todos ficam a ganhar!

"Acreditamos que esta é uma solução extremamente viável para África: países com acesso fiável a combustíveis como GNL ou gás propano podem desenvolver capacidade de geração suficiente para responder às suas necessidades domésticas, assim como capacidade excedente que pode ser transportada pela rede para países vizinhos que façam parte da *pool* de energia", disse Colm Quinn, diretor regional de vendas da APR Energy, à *African Review*[97].

Para ser justo, é importante salientar que o consumo de gás natural em África é ainda pequeno quando comparado com o resto do mundo – apenas 109,8 mil milhões de metros cúbicos (bcm), aproximadamente 3.849 bscf, ou 3,4% do total global em 2011. Para pôr isto em perspetiva, África consome num ano a mesma eletricidade que os americanos consomem em três dias[98], e o consumo médio de eletricidade per capita nas regiões a sul do Saara não é suficiente para alimentar continuamente uma lâmpada de 50 watts[99]. Mas o volume está a crescer. O consumo de gás no continente está a crescer a cerca de 6% ao ano, motivado pelo aumento da atividade económica, pelo investimento em infra-estrutura e pelos subsídios ao consumo doméstico.

Um dos obstáculos principais a ser superado para que possamos converter reservas de gás natural em eletricidade é a falta de infraestrutura de transporte para ligar os campos de gás às centrais elétricas. Atualmente, sem contar com a costa da Nigéria, não há praticamente nenhum gasoduto na África Subsaariana. Mas isso pode estar a mudar, já que a Nigéria está a negociar formas de levar os seus recursos de gás para outros países costeiros do continente.

O projeto do Gasoduto Trans-Saariano (Trans-Saharan Gas Pipeline), que viajará 841 quilómetros (522 milhas) desde a fronteira com a Nigéria até à Argélia e outros 2.303 quilómetros (1.431 milhas) através do gasoduto Algeria Gas Infrastructure, foi finalmente aprovado em janeiro de 2017, cerca de oito anos depois do acordo original entre a Argélia e a Nigéria ter sido assinado[100]. E a Comissão Reguladora de Concessão de Infraestrutura da Nigéria (*Infrastructure Concession Regulatory Commission* – ICRC) está a tentar desenvolver um gasoduto *offshore* que irá ligar a Nigéria a Marrocos e, eventualmente, irá beneficiar 11 nações da África Ocidental subsaariana: o Benim, o Togo, o Gana, a Costa do Marfim, a Libéria, a Serra Leoa, a Guiné, a Guiné-Bissau, a Gâmbia, o Senegal e a Mauritânia. Espera-se que o Gasoduto Trans-Saariano tenha custos de transporte por unidade muito baixos, e que transporte gás suficiente para gerar 5.000 MW de eletricidade. Como resultado de novas descobertas de gás na Nigéria e no Gana, a West African Gas Pipeline Company (WAPCo) indicou que poderia expandir a sua capacidade de 170 mcf por dia para 315 mcf por dia.[101]

Unidos Conseguimos

Não sou o único que deseja ver uma África energeticamente independente – onde os recursos africanos são usados para o desenvolvimento das nações africanas e de todos os seus povos, onde todos os africanos têm acesso a eletricidade que é produzida na sua terra natal, e onde todas as nações africanas cooperam para estimular o desenvolvimento industrial e criar empregos.

Na verdade, há 18 nações de todos os cantos do continente que acreditam tanto na importância da união que criaram a APPO. O que começou em 1987 como uma colaboração entre um grupo seleto de potências africanas produtoras de petróleo, duplicou de tamanho e expandiu-se para também incluir produtores menores. A entrada mais recente foi a do Níger, em 2012, cuja jovem indústria oferece enorme potencial.

Os esforços iniciais da organização foram liderados pela Nigéria – juntamente com a Argélia, Angola, o Benim, os Camarões, a República do Congo, o Gabão e a Líbia – no sentido de avançar na direção da independência energética, do desenvolvimento sustentável e da diversificação económica em África, através da cooperação para a pesquisa e tecnologia no setor petrolífero.

Para cumprir a sua missão, a APPO definiu estes objetivos:

- Cooperação entre países-membros: aumentar a cooperação entre os países-membros e outras instituições globais em vários setores da indústria de hidrocarbonetos;
- Desenvolvimento Energético Africano: desenvolver mercados regionais e coordenar estratégias de integração energética pan-continental;
- Estudos e Parcerias de Alto Nível: fornecer educação sobre os principais desafios no setor energético africano;
- Desenvolvimento Socioeconómico: promover o desenvolvimento económico e a diversidade de mercados, concentrando-se em fornecedores locais, emprego e diversificação de género na indústria energética;
- Proteção Ambiental: acionar políticas de proteção e gestão ambiental;
- Melhores Práticas Internacionais: adotar as melhores práticas internacionais;
- Visibilidade Organizacional: estabelecer questões de liderança em matérias de energia dentro e fora de África.

Da mesma forma, há quase cinco anos, a *Africa Oil & Power* (AOP) entrou em cena com um foco muito semelhante. De facto, Guillaume Doane co-fundou o grupo como uma plataforma para reunir "uma classe de elite de ministros, altos funcionários do governo e altos executivos de empresas do setor privado que abranjam toda a cadeia de valor da energia, incluindo *upstream*, *downstream*, engenharia, construção, serviços, consultoria, geração de energia, setores jurídico e financeiro." A organização realiza uma série de conferências específicas por país, apoiadas pelo governo, bem como um evento anual dirigido a toda a África, para promover troca de contactos e discussões de alto nível sobre todas as questões relativas ao espaço energético africano.

Como uma forte defensora do movimento "África Primeiro", e apoiando os países africanos para que maximizem os seus recursos naturais para o benefício e a melhoria da qualidade de vida dos seus povos, a missão da AOP é:

- Propiciar o investimento na indústria energética africana, a região mais subexplorada, subdesenvolvida e negligenciada do mundo;
- Capacitar as empresas indígenas do continente, promovendo a liderança, o conteúdo nacional, tecnologia e empreendedorismo;
- Criar experiências de conteúdo envolventes para os maiores agentes de energia do setor.

Eu adoro as missões destas associações. Mas por agora, ainda não é suficiente: a APPO representa apenas um terço dos países africanos, e a AOP tem como alvo os executivos de elite. Precisamos de ver mais colaboração.

Todos os estados africanos têm de assumir o seu papel neste jogo. Os grandes países, como a Nigéria, precisam também de assumir o seu lugar e mostrar que são líderes – exatamente como fizeram quando estabeleceram a APPO e a puseram em funcionamento. As empresas de energia precisam de bons advogados e de conselheiros que entendam o mercado. E todos nós precisamos de conversar uns com os outros e de aprender uns com os outros.

Este é o tipo de colaboração e agenda que eu tinha em mente quando co-fundei a Câmara Africana de Energia (CAE), no início de 2018. A CAE promove oportunidades de crescimento e expansão para empresas indígenas africanas em todo o continente, desde formação de pessoal até parcerias com as comunidades, e desenvolvimento de relacionamentos. Num curto período de tempo, tornámos-nos a voz do setor de petróleo e gás africano. O nosso objetivo último é ver as empresas africanas crescerem e assumirem a liderança no desenvolvimento do seu continente.

A CAE é a voz do continente para as mudanças contínuas e para o progresso na indústria energética africana. Desde as robustas reformas regulatórias de

Angola, ao interesse da República do Congo na OPEP, até aos impressionantes avanços na área de conteúdo local tomados pelo Sudão do Sul, a CAE apoia firmemente o ressurgimento da indústria de energia de África.[102]

Eu mantenho um papel ativo na câmara, servindo como o seu presidente executivo, falando e escrevendo regularmente em nome da organização. Além disso, vários colegas-chave que ajudaram a formar o grupo ainda participam ativamente no nosso trabalho. Estamos todos profundamente empenhados e acreditamos fortemente na nossa colaboração.

Sabemos que os nossos esforços já estão a fazer a diferença.

Em menos de um ano de existência, o grupo ajudou a Guiné Equatorial – um dos maiores exportadores de GNL do continente – a assinar memorandos de entendimento que facilitaram um acordo de vendas de GNL com o Gana, e negociou o fornecimento e a construção de infraestrutura de transporte de GNL com o Burkina Faso. Espero que estes exemplos concretos sejam apenas o começo.

Outro promissor esforço cooperativo é a LNG2Africa. Esta iniciativa negoceia no setor privado, e tem levado a acordos inter-africanos de compra e venda e a criar oportunidades para o desenvolvimento desta indústria em todo o continente.

Acima de tudo, a iniciativa promove a colaboração e a partilha de conhecimento entre produtores e consumidores para facilitar as melhores práticas e fomentar o desenvolvimento de infraestruturas. Como o site da LNG2Africa explica, "por meio da LNG2Africa, os beneficiários de toda a cadeia de valor do GNL podem partilhar conhecimentos e dados, e encomendar estudos técnicos para a construção de terminais de regaseificação, armazenamento de GNL ou infraestrutura de transporte, quer seja por gasoduto ou através de uma transportadora de GNL".

Iniciativas como a APPO, a AOP e a LNG2Africa estão a ajudar a estabelecer uma voz para o nosso continente. África ainda vai responder de forma afirmativa à pergunta retórica da AIE e provar que é, de facto, a Era Dourada do Gás Natural – e que o gás natural irá estimular a nossa própria Idade de Ouro de prosperidade e sucesso.

Estou confiante de que, se trabalharmos juntos para garantir que usamos o gás africano para África primeiro, África ficará de cofres cheios.

6

Monetizar Recursos Naturais: Sucessos, Lições e Riscos

A Nigéria é rica em recursos e pobre em energia.

O país ocupa o 6.º lugar a nível mundial em produção de petróleo, 10.º em reservas comprovadas de petróleo, e 8.º em reservas comprovadas de gás natural. Ainda assim, a Nigéria tira partido destes recursos para manter as luzes acesas, para dar mobilidade às pessoas ou para alimentar a sua economia.

Em vez disso, o petróleo é exportado e o gás é desperdiçado. Em muitas partes da Nigéria, a eletricidade é esporádica – na melhor das hipóteses, o fornecimento de eletricidade está disponível 40% do dia. O que se pode esperar quando se produzem apenas 4 GW de energia para um país de quase 200 milhões de habitantes? Será que carregar no interruptor irá iluminar a escuridão ou ligar um motor? Na Nigéria, não há garantia.

As pessoas – 42% delas pobres – permanecem paralisadas, sem acesso a combustível de transporte adequado.

A base industrial é sedentária, não apenas porque carece de matérias-primas para produzir, mas também porque é impossível fazer crescer um negócio sustentável que tenha de depender de geradores quando a energia acaba. Como é que o país pode querer atrair investimentos estrangeiros sem ter eletricidade? Imaginemos que somos produtores de *microchips* em Silicon Valley e que estamos a considerar tirar partido do capital humano do país para operar uma fábrica aqui. Quando não há eletricidade durante a maior parte do dia, o que é que fazemos? Compramos combustível e passamos o custo adicional para os clientes? Que consumidor são compraria um produto mais caro quando existem alternativas mais baratas de países onde a eletricidade funciona 24 horas por dia?

A questão maior é: como pode uma nação inteligente ter tanto, mas fazer tão pouco com o que tem?

Um dos problemas é que a Nigéria não aproveita quase nada dos seus recursos de gás natural. Menos de 17% dos 193 tcf das suas reservas provadas de gás estão a ser postas ao serviço do país. Cerca de 184 tcf são considerados como "bloqueados", o que significa que não é economicamente viável fornecê-los ao mercado. Mas, pior ainda, como o país carece de infraestrutura adequada, como gasodutos e instalações de armazenamento, mais de metade do gás natural associado à produção de petróleo – cerca de 63% – é rotineiramente queimado.

Num sentido muito real, a riqueza que poderia estar a chegar aos bolsos dos nigerianos, está literalmente a desaparecer numa nuvem de vapor.

Flaring: Uma Perda para África

Embora esta prática tenha sido sempre parte integrante da produção de hidrocarbonetos, a queima de gás (*flaring*) é um desperdício, prejudicial ao meio ambiente, perigosa para as pessoas e para os animais na proximidade – e foi proibida na Nigéria há mais de 30 anos, ainda que não pareça, tendo em conta a quantidade que se queima: cerca de 700 mcf por dia, e está a aumentar. Este não é um valor insignificante: é equivalente a cerca de um quarto do atual consumo de energia de todo o continente. O que é que isto representa em dinheiro? A Nigéria perde 868 milhões de nairas (18 milhões de dólares) por dia com a queima de gás.

Embora mais de 65% da receita do governo venha do petróleo[103], estima-se que cerca de 2,5 mil milhões de dólares sejam perdidos anualmente devido à queima de gás. O governo federal faz tentativas de punir a queima de tempos a tempos, mas com pouco sucesso. A multa por queimar gás é de 10 nairas (0.03 dólares) por mscf, o que é insuficiente para desencorajar as empresas de petróleo e gás, que consideram a queima uma alternativa mais barata do que outros métodos de descarte. Como prova disso, basta considerarmos que a queima de gás subiu de 244.84 bscf em 2016 para 287,59 bscf em 2017, um aumento de cerca de 18%. Neste momento, há um novo plano para acabar com a queima de gás na Nigéria até 2020, mas os especialistas duvidam que tenha sucesso[104]. Segundo eles, faltam os incentivos, a infraestrutura e tanto o quadro legislativo como regulatório para sustentar a iniciativa.[105]

Infelizmente, esta não é apenas uma história nigeriana. Por todo o continente, há gás bloqueado ou a ser queimado. Apenas 10% das reservas de gás africanas estão a ser monetizadas.

Mas e se em vez de deixar o gás natural no chão ou queimá-lo, pudéssemos capturá-lo, armazená-lo, transportá-lo e usá-lo? Imaginem: África poderia produzir gás para consumo local ou transformá-lo em eletricidade, como defendi no capítulo 5. Poderíamos convertê-lo em GNL para exportação, um processo que tornou o gás fungível em tantas outras nações produtoras. Teríamos um fornecimento constante de matéria-prima para a indústria e uma fonte fiável de eletricidade para uso comercial e residencial. Reduziria a poluição. E seríamos capazes de fazer uso da nossa experiência no setor energético para nosso próprio benefício, e não apenas para aumentar os lucros das empresas ocidentais.

Com o mundo a depender cada vez mais do gás natural – espera-se que a procura aumente até 40% até 2030 – as implicações económicas da monetização das nossas reservas de gás são atordoantes.

Para acelerar o ritmo de desenvolvimento e impedir que queimemos mais dinheiro, temos de aprender com os países que já estiveram no mesmo lugar em que a Nigéria está agora.

As lições começam agora. E não temos de ir longe para as encontrar.

A Guiné Equatorial Monetiza o GNL

Como já discutimos, um dos principais desafios para monetizar o gás natural é que este requer extensa infraestrutura – algo que atualmente está em falta em muitas partes da África. Mas não tem de ser assim. Por um lado, o desenvolvimento do GNL tornou mais fácil trazer o gás "bloqueado" até ao mercado – o GNL ocupa menos espaço, é mais económico para o transporte de grandes distâncias e pode ser armazenado em grandes quantidades.

Em África, um dos países que está a tirar partido desse facto é a Guiné Equatorial.

A Guiné Equatorial entrou no setor da energia com a descoberta de grandes reservas de petróleo em 1996. Em 2016 era um dos maiores produtores de petróleo de África. Mas como toda a gente no setor de petróleo, o país tem sido fortemente afetado pela volatilidade do mercado, especialmente porque o petróleo corresponde a 90% da receita do estado.[106]

Com 1,3 tcf de reservas provadas de gás natural – uma mera fração das reservas da Nigéria – a Guiné Equatorial está a fazer uso do GNL e dos condensados para se diversificar, reduzir a sua exposição à volatilidade do mercado petrolífero e trazer prosperidade ao seu povo. O país já fez progressos substanciais para concretizar esses objetivos, e o seu trabalho demonstra o que se consegue quando o governo e as principais empresas de energia trabalham juntos para o bem da população.

Em 2018, por exemplo, a Guiné Equatorial assinou um acordo com a Noble Energy – uma empresa do Texas que faz parte da Fortune 1000 – para fazer do país o centro nevrálgico de gás no leste do Golfo da Guiné. O contrato estabeleceu a estrutura para o desenvolvimento de gás natural a partir do campo *offshore* Alen, e delineou os termos comerciais para que o gás natural deste campo seja fornecido ao complexo de gás de Punta Europa, à central de metanol da AMPCO e à central de GNL da Guiné Equatorial[107]. O contrato também inclui a construção de um gasoduto de 65 quilómetros que irá ligar o campo às centrais de processamento.[108]

Ao mesmo tempo, o governo anunciou que irá construir o que chama um *megahub* de gás natural em Punta Europa, contribuindo para estabelecer o país como um participante de relevo no mercado global de exportação de GNL. Espera-se que o projeto renda 2 mil milhões de dólares em receitas. Mas não é apenas um grande negócio – é uma oportunidade sem precedentes para os cidadãos do país. O ministro de Minas e Hidrocarbonetos, Gabriel Mbaga Obiang Lima, acredita que o projeto irá criar 3.000 empregos diretos e indiretos, e também está determinado em fazer com que as empresas locais façam parte desta cadeia de valor.

Como se isto não bastasse, a Guiné Equatorial também assinou um acordo com o Togo para facilitar o comércio de GNL entre os dois países. O acordo faz parte da iniciativa LNG2Africa, que se dedica a promover o mercado intra-africano de GNL. Segundo relatos da imprensa, o Togo irá estudar a importação e regaseificação de GNL e o seu uso na geração de energia[109]. Um acordo semelhante entre a Guiné Equatorial e o Burkina Faso pode estar em desenvolvimento.

Além disto, é importante dizer, quase não se vê queima de gás. Em vez disso, a produção de gás que não é utilizada é agora reinjetada nos reservatórios para ajudar na produção de petróleo.

Isto é progresso. Mas e os outros planos que estão em andamento? É provável que ajudem a Guiné Equatorial a alcançar os seus objetivos? Todos os sinais apontam para o sucesso. O país tem estes fatores críticos a funcionar:

- Acesso a financiamento;
- Infraestrutura;
- Capital intelectual;
- Um sólido quadro legislativo com apoio governamental à indústria, para incentivar o investimento;
- Cooperação.

Não é coincidência que estes sejam os mesmos elementos que definem o ambiente da indústria em lugares como o Qatar e Trinidad e Tobago — onde a monetização do gás natural se tornou uma forma de arte.

A Demanda do Qatar pela Dominação Mundial

O Qatar é tão pequeno que um escritor uma vez disse que era pequeno o suficiente para caber no bolso[110]. No entanto, a nação árabe possui as maiores reservas de gás do mundo — 872 tcf, ou cerca de quatro vezes o total da Nigéria — e um dos mais altos PIB per capita do planeta, em grande parte graças à produção de petróleo. Ainda assim, o país não se contenta com esses títulos, tendo declarado a sua intenção de ser a "Capital Mundial do Gás".

Não parece faltar-lhe muito.

Desde 1949, quando o que hoje é a cidade industrial de Umm Said foi estabelecida como um terminal de navios-tanque, que as principais empresas de petróleo e gás se tem vindo a estabelecer lá. A cidade também tem sido uma incubadora de empresas locais, incluindo consumidores de gás natural a nível de *downstream* como a Qatar Fertilizer Company – que é a maior produtora individual de amónia e ureia do mundo – e a Qatar Petrochemical Company. As maiores fábricas de gás-para-líquido (*Gas-To-Liquid* – GTL) do mundo estão no Qatar, e com a Qatargas a operar 14 centrais de processamento de GNL, o país é o maior fornecedor de GNL do mundo.[111]

Como parte do seu objetivo de deter o domínio mundial do gás, o Qatar está a expandir a sua capacidade de produção de GNL, desenvolvendo ainda mais o Campo Norte de gás natural, que já é responsável por quase toda a sua produção de gás. Com a data de conclusão prevista para 2024, o projeto deve gerar 40 mil milhões de dólares em rendimentos adicionais de exportação; estima-se que as receitas da venda de GNL deixem o governo com um superavit orçamental de 44 mil milhões de dólares[112]. Esse dinheiro extra será destinado ao fundo soberano do Qatar.

Aprender com o Mestre: Trinidad e Tobago

Se os abundantes recursos de gás natural do Qatar fazem parecer que replicar o seu exemplo é impossível, olhar para Trinidad e Tobago pode ser mais instrutivo.

A nação insular ao largo da costa da Venezuela detém menos de 1% das reservas globais de gás natural, cerca de 16 tcf – ou menos de um décimo do que detém a Nigéria. Apesar disso, tornou-se o principal exportador mundial de dois produtos à base de gás – amónia e metanol – e está entre os cinco principais países exportadores de GNL, o que é particularmente impressionante, considerando que a sua indústria de GNL não começou até 1991 e que o seu revolucionário LNG Train 4, com uma capacidade de 5,2 milhões de toneladas por ano, só está operacional desde 2005.[113]

Como foi possível alcançar tanto com tão pouco e em tão pouco tempo?

Grande parte do crédito pertence ao governo, que impulsionou o setor energético na década de 1970 através de investimentos financeiros – embora tenha tido alguma sorte quando esses esforços coincidiram com o embargo petrolífero árabe. As restrições na oferta mundial fizeram disparar o preço do petróleo, pelo menos pelos padrões dos anos 70, de 3 dólares por barril em 1972 para 12 dólares por barril dois anos depois. Com novas descobertas a ter oportunamente lugar na costa leste de Trinidad, o país teve uma repentina injeção de capital, dinheiro que o governo investiu de forma responsável em iniciativas que melhoraram o bem-estar social e económico do estado. Estas incluíram a construção da Point Lisas Industrial Estate, que foi projetada para acomodar indústrias que usassem o gás natural das ilhas como matéria-prima.[114]

E o investimento foi apenas uma parte da estratégia do governo.

Através da ação política, o governo promoveu vigorosamente a E&P, conseguindo atrair uma variedade de investidores para desenvolver as reservas de gás do país. Outras medidas facilitaram o desenvolvimento de uma indústria petroquímica, levando ao crescimento da sua gigantesca indústria de exportação de metanol e amónia.

Mais, o país nunca teve problemas em manter um controlo apertado sobre os seus recursos petrolíferos. Depois de comprar as operações da Shell em 1974, o governo começou a administrar as reservas do país de forma ainda mais ativa, quase ao ponto de nacionalizar o setor. Embora inicialmente não tenha ido tão longe, o governo elaborou um plano para assegurar um maior controlo sobre a produção de petróleo e gás, através das suas políticas de "Terceira Via" – uma agenda centrista que levou à criação da Empresa Nacional de Gás e à eventual monetização das abundantes reservas de gás natural do país. Nos anos que se seguiram, o governo estabeleceu um plano para afastar ainda mais a economia da dependência do petróleo, promover a concorrência para atrair novos negócios (e aumentar a participação do estado nos lucros), e privatizar na indústria local.

Mais recentemente, o governo passou de um papel de investidor para uma posição mais de regulamentação. Habitualmente, o estado começa a desinvestir de ativos quando o seu envolvimento já não é considerado estratégico — por outras palavras, quando o seu lugar pôde ser ocupado por investidores estrangeiros. No entanto, não há dúvida de que o papel do governo enquanto investidor e o seu envolvimento direto na indústria criaram o cenário que levaria os recursos energéticos de Trinidad e Tobago a criar riqueza para a população nacional – uma fundação que se mantém forte até hoje.

Com o governo determinado em ver as ilhas alcançar o status de país desenvolvido até 2020, as receitas do setor de hidrocarbonetos estão a ser usadas para apoiar cinco prioridades: desenvolver pessoas inovadoras, fomentar uma sociedade solidária, governar de forma eficaz, possibilitar negócios competitivos e investir em infraestrutura sólida e no meio ambiente. Tal como a Guiné Equatorial e o Togo, Trinidad procura nos seus vizinhos a ajuda necessária para cumprir as suas ambições. Em 2018, Trinidad assinou um acordo com a Venezuela para importar e processar o seu gás natural, especificamente o proveniente do campo *offshore* Dragão. O acordo fecha qualquer lacuna na oferta doméstica que Trinidad possa ter, e só temos de olhar para o período de 2013 a 2016 para perceber porque é que isso é importante: a falta de disponibilidade de gás forçou a fábrica de GNL a reduzir a sua produção, reduzindo as receitas do país. O documento também garante que a Venezuela possa processar e monetizar o seu campo de gás natural que atualmente se encontra "bloqueado". Em suma, é uma vitória para ambos os países.

Onde Pode África Ganhar?

Não é um sonho pensar que África pode beneficiar dos seus recursos naturais da mesma forma que o Qatar e Trinidad beneficiam – a experiência da Guiné Equatorial mostra que isso é possível. África foi descrita como a próxima fronteira na indústria de gás e de petróleo, em grande parte devido à dimensão das nossas reservas de gás natural, incluindo os cerca de 100 tcf recentemente descobertos em Moçambique e na Tanzânia. Como disse à revista *Forbes* no final de 2018, os volumes africanos de exportação de GNL estão à beira de assistir a um aumento dramático com o envolvimento da Gazprom nos Camarões, com o projeto Fortuna na Guiné Equatorial, com a Anadarko e a ExxonMobil em Moçambique, e com a Total na Tanzânia. Até mesmo a Nigéria se está a mover na direção certa: está a haver um forte trabalho para minimizar a queima de gás e para porem uma nova unidade de liquefação de GNL em operação.

Fico feliz por poder dizer que vêm aí boas políticas, e que algumas regulamentações mais restritivas estão a ser revertidas. Isso irá ajudar África a ter um melhor controlo sobre o seu próprio futuro.

Mas isto é apenas parte da equação. Para impedir que esta fronteira se torne um terreno baldio, será necessária uma liderança eficaz e transparente. A comum das pessoas não tem qualquer ideia sobre se os acordos de exploração dos recursos naturais do país são ou não justos. Será que a maioria dos nigerianos sabe que uma das razões pelas quais não têm energia elétrica é porque a empresa petrolífera estatal está a queimar a fonte dessa energia? Podemos imaginar a revolta que seria se soubessem? Os seus recursos, as suas riquezas… a desaparecer diante dos seus olhos.

Infelizmente, a falta de transparência é apenas parte do problema. A má administração, a corrupção, um estado de direito abismal, uma fraca proteção de investimentos, a falta de recursos humanos e de infraestrutura, que não existe ou está em ruínas, também assolam África — impedindo-nos de transformar oportunidades em prosperidade. Não estamos a fazer todo os possíveis para possibilitar a exploração: como expliquei à Forbes, não há dúvida de que os sucessivos atrasos do projeto de lei para a regulação da indústria petrolífera da Nigéria atrasaram a atividade de exploração em áreas *onshore* e *offshore* e, o mais importante, na monetização de gás.[115]

Como os exemplos que já citei sugerem, há certas coisas em comum entre os países que monetizaram com sucesso os seus recursos de gás natural. Não é realmente possível reduzir tudo a uma simples lista de prós e contras, mas alguns dos fatores mais produtivos são:

- Tomar uma abordagem que favoreça o mercado, focada na eficiência dos fluxos de capital, bens e ideias;
- Maximizar a confiança dos investidores petrolíferos no estado de direito, na execução de contratos e na proteção de direitos laborais;
- Incentivar parcerias mutuamente benéficas entre empresas de petróleo e gás multinacionais e indígenas;
- Manter, através da entidade estatal, o poder de exercer o direito de exploração e propriedade sobre todo o petróleo;
- Reter parte da produção em espécie para uso no mercado interno ou para negociação no exterior;
- Assumir um papel maior na tomada de decisões e uma participação mais ativa nas operações;
- Conceber um quadro legislativo favorável;
- Desenvolver uma estrutura justa de impostos, *royalties*, taxas e bónus;[116]
- Conectar mercados, incluindo o de consumo interno;
- Promover a segurança e a estabilidade para proteger o investimento estrangeiro e interno.

Podemos pôr o gás a trabalhar para criar um ambiente mais lucrativo para os negócios, responder às nossas necessidades energéticas e tirar partido do potencial que ele representa para o nosso futuro. Podemos ser ricos em recursos e ricos em energia – e falo tanto em termos de energia humana como em manter as luzes acesas.

Não Podemos Abrandar Agora

Os últimos 20 anos foram uma montanha-russa para a produção de petróleo e gás em África. Em 2000, o continente produziu quase 8 milhões de bbl/d; em 2010, alcançou os 10 milhões de bbl/d. Enquanto muitos pensavam que esta tendência positiva iria continuar, 2017 viu a produção cair de volta para a marca dos 8 milhões.

Este ciclo de 20 anos para cima e para baixo coincidiu com os preços do petróleo. Os altos preços globais do petróleo, que ultrapassaram 100 dólares por barril em média entre 2000 e 2014, criaram enormes receitas para os produtores de petróleo do continente. Os ganhos também estimularam consideráveis atividades de exploração em áreas antes inexploradas, o que tornou ainda mais difícil para os produtores se ajustarem quando os preços colapsaram para 50 dólares por barril. Tendo ficado acostumados a rendimentos mais altos e à liberdade resultante daí para experimentar com coisas novas, estes produtores reagiram com cortes nos seus esforços de exploração e escolheram concentrar-se nas áreas já melhor conhecidas.

É compreensível que os agentes da indústria desejem estancar a ferida, mas reduzir investimentos em exploração é exatamente o oposto do que é necessário para manter e desenvolver um setor robusto.

Sempre soubemos que o mercado de petróleo e gás é volátil. É um campo de alto risco e alta recompensa. Mas parece que muitos de nós se esqueceram disso (ou escolheram não pensar nisso) durante a saturação de mercado a que assistimos no início deste século. Muitos dos nossos colegas decidiram cortar nos investimentos e partir com o lucro que lhes sobrava, em vez de procurarem novas fontes de rendimentos.

Preocupa-me que não estejamos a ver os sinais de alerta de uma queda ainda maior que está por vir, porque não estamos a olhar para os fundamentos.

A exploração é uma obrigação!

Em 2018, o número de plataformas de petróleo e gás em África atingiu o recorde máximo dos últimos três anos, de acordo com a Baker Hughes.[117] Então, claramente, a E&P ainda está viva e recomenda-se no momento em que escrevo este livro, mas eu odiaria ver estes valores a colapsar da próxima vez que os preços do petróleo caírem.

Um impacto direto: a queda do preço do petróleo a que assistimos em 2014 tornou-se um impedimento à exploração de petróleo e gás de alto risco e alto custo. Em todo o continente, precisamos de um ambiente propício que incentive investimentos contínuos e de alta qualidade em E&P.

"Sem grandes investimentos em exploração e produção, as economias dependentes do petróleo da África Ocidental, em particular, estão a avançar rapidamente para um declínio de produção terminal", escreveram James McCullagh e Virendra Chauhan, analistas do *Oxford Energy Forum*. "Estes perfis de produção serão ainda mais preocupantes para governos futuros, dada a contínua falta de diversificação económica em muitos destes países ".[118]

Atualmente, as empresas petrolíferas nacionais são o "elo mais fraco" no que toca a impulsionar a E&P.

Gabriel Mbaga Obiang Lima, da Guiné Equatorial, disse-o sem rodeios: "as empresas petrolíferas nacionais em África estão em coma: sem recomendações, sem sugestões, sem falar e sem tentar encontrar soluções. Limitam-se a produzir menos, a ter menos receita e a reclamar mais".

Está na hora de acordar!

Promover o Investimento Estrangeiro

O mercado de petróleo africano continua a oferecer oportunidades tremendas para produtores estrangeiros.

Basta que perguntem a Nyonga Fofang, diretor da firma de *private equity* Bambili Group, que tem investimentos e clientes pan-africanos. Um antigo aluno da Universidade de Harvard, a carreira de Fofang estende-se já por mais de 20 anos, incluindo passagens por Wall Street, pelos mercados internacionais de capitais e pelo conselho administrativo do Standard Chartered Bank. Fofang defende que existe um potencial de crescimento significativo no mercado de petróleo africano, apesar da possibilidade de que a volatilidade continue.

"As áreas de exploração de fronteira em África estão a gerar muito furor e por boas razões", disse Fofang à *Africa Oil & Power* em 2018. "Países como a

Namíbia e o Uganda, que celebraram recentemente consideráveis descobertas de petróleo e gás, são perfeitos mercados para investidores. Além do potencial de exploração, estes países oferecem quadros regulatórios estáveis para quem queira investir no setor. Na costa leste, a Tanzânia e Moçambique continuam a suscitar muito entusiasmo pelas suas mega descobertas de gás. O desenvolvimento destes campos e as suas implicações para as exportações de GNL e para os programas de geração elétrica a partir de gás na África Austral estão a mudar o panorama do setor. Estas e outras áreas irão proporcionar oportunidades muito significativas."[119]

Fofang apelou aos líderes e às empresas africanas para que façam mais para incentivar os investidores a aproveitar estas oportunidades.

"Gostaríamos de ver mais investimentos em infraestrutura, energia, agricultura e saúde", disse ele em 2017. "Dada a importância estratégica de algumas destas áreas, isto iria requerer modelos de parcerias público-privadas"[120]

Concordo absolutamente com o meu amigo: devíamos estar a atrair investidores com melhores incentivos à exploração. Vamos considerar alguns caminhos que ajudam a promover uma atividade forte e consistente de E&P.

- **Liderança Visionária.** Precisamos de líderes que tornem atraente para os produtores africanos procurar novas fontes de recursos. A sua capacidade para resolver disputas transfronteiriças é fundamental. A nossa liderança tem de ser mais pragmática. E isso pode querer dizer tomar algumas decisões difíceis que podem não ser populares entre os agentes mais poderosos e ricos do sector, como veremos abaixo;
- **Remover entraves regulatórios.** Não há justificação para ter de esperar durante anos apenas para obter uma aprovação para dar início à produção num campo. Isto é horrível. Muitas empresas preferem investir em campos comercialmente viáveis nos Estados Unidos, onde podem obter um bom retorno pelo seu investimento, do que esperar décadas para conseguir aprovações de licenças em África;
- **Campos menores.** Precisamos reduzir os mapas de licenças para atrair exploradores mais pequenos. A divisão dos blocos em secções menores dará às empresas independentes uma vantagem competitiva e, por continuidade, beneficiará toda a indústria. Incentivemos (ou exijamos) os grandes produtores a ceder algumas

das áreas das suas licenças nas quais não estão a explorar a empresas de exploração mais pequenas;

- **Um quadro fiscal mais forte.** Precisamos de mudar o quadro fiscal para apoiar as necessidades de atividades de exploração em campos marginais. Precisamos de *melhor*, e não de *mais* regulação. E aumentar os impostos sobre as empresas de petróleo e sobre as empresas de serviços neste momento não ajuda. Em vez disso, precisamos de termos fiscais mais atrativos, como isenções fiscais sobre impostos de valor acrescentado ou sobre impostos de importação;

- **Conteúdo local.** Os produtores de petróleo e gás em África devem ser inequívocos nos seus esforços para recrutar africanos para posições profissionais e de liderança. E os produtores africanos devem continuar a expandir as transações transfronteiriças que mantêm os recursos africanos dentro do continente;

- **Conteúdo regional.** Falando em transações internacionais e em manter os recursos dentro do continente, temos de pensar em expandir a nossa definição de conteúdo local para tomar em consideração outros países africanos. Certamente, faz sentido para todos os estados africanos trabalhar com o objetivo de garantir que os empresários nacionais desempenham um papel no desenvolvimento do petróleo e do gás, direta ou indiretamente. Mas nenhum país pode fazer tudo isto individualmente. Quando temos uma necessidade a que não podemos responder sozinhos, devemos olhar primeiro para perto de casa – para estados vizinhos ou próximos – antes de recorrer a fornecedores estrangeiros (voltarei a falar sobre isto no Capítulo 9).

Promover a Produção

Dada a sua expansiva indústria energética, as discussões sobre produção centram-se geralmente à volta da Nigéria. Os seus muitos campos petrolíferos produziram consistentemente, ao longo do tempo, grandes quantidades de petróleo. Mas mesmo aqui, onde tanto já foi testado e provado, continuam a existir novas fronteiras por explorar, com novas descobertas *offshore* em profundidades de 1.000 a 1.500 metros de profundidade.[121] Por exemplo, a recente exploração do campo *offshore* de Owowo, na Nigéria, produziu uma descoberta de 1 bbo, o que levou a NNPC a implorar aos investidores que ampliem os seus investimentos em exploração nesta região ainda pouco explorada mas cheia de potencial. A NNPC estima que existam oportunidades de investimento no valor de 48 mil milhões de dólares para projetos na indústria de petróleo e gás do país.[122]

O potencial não está limitado a este colosso energético. Todo o continente tem assistido a um aumento de investimentos no setor: cerca de 195 mil milhões de dólares já foram alocados para futuros projetos de E&P em 93 campos de petróleo e gás até 2025.

Vários outros países estão também a tomar medidas para demonstrar que estão alinhados com os fundamentos da E&P — e espero que muitos outros sigam o seu exemplo.

Angola: Este colosso do petróleo é um gigante já experiente na indústria. A produção comercial no país começou em meados da década de 1950 e o petróleo superou o café como a principal exportação do país em 1973. Mas desde que atingiu um nível de produção recorde de quase 2 milhões de barris/dia em março de 2010 – competindo com a Nigéria pelo lugar de maior produtor do continente – a indústria de Angola tem vindo a decair[123]. Em 2018, os níveis médios de produção diária não foram além dos 1,55 milhões de barris/dia; em março de 2019, este valor baixou para 1,37 milhões bbld[124] – ainda que o país continue confortavelmente na posição de segundo maior produtor de petróleo da África Subsaariana.

O declínio da produção foi o resultado do envelhecimento natural dos campos produtivos e de timidez por parte dos investidores; Nenhum desses fatores é surpreendente. Mas, dado que o país tem 9 bbo de recursos comprovados de petróleo e 11 tcf de reservas comprovadas de gás natural, o governo está consciente do potencial de crescimento económico que um setor petrolífero em expansão poderia trazer — com boa governança.

Desde que assumiu o cargo em 2017, o Presidente angolano João Lourenço tem vindo a fazer grandes mudanças no setor petrolífero do país. Em maio de 2018, introduziu novas reformas para reavivar o interesse em áreas de desenvolvimento petrolífero que tinham sido suspensas devido a baixos rendimentos, com metas específicas para aumentar a produção, abrindo campos marginais para as empresas independentes africanas. Em dezembro de 2018, várias novas leis para incentivar a E&P tinham sido aprovadas.

Isto incluiu uma estrutura regulatória para o gás natural, a primeira lei do país que vem regular a exploração, produção, monetização e comercialização de gás natural, orientando a actividade do setor e oferecendo taxas de imposto mais atraentes para incentivar os investidores. As medidas de reforma também simplificam as regulamentações para facilitar a entrada de investidores estrangeiros no setor do petróleo do país. Uma das mudanças regulatórias mais importantes foi a criação de um regulador independente, a Agência Nacional de Petróleo, Gás e Biocombustíveis, que assumiu a gestão das concessões de petróleo e gás de Angola. Anteriormente, era a petrolífera estatal Sonangol que assumia essa responsabilidade. Agora a Sonangol funciona apenas como uma empresa de E&P. Esta alteração foi uma jogada inteligente: as empresas estrangeiras vão provavelmente preferir ter a oportunidade de trabalhar com uma entidade neutra e com o ambiente de negócios mais facilitado que agora se sente em Angola.[125]

Em 2019, Angola deu continuidade aos seus esforços para trazer empresas estrangeiras de E&P de volta ao país, anunciando planos para leiloar nove blocos na bacia do Namibe e vender partes da Sonangol.[126]

República do Congo: Confrontado com a desaceleração global do mercado petrolífero, o ministro de Hidrocarbonetos Jean-Marc Thystère Tchicaya afirmou no final de 2018 a sua determinação para ver o seu país "desenvolver o nosso setor de mineração para garantir a renovação das nossas reservas de hidrocarbonetos líquidos e gasosos."[127]

Como terceiro maior produtor de petróleo da África Subsaariana, com uma produção de 333.000 bbl/d em 2018, a República do Congo passou os últimos anos numa cruzada para promover as oportunidades de investimento no seu setor energético. Em particular, em 2016, a nação introduziu uma reforma da sua regulamentação do mercado petrolífero para incentivar os operadores a expandir os seus esforços de E&P. O governo também reduziu os *royalties* nas operações de gás natural nas zonas de fronteira, de 15% para 12%. Os novos regulamentos também eliminaram as transferências de custos entre licenças e permitiram que empresas internacionais de exploração importassem certos bens e equipamentos com isenção de impostos.

Outro método para promover o desenvolvimento da indústria é encorajar a exploração de campos *offshore* em águas pouco profundas. O licenciamento de dez blocos *offshore* de águas pouco profundas na "Bacia Costeira" (Coastal

Basin) estava calendarizado para avaliação em setembro de 2019. As empresas que prometeram apoiar o projeto de sísmica 3D regional da empresa nacional de petróleo SNPC, que vai cobrir 5.000 quilómetros quadrados na área de Peu Profond, na plataforma continental do Congo, serão consideradas primeiro.

O governo também introduziu uma nova política para garantir a estabilidade. Mesmo que os legisladores posteriormente alterem o regime fiscal do país, quaisquer contratos de partilha de produção já assinados serão mantidos. Esta política de estabilidade garante que o equilíbrio económico geral do contrato seja mantido.

Guiné Equatorial: Os campos da Guiné Equatorial estão a enfrentar o declínio natural de produção que vem com a idade. Mas, embora o investimento deva diminuir de ano para ano, a atividade de E&P deve apresentar um leve aumento. Isto é expectável, em parte, devido aos onze novos poços de petróleo e gás que, no final de 2018, foram aprovados para perfuração no próximo ano, com um investimento total estimado em 2,4 mil milhões de dólares.

Investimentos mais baixos em exploração podem vir a ser a nova norma; os dias em que um em cada seis dólares era destinado a exploração já foram. Apesar dessa tendência, estamos a assistir a um modesto aumento na atividade de perfuração na Guiné Equatorial. Lima disse que o país tirou partido da desaceleração do mercado para rever e melhorar as suas políticas.

"Temos estado ocupados durante este período de crise a trabalhar para melhorar o nosso quadro regulatório e atrair novos investimentos para o setor", disse. "Agora que o preço do petróleo está a um nível sustentável, a atividade no setor de petróleo e gás deve descolar a um ritmo sem precedentes".[128]

Lima explicou que a indústria petrolífera do seu país não ficou simplesmente parada durante a queda dos preços; em vez disso, os líderes do setor foram diretamente aos agentes mais relevantes da indústria no planeta para iniciar um diálogo, criar alianças e aprender o máximo possível sobre preços e estratégias de mercado. Tornaram-se até um membro pleno da OPEP em maio de 2017.

Lima acredita que uma diferença fundamental no setor de energia da Guiné Equatorial – e o segredo do seu sucesso – é que eles adotam as melhores práticas de outros produtores africanos e adaptam-nas ao ambiente local. O Ministério de Minas e Hidrocarbonetos abraçou a noção de que a indústria de petróleo e gás é extremamente rápida a transformar-se, o que significa que os líderes políticos do setor entendem a necessidade de flexibilidade de regulação e planeamento.

O Ministério está tão determinado em melhorar o setor que declarou 2019 como o "Ano da Energia". Esta campanha enfatiza a dedicação do país à sua indústria energética, desde o fortalecimento das parcerias regionais de petróleo e gás até ao investimento no crescimento sustentável do país.

E o país continua focado nos seus esforços domésticos de desenvolvimento. Em julho de 2018, o Ministério ordenou que as operadoras cancelassem todos os contratos com a CHC Helicopters do Canadá, devido a uma não-conformidade da empresa com as regras de conteúdo local. Como explicou Lima, "estas leis existem para proteger e promover a indústria local, criar empregos para os cidadãos, promover o desenvolvimento sustentável do nosso país, e nós estamos a monitorizar e a exigir agressivamente o cumprimento desses requisitos".[129]

No final do ano, Lima emitiu um mandato para os operadores suspenderem as operações com algumas empresas multinacionais de serviços de petróleo pelo seu fracasso "em trabalhar dentro dos limites dos nossos regulamentos de conteúdo local, que são muito flexíveis, pragmáticos e regidos pelo mercado, e que são o garante de que tanto os investidores como os nossos cidadãos beneficiam." O Ministério deixou claro que irá continuar a monitorizar ativamente a conformidade de todas as empresas de serviços e emitirá novas suspensões conforme necessário.

Gabão: O Gabão produz petróleo há mais de 50 anos. O seu pico de produção no início dos anos 2000 atingiu 370.000 bbl/d, e continua a ser um dos cinco maiores produtores da África Subsaariana. Para combater o declínio natural dos seus campos maduros, o governo tem-se focado nos recursos da região *offshore*, onde se espera que se encontrem cerca de 70% das reservas do país.

O país também reformulou o seu código de hidrocarbonetos. Uma das mudanças fundamentais é a eliminação do imposto sobre os rendimentos corporativos das empresas de petróleo. Os *royalties* são agora de 5% para o petróleo e de 2% para o gás, e a participação do estado nos lucros caiu de 55% para 50% nas zonas convencionais, e de 50% para 45% nas áreas de águas profundas[130]. Além disso, os limites de recuperação de custos aumentaram de 65% para 70% para zonas de petróleo convencionais, e de 75% para 80% para petróleo de águas profundas; os limites para o gás natural aumentaram de 65% para 75% nas zonas convencionais, e de 75% para 90% nas zonas de águas profundas.

O Ministério do Petróleo e Hidrocarbonetos espera que estas iniciativas ajudem a revitalizar o interesse dos operadores na décima segunda ronda de licenciamento de campos *offshore*, que inclui onze blocos de águas pouco profundas e vinte e três de águas profundas, que abriu em novembro de 2018.

Ao mesmo tempo, o Gabão também se tem concentrado em dar apoio a empresas independentes locais mais pequenas, aumentando as oportunidades de emprego e de treino para os cidadãos nacionais. A revisão do código também estabeleceu uma zona económica especial para garantir que o desenvolvimento infraestrutural trabalha em sinergia com os outros esforços feitos no país.

"A existência desta zona económica especial é muito importante para apoiar as indústrias que se irão desenvolver em torno da exploração de petróleo e gás... Uma forte base económica surgirá desta área ", disse o ministro de Petróleo e Hidrocarbonetos Pascal Houangni Ambouroue, em março de 2018. "Uma parte disso é garantir que haja trabalhadores qualificados suficientes e, portanto, os programas de treino estão a desempenhar um papel fundamental no Gabão. Estamos a esforçar-nos ao máximo para termos a certeza de que temos o processo estabelecido que garanta que os nossos funcionários estejam atualizados com as tendências modernas da indústria de petróleo e gás."[131]

Quénia: A exploração no Quénia remonta à década de 1950, mas não houve descobertas comercialmente viáveis até 2012. Foi nesse ano que a Bacia do Sul de Lokichar revelou os seus 750 milhões de barris de petróleo recuperável. Atualmente, o Quénia parece estar a dar ainda mais passos no sentido de impulsionar a E&P.

Dando um grande salto em frente, o Presidente Uhuru Kenyatta assinou a Lei de desenvolvimento de produção e exploração petrolífera do Quénia em março de 2019.[132] A passagem do documento representou um marco significativo. Além de fortalecer a já abrangente estrutura de contratação, exploração, desenvolvimento e produção do país, uma das principais disposições da lei é garantir que 25% da receita de todo o petróleo e gás produzido no país vai para os governos municipais e locais. Isso está a ser feito através de um fundo gerido por um conselho de administração estabelecido pelos líderes locais.

Além disso, o governo queniano assinou um acordo com a Kenya Joint Venture, constituída pela Tullow Oil Kenya BV, a Africa Oil Kenya BV e a Total Oil, para a construção de um oleoduto que ligue os campos de petróleo quenianos ao mercado internacional. O oleoduto Lamu-Lokichar de 820 quilómetros deverá entrar em operação em 2022. Um estudo ambiental foi concluído no final de 2018, e estudos de viabilidade estão neste momento a ser desenvolvidos.

Infelizmente, no início de 2019, surgiram algumas notícias dececionantes sobre várias multinacionais, incluindo a Hunting Alpha, a Africa Oil e a Royal Dutch Shell, que estariam a limitar as suas operações no Quénia (ou a sair completamente do Quénia) devido à perceção de que os níveis de produtividade estavam "deprimidos" e a uma "previsão de atividade modesta" para a África Oriental a médio prazo."[133]

Esperemos que a lei de março de 2019 ajude a mudar isso. Talvez um vislumbre de esperança é que embora a Royal Dutch Shell tenha abandonado dois blocos onde estava a explorar a empresa também adquiriu novas licenças de exploração noutros mercados.

Camarões: As perspetivas para os Camarões no início de 2018 eram desanimadoras: só uma empresa é que respondeu à última ronda de licenciamento dos Camarões. Oito blocos estavam em disputa nas bacias do Rio del Rey e Douala/Kribi-Campo (DKC)[134,] e a Perenco foi a única empresa a responder. Mas mesmo aqui, pudemos ver alguns desenvolvimentos promissores na área de E&P.

A NOC dos Camarões, a Société Nationale des Hydrocarbures (SNH) e a subsidiária local da Perenco assinaram um Contrato de Partilha de Produção para a exploração de petróleo no bloco Bomana, em fevereiro de 2019. O campo cobre 22,75 quilómetros quadrados na bacia do Rio del Rey, uma extensão leste da bacia do Delta do Níger.[135]

A Victoria Oil & Gas anunciou em junho de 2018 que há mais gás natural no seu campo de gás e condensado de Logbaba do que se pensava inicialmente. A empresa agora diz que as reservas provadas e prováveis totalizam 309 mil milhões de pés cúbicos padrão, um aumento de 52% em relação à sua anterior estimativa,[136] e devem poder suportar uma taxa de produção de 90 mscf/d por 10 anos.

Além disso, uma campanha de avaliação no campo *offshore* de Etinde, que foi concluída em outubro de 2018, foi considerada um sucesso.[137] Há outro projeto *offshore* que também está a avançar: enquanto escrevo, a Tower Resources está a preparar-se para começar a perfurar no projeto Thali.[138]

Os legisladores dos Camarões também estão a rever um novo código petrolífero, que tem a possibilidade de se tornar lei ainda em 2019.

Fusões bem-sucedidas que geram cooperação

A taxa de sucesso de exploração em África caiu de cerca de 40% para 35% na última década. Este declínio tem destacado a importância das aquisições como uma forma alternativa, embora geralmente mais cara, de angariar recursos. Os agentes do setor petrolífero no continente devem considerar a possibilidade de fazerem fusões corporativas com empresas de serviços, para que possam ter mais capacidade de vincular aquisições lucrativas a uma componente de exploração.

Algo que acho particularmente promissor é que, de 2017 a 2018, os acordos transfronteiriços intra-regionais em todos os setores triplicaram (em termos de valor agregado) de 418 milhões de dólares para 1,292 milhões de dólares.[139]

Este é um forte sinal de cooperação africana – o trabalho de equipa de que seguramente precisamos, mas que ainda nos falta muito em todos os aspetos.

Precisamos de dar continuidade a esforços como estes, e fazer tudo o que estiver ao nosso alcance para continuar a impulsionar a E&P.

Como disse o Ministro Lima, a complacência é nossa inimiga.

"Durante muitos anos, desfrutámos de ter 'uma carruagem no comboio' e de nos limitarmos a olhar para o mundo a partir dos nossos confortáveis assentos, construídos sobre bons preços e altos níveis de produção", disse ele. "A crise (de 2014) fez-nos perceber que a geopolítica e a interação com o nosso meio são importantes. Neste momento, podemos escolher ser vítimas da mudança de corrente, ou podemos decidir mudar e fazer algo em relação a isso".

Lima vai ao ponto de encorajar o conceito de um "cesto de petróleo africano", onde todos os produtores do continente acumulariam o seu petróleo bruto para potenciar o seu valor total, e dar aos produtores africanos uma maior preponderância no cenário mundial. Semelhante ao Cesto de Referência da OPEP (CRO), este pacote iria definir um preço de referência para o petróleo com base na média dos preços de todas as misturas produzidas em solo africano.

Lima diz que todos os ministros de energia devem participar nos eventos do setor e aprender uns com os outros.

"Quanto mais inter-relacionamento, melhor. Nós conhecemos-nos muito melhor, e hoje em dia estamos a falar definitivamente mais do que antes ", disse. "Precisamos de nos afastar da preocupação de que não o podemos fazer. Precisamos de perder o medo de que não possamos operar. Vai ser uma curva de aprendizagem e precisamos de começar a aprender."

7

Criação de Emprego: Como Produzir o Nosso Próprio Efeito Multiplicador

Em 2017, o International Growth Center (IGC) publicou um estudo[140] que demonstrava que Moçambique ganhou bastante com a descoberta de grandes depósitos de gás natural na Bacia do Rovuma, feita pela Anadarko Petroleum. Por exemplo, a descoberta levou à criação de 10.000 novos empregos entre 2010 e 2013. Também captou o interesse de empresas petrolíferas internacionais (*International Oil Companies* – IOCs), que por sua vez atraíram empresas que trabalham noutros setores. Como resultado, o montante total de investimento estrangeiro direto (IED) movido para o país aumentou na ordem dos milhares de milhões de dólares a cada ano, com 9 mil milhões de dólares em IED declarados só em 2014.

E os benefícios não param por aí: as entradas adicionais de capital criaram ainda mais empregos novos, com dados dos censos nacionais a indicar que o número de posições ligadas ao investimento estrangeiro tinha subido para quase 131.500 a partir de 2014. Além disso, cada posição relacionada ao IED gera, em média, mais 6,2 aberturas no mesmo setor e na mesma área.

A conclusão do estudo? As descobertas de gás da Bacia do Rovuma podem ter dado origem a quase 1 milhão de empregos em Moçambique. Esta é uma notícia maravilhosa, dado que o número total de empregos no país é de apenas cerca de 9,5 milhões!

Só que nem tudo é assim tão simples.

Não foi exatamente Moçambique que gerou esse milhão de novas posições por si só. As IOCs trouxeram pessoal expatriado. Por sua vez, os expatriados precisavam de bens e serviços locais. Nesse sentido, estabeleceram conexões com empresas moçambicanas para que pudessem aceder a esses bens, e esta ação teve um efeito multiplicador.

Então, qual é a lição a retirar daqui? Será que estes números demonstram que o IED é o principal alvo de África e que todos os países do continente devem aspirar a atrair investidores externos?

Espero que não. Em vez disso, penso que o exemplo de Moçambique deveria inspirar os africanos a criar o seu próprio efeito multiplicador. Acredito que pode ajudar-nos a entender que as IOCs, como a Anadarko e a Royal Dutch Shell, não são as únicas entidades que podem ajudar a espalhar os ganhos obtidos pela indústria do petróleo e do gás para outros setores da economia.

Isto não quer dizer que os países africanos devam rejeitar a ideia de trabalhar com grandes empresas estrangeiras. De modo algum! Não podemos ter sucesso isolando-nos do exterior. As grandes corporações podem ajudar-nos a adquirir as capacidades, a tecnologia e a cultura corporativas de que precisamos para maximizar o nosso sucesso. Mas eles não são a única fonte de valor.

Tem de começar por nós.

Mais especificamente, deveria começar com as pequenas e médias empresas (PMEs).

Começar Pequeno (e Médio)

Atualmente, a maioria dos africanos trabalha em PMEs. Trabalham em pequenas lojas especializadas, empresas de médio porte e em todo o tipo de operações intermédias. Estas empresas podem ser pequenas em comparação com, por exemplo, a Shell, mas têm certas vantagens sobre os titãs multinacionais. Elas interagem mais diretamente com os clientes e têm uma melhor compreensão do que funciona – e do que não funciona – nos mercados locais.

Em muitos casos, as PMEs têm uma compreensão ainda melhor do que os órgãos governamentais e do que as empresas estatais sobre o que os seus clientes realmente desejam e precisam. Elas também são mais ágeis do que as instituições administradas pelo governo porque não precisam de lidar com tantos obstáculos burocráticos quando decidem que preferem trabalhar com um parceiro local ou com um subcontratante do que concluir um trabalho por conta própria.

Isto é verdade para qualquer empresa, em múltiplos setores da economia. Nas operações de petróleo e de gás de *upstream*, por exemplo, uma empresa angolana de médio porte que extrai 1.000 bbl/d de petróleo de um campo marginal pode contratar uma equipa de limpeza de emergência com relativa facilidade, sem ter de navegar pelas camadas de barreiras burocráticas que governam o acesso ao departamento de recursos humanos da Sonangol. Na indústria de serviços petrolíferos, a vice-diretora de uma pequena empresa nigeriana de engenharia marítima terá maior probabilidade de saber onde pode alugar barcos extra de forma irregular do que a sua contraparte num conglomerado europeu.

No campo dos transportes, o gerente distrital de uma empresa de camiões chadiana de tamanho médio pode ter acesso aos mesmos mapas e equipamentos de GPS que o seu homólogo num operador internacional que sirva metade do continente – e muito mais conhecimento sobre onde encontrar um mecânico para trabalhos de reparação de emergência em estradas secundárias perto da fronteira com o Sudão. Na venda retalhista de alimentos, os donos de uma loja geral que serve campos de trabalho perto dos campos de petróleo de Lake Albert, no Uganda, podem rapidamente usar redes familiares na República Democrática do Congo para garantir fornecimentos extra de um produto que esteja com muita procura, em vez de esperar pelo próximo comboio de mantimentos. Na área de serviços de tecnologia, os *web designers* que trabalham para uma empresa iniciante em Accra podem saber mais sobre a maneira mais barata de proteger os serviços *wireless* de *internet* do que qualquer operador sentado no escritório ganense de uma grande empresa de tecnologia estrangeira.

Mais regras ou melhores condições?

Então, o que é que os governos africanos podem fazer para apoiar as capacidades destas empresas? Como podem eles tirar o máximo partido dos detalhados conhecimentos que estes empresários africanos detêm sobre os mercados locais e da sua capacidade de responder rapidamente a cenários em constante mudança? Deveriam eles aprovar leis destinadas a reforçar os requisitos de conteúdo local, numa tentativa de garantir que as PMEs africanas recebam uma parte dos rendimentos deste IED?

A resposta curta: não, não deveriam. Em vez disso, o objetivo deve ser tornar desnecessárias as regras de conteúdo local.

Uma das principais razões pelas quais as leis de conteúdo local existem em África é que os governos africanos querem que o setor local de petróleo e de gás gere mais empregos. Isto é, eles querem garantir que beneficiam da decisão de deixarem que os seus recursos subterrâneos sejam extraídos e postos no mercado.

Isto é lógico. Mas, francamente, as PMEs africanas são melhores na criação de emprego do que as entidades maiores. Não dependem de trabalhadores estrangeiros, como as IOCs costumam depender com excessiva frequência. Em vez disso, contratam normalmente moradores locais. Portanto, os governos africanos devem tomar medidas que permitam que o maior número possível de PMEs sejam bem-sucedidas.

Os regulamentos de conteúdo local podem ajudar a criar condições equitativas para as PMEs locais nas fases iniciais do desenvolvimento de petróleo e gás, mas a longo prazo devem ser eliminados. Uma vez que as empresas africanas obtiverem as capacidades, a tecnologia e o pessoal de que precisam para superar os investidores estrangeiros e criar novos empregos de forma consistente, elas deixarão de precisar de leis de conteúdo local. Em alternativa, elas irão beneficiar mais da confiança de estarem a operar num ambiente em que o governo apoia o empreendedorismo, aplica leis de forma consistente, respeita contratos, protege direitos de propriedade, cobra impostos e taxas de forma transparente, desencoraja a corrupção, apoia programas de educação e treino, e assim por diante.

Cuidado com o Crédito

Outra coisa que os governos podem fazer para ajudar as PMEs é fazer investimentos suficientes em infraestrutura. Afinal, as pequenas e médias empresas também precisam de oleodutos, estradas e ligações a serviços públicos. Mas os programas de infraestrutura são complicados e caros – e difíceis de financiar. O governo da China ofereceu assistência nesta frente, e muitos líderes africanos aceitaram-na de bom grado. Alguns poderão tê-lo feito puramente por exuberância, confrontados com a possibilidade de ganharem acesso a milhares de milhões de dólares em créditos de um credor que não exige reformas políticas como um pré-requisito para emprestar dinheiro.[141]

É importante ter em conta, porém, que este tipo de investimento em infraestrutura é contraproducente em alguns aspetos. Mais especificamente, limita a capacidade dos países africanos de criar novos empregos. Faz com que a utilização destes fundos a crédito esteja condicionada à adjudicação de contratos de construção e modernização a empresas chinesas estatais, mesmo que estas empresas normalmente contratem os seus próprios trabalhadores e evitem contratar locais. Além disso, esses investimentos por vezes têm condições desfavoráveis, como o uso de *commodities* como garantia (ou mesmo pagamento).

Os estados produtores de petróleo e de gás de África não precisam de fundos que sejam oferecidos sob tais condições. Precisam sim de oportunidades para unirem forças com instituições de crédito comerciais com apetite por riscos – e com bastante paciência. Precisam de formar relacionamentos com instituições de crédito que estejam dispostas a dar tempo a estas empresas para desenvolver os seus ativos, e chegar ao ponto de serem capazes de se sustentar e gerar receita suficiente para pagar aos seus credores sem uma pressão excessiva.

Se os governos africanos cumprirem todos estes objetivos, as PMEs africanas estarão livres para continuar a crescer e a evoluir. Assim, terão um incentivo para expandir os limites do efeito multiplicador – para que se desloque para todos os setores que possam apoiar o desenvolvimento do petróleo e do gás, incluindo (em nenhuma ordem específica) serviços de engenharia, serviços bancários e financeiros, comércio de mercadorias, logística e transporte, serviços jurídicos, construção, fabrico, comércio grossista e de retalho, serviços de tecnologias da informação e geração de energia.

Em muitos casos, a experiência e os ativos que as PMEs obtêm com o efeito multiplicador prepara-as para o momento em que os poços de petróleo e gás começarem a secar – ou para os momentos em que os fluxos de receita diminuam devido a flutuações no mercado. Ou seja, estas empresas devem adquirir capacidades transferíveis e expansíveis. As empresas que comercializam petróleo, gás ou derivados de petróleo, como a gasolina, podem familiarizar-se com as tendências do mercado mundial e expandir para o setor de comércio de *commodities* em geral. As firmas de advogados terão a possibilidade de oferecer um leque mais amplo de serviços, ajudando os clientes fora do setor de petróleo e gás a garantir que estão em conformidade com as regulamentações, a navegar os procedimentos de licenciamento e autorizações, ou a considerar as suas opções à luz de uma nova legislação. As construtoras podem tirar partido da sua familiaridade com as condições locais, e das suas ligações a outras operadoras, usando-as como base para licitarem contratos em países próximos ou vizinhos. Os engenheiros de *software* podem unir-se a escolas locais para oferecer sessões de treino de programação, *web design* e outras áreas com grande procura, e os seus alunos poderão trabalhar em qualquer setor que utilize computadores.

Sorte, localização e trabalho

Naturalmente, será mais fácil iniciar este processo nas partes de África que possuam petróleo e gás. Os países produtores não só atraem IED, mas também geram maior procura por muitos serviços adicionais, criando assim novas oportunidades para empreendedores locais que as queiram aproveitar.

Mas também há espaço para outros países africanos participarem. Podemos ver um exemplo disso na cidade-estado insular de Singapura.

Embora tenha uma produção muito baixa, Singapura desempenha um papel fundamental no comércio global de petróleo e gás. É o lar do principal mercado de futuros de energia da Ásia, a Intercontinental Exchange (ICE), e é o terceiro maior centro de comércio de petróleo físico do mundo – como resultado, muitos comerciantes de *commodities* estão lá instalados. Singapura tem também uma grande indústria de refinação e fornece produtos petrolíferos, possuindo vários grandes depósitos de armazenamento de petróleo, GNL e de combustível.[142]

Além disso, o país tornou-se um dos principais pilares do setor de serviços de campos petrolíferos. Os escritórios locais e regionais de gigantes multinacionais, como a TechnipFMC, Schlumberger e Baker Hughes estão lá localizados. Também fomentou o desenvolvimento de empresas locais, como a SembCorp Marine e a Keppel FELS, que são os maiores construtores de plataformas marítimas do mundo.

E como é a sede de mais de 3.000 prestadores de serviços na área de engenharia marítima e *offshore*, Singapura também é uma fonte de inúmeras variedades de equipamentos, embarcações e serviços para uso em campos subaquáticos de petróleo e gás. É um negócio lucrativo. Atualmente, esta indústria suporta cerca de 10.000 empregos locais e bombeia milhares de milhões de dólares para a economia de Singapura todos os anos.[143] Podemos assumir que também gerou mais empregos e mais receita através do efeito multiplicador — mas não tanto que a economia nacional esteja completamente à mercê dos mercados mundiais de petróleo e gás.

É tentador pensar que Singapura chegou a esta posição em virtude da sua geografia. A ex-colónia britânica está numa localização crucial entre as rotas internacionais de navegação, colocando-a numa boa posição para servir navios que se deslocam do Oceano Índico para o Oceano Pacífico e vice-versa. (De facto, há muito tempo que ocupa o primeiro lugar na lista dos maiores portos de embarque do mundo.)

Mas as boas fortunas deste estado insular não são meramente um produto da boa sorte e de uma localização favorável. Singapura trabalhou arduamente para expandir as suas capacidades, a partir da década de 1980, quando as empresas locais começaram a fornecer serviços e mantimentos a navios que trabalhavam em projetos de petróleo e gás na Malásia e na Indonésia. Durante as duas décadas seguintes, os seus sucessos inspiraram outros empresários de Singapura a expandirem-se para outras áreas do setor de engenharia marítima e *offshore*.

Muitos destes esforços floresceram. Os investidores de Singapura conseguiram combinar a sua própria determinação com as políticas governamentais favoráveis ao crescimento económico (assim como com o crescimento contínuo do setor de hidrocarbonetos entre 2002 e 2014) para se estabelecerem de forma sólida no mercado. Muitas empresas também foram prejudicadas pela crise do preço do petróleo, que começou em meados de 2014, mas os seus problemas não retiraram o país da sua posição de pivô dos mercados asiáticos de petróleo.[144]

Há aqui uma lição para África. Singapura, uma antiga colónia, encontrou uma maneira de se transformar num peso pesado industrial e de engenharia. Apesar da sua própria falta de reservas de petróleo e gás, tornou-se um agente importante no setor da energia. E conseguiu isso através da maximização das suas próprias vantagens — não apenas a sua geografia e a sua história de envolvimento na construção naval — mas também das suas pessoas, com as suas capacidades, a sua ambição e o seu conhecimento das condições locais. O governo agiu deliberadamente para incentivar investimentos sempre que possível, abrindo espaço para parceiros estrangeiros e, ao mesmo tempo, apoiando os investidores locais.

Os países africanos deveriam tentar algo parecido. Quer produzam ou não petróleo ou gás, também têm ativos fortes — especialmente capital humano. Podem recorrer a um grande número de trabalhadores que estão ansiosos por encontrar trabalho, adquirir capacidades e explorar as suas ambições empreendedoras. Estes homens e mulheres ambiciosos têm o que é preciso para criar e lançar empresas capazes de fornecer aos produtores de petróleo e de gás soluções para os seus dilemas de engenharia, marítimos, de transporte, industriais, jurídicos e outros. Podem ter de começar numa pequena escala, mas se puderem encontrar os seus próprios nichos de mercado (e contar com o apoio de governos que sejam facilitadores da atividade económica), eventualmente serão capazes de crescer e participar em grandes projetos. Poderiam, por exemplo, trabalhar para construir um serviço *offshore* e uma base para reparações de navios na costa da Nigéria, num local que seja mais conveniente para empresas africanas e estrangeiras do que, digamos, Stavanger na Noruega. Ou poderiam usar o bem desenvolvido setor financeiro da África do Sul como um trampolim para expandir o papel dos bancos africanos no financiamento de projetos de petróleo e de gás e de contratos de serviços. Se seguirmos este caminho, poderemos criar milhares — talvez até milhões — de novos empregos, tanto diretamente quanto através do efeito multiplicador.

E esses empregos irão beneficiar África de maneiras que eu nem consigo ainda imaginar!

8

Uma "Receita" para a Diversificação Económica

Os especialistas em economia parecem certamente concordar com estes dois pontos: primeiro, que a diversificação é preferível à "maldição dos recursos", na qual a extração e a exportação de recursos naturais são o fator mais importante no desempenho económico de um país; e segundo, que não há caminho fácil para a diversificação.

A convergência de opiniões é sólida — e os especialistas usam uma linguagem surpreendentemente semelhante entre eles para descrever o desafio:

Num comentário publicado *online* em março de 2017, um gerente sénior do Banco Mundial escreveu: "Não há uma receita mágica para a diversificação."[145] O Quadro de Convenção das Nações Unidas sobre as Alterações Climáticas fez uma declaração quase idêntica num estudo técnico, em outubro de 2016: "Deve ficar claro que não há uma receita milagrosa para alcançar a diversificação da noite para o dia."[146] Em setembro de 2013, o Federal Reserve Bank de St. Louis, nos EUA, publicou um artigo com o título "Quais são os 'ingredientes' para o crescimento económico?"[147] E finalmente, em abril de 2017, a *BizNis Africa* relatou que um representante de alto nível da divisão africana da Deloitte tinha tentado enumerar "alguns dos ingredientes para uma diversificação económica bem-sucedida", ainda que advertindo que "não havia uma receita simples para o sucesso"[148].

Mas e se o caminho para a diversificação pudesse ser reduzido a uma receita? Será que veríamos políticos e empresários africanos a insistir com os seus colegas para comporem um conjunto de regulamentações de conteúdo local com duas medidas anticorrupção e quatro projetos de lei sobre reforma fiscal

– e com apenas uma pitada de consultoria de gestão para temperar o produto final?

Eventualmente, assistiríamos a algo semelhante ao *reality show* americano Chopped, com os países africanos a competir para determinar que combinações dos mesmos ingredientes produziriam os melhores resultados?

Este é, naturalmente, um cenário fantasioso. Mesmo com toda esta conversa sobre ingredientes e receitas, as discussões sobre o futuro de África tipicamente não se parecem com concursos de culinária. Eu concordo com os especialistas nesse ponto. Não acredito que exista uma fórmula única para a diversificação económica.

Além disso, os produtores africanos de petróleo e de gás não têm nenhum exemplo óbvio a seguir no continente. Nenhum dos países africanos que depende da extração de recursos naturais concluiu ainda o processo de diversificação da sua economia.

O Botsuana, por exemplo, tem sido elogiado pelos seus esforços para diminuir o peso da mineração de diamantes na economia, de modo a que as finanças, a agricultura, a logística, as comunicações e o setor de serviços possam ter um papel mais central.[149] Estas medidas conseguiram reduzir a parcela do PIB gerada pelos diamantes, que historicamente rondava os 50%[150], e nesse sentido o país certamente merece elogios. Ainda assim, este esforço de diversificação ainda está por terminar. No final de 2018, o Botsuana ainda dependia dos diamantes para cerca de 25% do seu PIB total e 85% das suas receitas de exportação.[151] Simultaneamente, a agricultura serviu de sustento para mais de 80% da população do país, enquanto representava menos de 2% do PIB.

Mas isto não reduz a importância da diversificação económica. E eu acredito que existem maneiras lógicas de atingir esse objetivo.

O Petróleo e o Gás como o Primeiro Passo

Uma maneira de começar é abraçar a indústria do petróleo e do gás — não apenas por si só, mas também pela sua capacidade de servir de ponte para outros tipos de atividades económicas.

Alguns países africanos começaram a tomar medidas nesse sentido, com a construção de refinarias de petróleo, por vezes com o objetivo de garantir investimentos adicionais de investidores estrangeiros e, por vezes, na esperança de produzir gasolina e diesel suficientes para responder às suas próprias necessidades, e também para servir mercados de exportação.

A Nigéria, por exemplo, está a trabalhar agora para superar o facto de as suas quatro principais refinarias não conseguirem cobrir a procura interna[152]. O país espera libertar-se da dependência que mantém das importações de combustível nos próximos anos, após a conclusão da enorme refinaria de Dangote na Zona Franca de Lekki. Esta refinaria, que o Grupo Dangote pretende concluir em 2020, irá processar petróleo em bruto vindo dos campos nigerianos. Eventualmente, terá uma capacidade de processamento de 650.000 bbl/d e irá produzir gasolina, combustível de aviação, diesel e petroquímicos suficientes para exportar para mercados estrangeiros, além de satisfazer por completo o consumo doméstico.[153]

Projetos deste tipo podem ajudar a gerar receita que dê apoio ao processo da diversificação, mas representam apenas uma peça do *puzzle*.

Descendo a Cadeia de Valor: Geração de Energia

Para preencher as lacunas, sugiro que nos movamos ainda mais para baixo na cadeia e que vejamos como os hidrocarbonetos são usados depois de chegarem ao mercado. Após uma breve observação, fica claro que o petróleo e o gás não são apenas materiais que produzem combustível para carros e aviões; também podem ser usados para produzir eletricidade. O gás natural é especialmente importante nessa frente, uma vez que as centrais de energia podem queimá-lo de maneira mais limpa do que os derivados do petróleo. Como tal, a geração de energia oferece um caminho para a diversificação económica – e para a monetização de uma parcela maior da produção africana de gás.

Há muito espaço para crescer aqui. A Nigéria, por exemplo, não é apenas o maior produtor de petróleo de África; também tem mais gás do que qualquer outro estado africano. Com reservas estimadas em cerca de 5,3 biliões de metros cúbicos, poderia facilmente tornar-se num grande participante no campo dos projetos de transformação de gás em energia. Mas primeiro terá de superar décadas de inércia.

Os produtores que trabalham nos campos nigerianos têm o hábito de se concentrar no petróleo e tratar o gás como um incómodo, que serve apenas para ser queimado. O governo tentou mudar de rumo; impôs multas nominais às empresas que queimam gás e aderiu à parceria Redução Global da Queima de Gás (*Global Gas Flaring Reduction* – GGFR) do Banco Mundial, em 2015. No entanto, o país continua a desperdiçar muito do seu potencial. Dados da NNPC mostram que só em 2016, o maior produtor de petróleo da África queimou quase 7 bcm de gás no valor de 710 milhões de dólares.[154]

Mas não se trata apenas do dinheiro: estes volumes poderiam ter sido usados para alimentar 3.500 MW de capacidade de geração de energia, quase o dobro da capacidade operacional atual.

Esta capacidade extra poderia ter ajudado o país a produzir mais 750 TWh por ano de eletricidade, mais do que suficiente para quebrar o ciclo de apagões incessantes e incapacitantes de que sofre a Nigéria. E, por sua vez, esse fornecimento adicional de eletricidade poderia ter ajudado muitos consumidores comerciais e residenciais a dar maiores contribuições à economia nigeriana.[155]

O governo está relativamente consciente dos custos que uma atitude de fraqueza em relação à queima de gás pode ter. Em 2017, a administração do Presidente Muhammadu Buhari lançou uma nova iniciativa nacional de utilização de gás, e afirmou estar pronto para oferecer incentivos a empresas que reduzam os seus volumes de queima de gás e que vendam esse gás a compradores que o possam usar para gerar eletricidade, para alimentar instalações industriais, ou para servir como combustível para cozinhar. A agência que foi desenhada para implementar este plano, o Programa de Comercialização de Gás de Queima da Nigéria (*Nigerian Gas Flare Commercialization Programme* – NGFCP), considerou-o uma "oportunidade única e histórica de atrair grandes investimentos em projetos economicamente viáveis de captura de gás, enfrentando os problemas ambientais [que existem há 60 anos] relacionados com essa prática."[156]

Até agora, porém, o governo de Buhari ainda não transformou as suas palavras em atos. Falou de forma assertiva sobre a sua expetativa de que o NGFCP criará 36.000 novos empregos diretos e outros 200.000 indiretos, mas ainda não disse quando pretende começar a trabalhar com os produtores para disponibilizar o gás aos compradores domésticos. Nem revelou quando é que as vendas de gás podem começar.

Há várias lições a retirar da experiência da Nigéria nesta frente. Primeiro, um foco no gás tem o potencial de ser extremamente recompensador, já que se evita a perda de receitas potenciais. Em segundo lugar, o gás não oferece apenas benefícios financeiros; também pode ser usado fora do setor de petróleo e gás como combustível para centrais de energia. Terceiro, o uso de gás para gerar eletricidade ajuda as pessoas e as empresas, já que reduz o risco de apagões. Quarto, quando as pessoas e as empresas podem desenvolver as suas atividades económicas sem medo de apagões, contribuem mais para a economia. Quinto e último, os programas do setor público podem ajudar a apoiar a expansão da utilização de gás — desde que o compromisso do governo seja prático além de teórico.

Descendo a Cadeia de Valor: Fertilizantes e Outras Possibilidades

Estas lições não são apenas aplicáveis a projetos de gás para energia. Também são relevantes para outros esforços de diversificação económica que usam petróleo e gás como ponto de partida.

A geração de eletricidade não é o único outro uso para o gás, é claro. Os estados produtores que dão prioridade à agricultura, por exemplo, têm fortes razões para construir fábricas de fertilizantes – e usar o seu gás como matéria-prima para essas instalações. Por sua vez, as novas fábricas irão produzir substâncias que os agricultores podem usar para aumentar o rendimento das colheitas.

A República do Congo é provavelmente um dos principais candidatos a essa iniciativa, já que beneficiaria bastante com essa diversificação. O país é fortemente dependente do petróleo, que representou nada menos que 65% do PIB, 85% de todas as receitas do governo e 92% do total das exportações em 2017.[157]

A agricultura, por outro lado, contribuiu com apenas 7,24% do PIB no mesmo ano[158], com 4% — mais da metade desse valor — provenientes da agricultura de subsistência, onde trabalha cerca de 40% de toda a população.[159]

É justo assumir que estes agricultores de subsistência teriam melhor rendimento se tivessem mais acesso a fertilizantes; e que melhor maneira de fornecer esse acesso do que usar o gás produzido localmente para produzir esse bem? Esta é a lógica por detrás do apoio que Brazzaville tem dado aos planos de construir uma fábrica de fertilizantes perto do porto de Pointe-Noire. A Haldor Topsoe A/S da Dinamarca fechou um acordo para o desenvolvimento deste projeto de 2,5 mil milhões de dólares com a MGI Energy, uma empresa congolesa envolvida na produção de gás, em 2018. Os parceiros esperam começar a trabalhar durante 2019 e precisarão de cerca de três anos para concluir a construção.

Nas suas declarações de setembro de 2018, o ministro congolês da economia, Gilbert Ondongo, disse acreditar que o projeto ajudará a economia do país de duas maneiras: impulsionará o setor agrícola e dará um incentivo ao comércio.

"Fábricas semelhantes foram construídas no Bangladesh, na Índia e no Paquistão, e ajudaram esses países a tornarem-se autossuficientes na agricultura", disse o ministro à agência de notícias *Bloomberg*. "O local onde a central será construída irá facilitar a chegada de fertilizantes a mercados locais, regionais e internacionais".[160]

Se este projeto se concretizar, irá beneficiar a República do Congo a múltiplos níveis, como foi demonstrado anteriormente. Irá permitir que o país monetize as suas reservas de gás e impulsionará outro setor da economia. Isto ajudaria os agricultores a obter acesso a fornecimento de fertilizantes, que podem usar para aumentar a produtividade e a rentabilidade do setor agrícola. Por sua vez, a agricultura poderá contribuir mais para a economia congolesa como um todo.

Assumindo, é claro, que o governo dá o apoio necessário para que este desenvolvimento ocorra, tanto na teoria como na prática.

O Tipo Certo de Apoio

Isto leva-me a outro ponto: a necessidade de dar apoio estatal a projetos de diversificação, não apenas em prol de projetos individuais, mas em prol da economia como um todo.

Por outras palavras, esta abordagem deve ser uma questão de política e não uma resposta ad hoc a propostas de investimento individuais. Os países africanos devem fazer isto para evitar que as áreas produtoras de petróleo e gás sofram com as flutuações nos preços da energia, como aconteceu nas cidades do *boom* petrolífero da Dakota do Norte[161]. Devem fazer isto para criar mais opções para os africanos que estão prontos para trabalhar — porque nem toda a gente quer trabalhar no setor de extração de recursos! Devem fazer isto para que outros setores da economia possam florescer e criar empregos – não apenas direta mas indiretamente, pois cada novo negócio que abre cria a necessidade de empresas adicionais que possam manter trabalhadores, bens e serviços em movimento para os locais onde eles são mais necessários.

E devem fazê-lo para aumentar a capacidade de indústrias que viverão para além do petróleo e do gás. Os hidrocarbonetos são recursos finitos; todos os campos acabarão por secar. Os produtores africanos devem incentivar empresas que ofereçam aos seus trabalhadores oportunidades para desenvolver capacidades transferíveis úteis dentro e fora da indústria de petróleo e de gás: tecnologias da informação, comunicação, logística, fabrico, finanças e comércio. Devem trabalhar para aumentar a capacidade de produção de algodão, cacau e outros produtos tradicionais que por vezes são deixados de lado na pressa de desenvolver os recursos de combustível e energia.

Certamente, estes apoios estatais têm de se basear nas ligações existentes entre o petróleo e o gás e outros setores relacionados da economia. Por outras palavras, devem incentivar os produtores de gás a desenvolver projetos de geração elétrica alimentados a gás, construir novas fábricas de fertilizantes, estabelecer redes municipais de distribuição de gás, e usar petroquímicos produzidos localmente no fabrico de plásticos de alta qualidade e outros bens.

Mas também podem ajudar a conectar outros setores à cadeia de valor.

Mais especificamente, os governos africanos devem investir na diversificação económica algumas das receitas que ganham com a produção de petróleo e gás; devem investir noutros setores com potencial que não têm vínculos diretos com a energia, como a pesca e o turismo. Devem também tirar partido da assistência que o governo norueguês e outras instituições oferecem aos países que procuram otimizar a gestão do capital que deriva da extração dos seus recursos.

Com esta abordagem, é mais provável que as empresas locais tenham capacidade para criar empregos, tanto direto (nos setores em questão) como indireto (em áreas que facilitam a movimentação de bens, serviços e trabalhadores nesses setores), e que contribuam mais para o crescimento económico. Por sua vez, estes novos empregos vão promover o crescimento em muitas outras áreas de atividade económica.

Para a Frente e Para Cima

Como se parecerá esta diversificação? Infelizmente, ainda não há nenhum exemplo de sucesso, sustentado no tempo específico do continente africano, que eu possa citar como exemplo.

Mas posso dar o exemplo de um país que tem o potencial de evoluir nessa direção, fazendo uso do petróleo e do gás como ponto de partida e aproveitando novas oportunidades noutras áreas da cadeia de valor. Esse país é a Guiné Equatorial, que registou as suas primeiras descobertas *offshore* em meados da década de 1990 e rapidamente se tornou dependente do petróleo e do gás. Em 2015, este setor representava 86% do total das exportações, 80% das receitas do governo e 60% do PIB.[162]

Tamanho grau de dependência dos rendimentos petrolíferos é obviamente problemático. Deixou o país vulnerável a eventos como a crise do preço do petróleo, que começou em meados de 2014, e o pico de produção doméstica de petróleo e gás, que se registou logo depois. Também levantou a questão de como tirar o melhor partido do capital humano e de outros recursos naturais.

Felizmente, o governo da Guiné Equatorial já começou a formular uma resposta para esta questão. Está a trabalhar dentro do setor, a expandir oportunidades para monetizar o gás através de projetos como a construção de centrais de GNL e GPL num complexo industrial na ilha de Bioko.[163] Também está a trabalhar fora do setor, a organizar a produção de campos *offshore* para ser entregue à central de metanol da AMPCO e à central termoelétrica de Malabo (TPP).[164] E em maio de 2018, os líderes do país indicaram que queriam expandir o complexo de gás da ilha de Bioko para que pudesse servir como um *megahub* regional capaz de preparar gás doméstico e estrangeiro para ser processado como GNL, para transporte e entrega noutros locais, e para produzir maior volume de produtos petroquímicos e energia elétrica.[165]

Como resultado destas políticas, o gás já contribuiu para impulsionar o crescimento em vários setores económicos na Guiné Equatorial.

E haverá espaço para um crescimento ainda maior, à medida que o projeto do *megahub* vai avançando. O sucesso do projeto vai depender do comércio com outros países — mais especificamente, com outros estados produtores de gás que procurem ter acesso aos serviços providenciados por estas instalações. Como resultado, todos os cidadãos da Guiné Equatorial que façam parte de conversações com fornecedores e compradores de países terceiros vão estar em posição de adquirir capacidades na área dos negócios de comércio exterior.

Por sua vez, os trabalhadores que adquirirem estas capacidades poderão aplicá-las noutras áreas. Por exemplo, se decidirem aceitar ou criar um emprego no setor do turismo — que o governo da Guiné Equatorial identificou em 2014 como um caminho potencial para a diversificação[166] —, já terão a experiência para persuadir clientes estrangeiros a escolher o seu país em detrimento de outras opções.

Portanto, vamos esperar que os líderes de Malabo reconheçam o potencial do país e se esforcem por maximizá-lo! Eles têm aqui uma oportunidade importante para concretizar esta diversificação se promulgarem políticas que dêem apoio ao investimento em diferentes setores — e se fizerem uso das receitas do petróleo e do gás para financiar estes esforços.

Chile: Já Não é só Cobre

O Chile é amplamente reconhecido como um exemplo de sucesso de diversificação económica. O país sul-americano, que possui 38% das reservas mundiais de cobre, tem uma longa história de dependência da indústria extrativa em geral e da mineração de cobre em particular.[167]

Mas nos últimos 50 anos, foi capaz de reduzir a participação de cobre e de produtos relacionados a este minério no total das exportações de quase 80% para cerca de 50%. E o país concretizou esta evolução num período em que o volume da sua produção de cobre se tornou dez vezes maior, passando de cerca de 500.000 toneladas por ano no início dos anos 60 para cerca de 5,5 milhões de toneladas por ano em 2005 e nos anos que se seguiram.[168] Em 2017, o Banco Mundial descreveu o Chile como "um exemplo de economia diversificada, que exporta mais de 2.800 produtos diferentes para mais de 120 países diferentes".[169]

E portanto, como é que o Chile concretizou este feito? Através de uma combinação de reformas económicas e políticas que foram implementadas ao longo de um período de mais de 30 anos.

O elemento político é importante, dado que os esforços do Chile para promover a diversificação económica não tiveram muito sucesso até ao início dos anos 1970, quando o general Augusto Pinochet depôs Salvador Allende, um socialista, e ter assumido o poder à frente de um regime autoritário. O regime de Pinochet começou por reverter o programa do Presidente Allende, que incluía controlo de preços, subsídios, altas tarifas de importação e restrições ao investimento estrangeiro. De seguida, começou a impor a sua própria agenda, centrada à volta da importância do mercado livre e da liberalização do comércio.

Essa abordagem provou ser tão bem sucedida, apesar de surgir no meio de grande agitação política, que o Chile continuou em larga medida a mover-se na direção da liberalização económica. Mesmo depois do governo começar a reverter algumas das restrições aos direitos civis na década de 1980 — e mesmo depois de Pinochet deixar a presidência em 1989 —, o país deu continuidade a reformas orientadas para os mercados.[170]

E muitas das reformas que promoveu são exatamente do género das que eu defendo.

Olhemos, por exemplo, para a decisão de gastar fundos públicos em indústrias não-extrativas. O governo deu aos investidores do setor florestal incentivos para plantar pinheiros de Monterey, que crescem mais rapidamente no Chile do que em qualquer outra região. Estas árvores tornaram-se numa fonte fundamental de receitas de exportação, já que podem ser usadas para fabricar produtos de celulose e de madeira que são vendidos por um valor razoavelmente alto nos mercados internacionais. Além disso, promoveu a indústria das pescas, o que o levou a tornar-se o segundo maior exportador de salmão do mundo.

Claro que não foi simplesmente uma questão de dizer às pessoas para plantarem árvores ou para começarem a pescar. O Chile tomou medidas para reforçar a credibilidade do seu fundo soberano, fez cortes nas tarifas alfandegárias para acelerar a sua integração na economia global, estabeleceu programas para ajudar os empresários a lançar pequenas e médias empresas e estabeleceu parcerias público-privadas.

Também identificou vários setores prioritários como alvo de investimento futuro — serviços globais, turismo de especialidade, mineração, alimentos funcionais, e a agropecuária.

O exemplo do Chile contém lições importantes para África:

- As reformas políticas e económicas são importantes na sua generalidade, como é evidente no facto de que os objetivos de diversificação e liberalização económica se mantiveram inalterados ao longo do tempo, apesar da mudança de governos;
- Os governos podem ter um papel importante no apoio a programas de reforma orientados para os mercados, como através do estabelecimento de PPPs;
- A diversificação deve implicar que o crescimento se estende a setores díspares na economia, incluindo aqueles que não têm ligação direta às indústrias extrativas, como foi o caso do foco que o Chile deu à produção de alimentos no setor agrícola;
- Os investidores também devem procurar oportunidades únicas que tirem partido das especificidades da região, como os projetos de pinheiros de Monterey no Chile.

Se os países africanos reproduzirem estes princípios, estarão muito melhor equipados para percorrer mais depressa o caminho que leva à diversificação económica.

9

Apelo a Todos os Líderes! Mais sobre a Boa Governança

"Precisamos de líderes que entendam que estão a governar o seu país para o benefício de cada indivíduo. Todas as crianças deste país são da sua responsabilidade; precisamos de pessoas que acreditem verdadeiramente nisso, que não consigam dormir porque há pessoas que não têm o que comer ou que não têm acesso a medicamentos."

Estou absolutamente de acordo com estas belas palavras proferidas por Mo Ibrahim, fundador da The Mo Ibrahim Foundation, uma fundação africana criada em 2006 que promove a boa governança e a boa liderança em todo o continente.

E eu acredito que os líderes africanos estão a dar ouvidos a este apelo.

Bill Gates, provavelmente um dos mais bem-sucedidos empresários do mundo, concorda.

"Ainda que 2016 tenha sido um ano difícil para muitas economias africanas, quase todos os indicadores do continente se têm movido na direção certa durante a última década. O rendimento per capita, o investimento estrangeiro, a produtividade agrícola, o sistema financeiro digital, o empreendedorismo, as taxas de imunização, e as inscrições nas escolas, têm todos vindo a subir. A pobreza, os conflitos armados, o VIH, a Malária e a mortalidade infantil têm todos vindo a decair — em muitos sítios de forma dramática."

Ao longo da última década, o continente tem registado ganhos incríveis. O relatório "Doing Business in 2005"[171] do Banco Mundial colocava África no último lugar no que se refere ao ritmo de implementação de novas reformas.

Sim, é o que se poderia esperar, dado o clima político e socioeconómico da altura. Mas, por essa altura, começámos a testemunhar uma mudança: O Índex de 2007 posicionava o continente já no terceiro lugar das regiões do mundo que mais rapidamente se estavam a reformar, referindo pelo menos uma secção em reforma em dois terços das nações africanas. Na última década, o continente obteve ganhos surpreendentes.

Hoje, o movimento de esforços positivos de reforma é notável em todo o continente. O relatório de 2016 posicionava cinco países africanos no *top* dez das nações que registaram maiores melhorias nesse ano, e localizava quase um terço de todas as reformas regulatórias do mundo focadas na simplificação da atividade económica na África Subsaariana.

O relatório anual da Ernst & Young (apropriadamente denominado) "Africa Attractiveness Survey"[172] de 2011, que entrevista alguns dos mais importantes agentes económicos internacionais, confirma esta perspetiva positiva:

- 68% dos entrevistados consideraram que África era um destino de investimento mais atraente do que tinha sido em 2008;
- 75% mostraram-se otimistas quanto às perspetivas de África para os três anos seguintes;
- 43% indicaram estar a planear expandir a sua presença em África.

No mesmo estudo sobre a atratividade referente ao ano de 2015, a Ernst & Young indica que prevê taxas de crescimento anual composto superiores a 5% de forma contínua até 2030 em 24 países da África Subsaariana. O sucesso de iniciativas de reforma, apoiadas por governos locais e pelo setor privado, está a ajudar a transformar as perspetivas de futuro do continente.

Graças a grupos como o ICF, as reformas estão finalmente a acontecer. A ICF e outras organizações independentes promovem iniciativas que possibilitam às empresas "registar-se, pagar impostos, resolver disputas comerciais, desalfandegar mercadorias e muito mais, de maneira rápida, simples e transparente. Esta maior simplicidade e eficiência está a ajudar a acelerar o crescimento económico, o que contribui para melhorar a vida de milhões de africanos."

E então, quais terão sido os resultados inscritos na mais recente edição do "Doing Business"? As perspetivas continuam a ser positivas para o sul, em particular: Em maio de 2018, um terço de todas as reformas regulatórias documentadas pelo o relatório estavam a ter lugar na África Subsaariana.

"A África Subsaariana tem sido anualmente a região a registar o maior número de reformas desde 2012. Este ano, o 'Doing Business' registou um número recorde de 107 reformas em 40 economias da África Subsaariana, e o setor privado da região está a sentir o impacto dessas melhorias. O tempo e o custo médios para registar uma empresa, por exemplo, caíram de 59 dias e 192% do rendimento per capita em 2006 para 23 dias e 40% do rendimento per capita atualmente."[173]

Políticas Fiscais Sólidas para Gerir a Receita

O continente africano tem assistido a consideráveis ganhos económicos nas últimas duas décadas. Depois de um período de estagnação, assistimos a elevadas taxas médias de crescimento em economias menores como o Gana, economias maiores como a Nigéria e até mesmo em "estados frágeis" como em Angola.

Mas Christopher Adam, Professor de Economia do Desenvolvimento em Oxford, alerta que estes ganhos passados podem estar agora em risco.

"Em última análise, são as políticas fiscais que irão desempenhar o papel decisivo de garantir que os ajustes macroeconómicos em África sejam bem-sucedidos. Precisam de ser projetadas de maneira a não prejudicarem os efeitos de promoção de crescimento conseguidos através dos recentes investimentos em infraestrutura. Poder-se-ão assim preservar os ganhos na redução da pobreza e na melhoria da prestação de serviços que se materializaram na saúde e na educação", escreveu Adam num artigo para o *The Conversation*.[174]

Para sustentar este progresso, Adam defende o equilíbrio macroeconómico e adverte contra uma carga fiscal excessiva e contra a limitação cambial — estratégias que, segundo ele, apenas encorajam o mercado negro e pioram as situações de escassez. "É necessária uma ação decisiva para conseguir navegar as difíceis águas económicas que se avizinham, sem pôr em risco os ganhos das duas últimas décadas", escreveu. "O sucesso irá exigir escolhas políticas difíceis, especialmente no que toca à cobrança de impostos e às despesas do governo."

O Fundo Monetário Internacional estabelece as seguintes "Cinco Chaves para uma Política Fiscal Inteligente:"[175]

1. Que seja contracíclica (suavizando os ciclos económicos);
2. Que seja favorável ao crescimento (promovendo fatores de

crescimento económico de capital, trabalho e produtividade a longo prazo);

3. Que promova a inclusão (garantindo que o crescimento seja partilhado entre as pessoas, que participam plenamente na economia);

4. Que seja apoiada por uma forte capacidade tributária (possuindo uma fonte estável de receita através da tributação);

5. Que seja prudente (cautelosa e sensível).

E por todo o continente vemos provas de que os líderes africanos estão a implementar estes princípios. A queda dos preços do petróleo no mercado global afetou significativamente o crescimento económico nos estados petrolíferos, cujas economias dependem das receitas do setor energético. Apesar disso, a Nigéria está a enfrentar bastante bem esta tempestade económica, tendo recebido *ratings* positivos para os seus cinco principais bancos — apesar de estarem sob a sombra de uma recessão — pela primeira vez em 20 anos.

Porquê?

Em resposta à crise financeira global que ocorreu em 2008, a Nigéria introduziu requisitos de capitalização e reformas à supervisão bancária para promover a transparência e consolidar as finanças do governo. E em 2017, uma alteração nas regras de contabilidade eliminou o período de espera de um ano para os bancos amortizarem totalmente os empréstimos de performance negativa, o que permitiu que estes limpassem as suas balanças comerciais de forma imediata através das suas reservas de capital, assegurando assim a solvência técnica dos cinco bancos nacionais.

Estas são ótimas notícias para a Nigéria. Mas também representam um farol de esperança para o resto do continente: sim, a Nigéria detém vastas reservas de petróleo — mas vimos que, no passado, esta nação deixou que essa mesma riqueza toldasse negativamente a sua capacidade para tomar as decisões corretas. Em suma, a Nigéria tornou-se a imagem de marca da maldição dos recursos. Se a Nigéria pode dar a volta a esta situação, outros países também podem.

E não estou a falar só de petróleo e gás. Uma política fiscal sólida ajuda a formar a espinha dorsal de uma estratégia de gestão económica também sólida, que promova o crescimento e a prosperidade para todos. Obviamente, um país não pode decidir quais vão ser os recursos naturais que se descobrem dentro das suas fronteiras — mas são os legisladores desse país que decidem quais serão as políticas a adotar em relação a esses recursos.

E estas decisões têm impacto na economia.

Como nos relembra o National Resource Governance Institute: "Quando administrados com prudência, os investimentos em petróleo, gás e mineração e as vastas receitas que estes geram podem sustentar esforços de desenvolvimento e ter um impacto positivo duradouro na vida dos cidadãos. No entanto, sem políticas, estruturas e supervisão adequadas, esses mesmos investimentos têm o potencial para desestabilizar os sistemas públicos de gestão financeira, trazer impactos ambientais e sociais negativos e aumentar o risco de corrupção".[176]

Tal como a Nigéria, que espera que as suas novas regras de contabilidade continuem a dar impulsos positivos, a Tanzânia também introduziu novas leis para as indústrias extrativas. Esta república do leste africano é rica em minerais, incluindo ouro e outros metais preciosos, e um elemento importante da nova legislação foi aumentar a tributação sobre a indústria de minérios. O resultado: uma altíssima carga tributária de 74%, o que significa que a Tanzânia começou a cobrar os mais altos impostos sobre mineração do mundo.[177]

E embora esta taxa exorbitante possa ter sido uma boa maneira de encher os cofres do governo, tudo o que realmente conseguiu fazer foi irritar a população e criar um ambiente de negócios hostil. Passado um ano, o Presidente da Tanzânia John Magufuli anunciou que o governo iria reavaliar o regime fiscal. A preocupação aqui é que a nova estratégia tributária não tenha atingido o equilíbrio certo entre ser muito baixa para o governo estar efetivamente a tirar partido financeiro destes recursos, e ser demasiado elevada para que promova o investimento. Uma preocupação secundária é que impostos mais altos possam estar na realidade a fazer aumentar a fuga fiscal — o que por sua vez reduz ainda mais a receita tributária do governo.

Portanto, o Presidente Magufuli deve ter lido o trabalho do professor Adam! Embora a legislação possa não ter sido um sucesso, esta decisão demonstra, no mínimo, a compreensão que o governo da Tanzânia tem sobre esta complexa situação e a sua vontade de melhorar continuamente a regulamentação.

A Tanzânia poderia talvez olhar para sul para ver como isto pode ser feito.

Um exemplo de um governo que desenvolveu uma política económica eficaz é o Botsuana. A maior parte do território deste país, que não tem litoral, é coberta pelo deserto de Kalahari, o que deixa poucas oportunidades para empreendimentos agrícolas. Antes de 1970, era considerado um dos países mais pobres do mundo... mas isso mudou com a descoberta de reservas de diamantes, o que provocou um crescimento dramático no PIB, no rendimento per capita, e um superávit na balança comercial. Mas a riqueza dos diamantes fez mais do que tirar esta nação da extrema pobreza: o governo pensou o suficiente no futuro para instituir uma política de investimento das receitas vindas da indústria dos diamantes no desenvolvimento socioeconómico da população, financiando serviços sociais como sistemas de transporte, educação e saúde.

Ou a Tanzânia poderia olhar para os sucessos a oeste.

A inovadora Lei de Gestão dos Rendimentos Petrolíferos do Gana (falaremos mais sobre isto mais adiante) descreve mecanismos para coletar e distribuir os rendimentos petrolíferos, com especificações claras sobre que percentagens desses rendimentos devem ser usadas para financiar o orçamento de estado a cada ano, que percentagem deve ser guardada para as gerações futuras e quanto deve ser reinvestido no setor e em infraestrutura. Esta legislação equilibrada criou um regime fiscal que garante que todas as receitas do petróleo são monitorizadas abertamente, depositadas na "cesta" apropriada e utilizadas para a finalidade a que se destinam.[178] A legislação do Gana estabelece um sistema fiscal bem desenhado que tem em conta a natureza da indústria do petróleo e as incertezas inerentes à E&P, bem como a capacidade do governo para promover a indústria e gerar receitas para apoiar o desenvolvimento socioeconómico da nação.

Para Combater a Corrupção Basta Dizer "Não"

Mas, está claro, podíamos estar a falar sobre ambientes de investimento positivos e da importância de políticas governamentais bem desenhadas para gerir as receitas do petróleo e do gás até ficar sem fôlego — e isso não vai fazer diferença nenhuma se o sistema de subornos continuar como sempre.

Já falámos sobre os riscos da "ajuda" estrangeira. Mas, além do potencial que esta ajuda tem para tornar estes países dependentes, aqui fica ainda outra tendência: a "ajuda" financeira impede a boa governança, já que promove a distância entre o governo e o seu povo. Em vez de se focarem na melhoria das necessidades dos cidadãos, como as suas condições de habitação, de educação, de saúde ou o acesso a eletricidade, os governos sentem a tendência de tentar agradar às entidades doadoras.

Num artigo para o *The Spectator*, Harriet Sergeant descreve esta questão de uma maneira mais franca: "Quando os doadores estrangeiros são responsáveis por 40% do orçamento operacional de um país, como no Quénia ou no Uganda, porque é que os líderes nacionais haveriam de prestar atenção ao que dizem os seus cidadãos? Fazer a vontade aos doadores estrangeiros vem em primeiro lugar."[179]

Embora a minha perspetiva possa não ser tão pessimista, concordo que "fazer a vontade" muitas vezes equivale a suborno. E o suborno, seja qual for a sua forma, acontece a todos os níveis da sociedade. As empresas pagam subornos para que as suas propostas sejam aprovadas. Os tribunais do governo aceitam subornos para influenciarem o resultado dos julgamentos. E mesmo ao nível individual, as pessoas pagam subornos para ter acesso a melhores serviços públicos — serviços que deveriam estar disponíveis gratuitamente para todos.

Este não é um modelo de negócios inteligente. Já assisti a isto várias vezes: quando os pagamentos começam, nunca mais param. As empresas que se lançam no mercado através de subornos pagam para entrar, continuam a pagar para permanecer e depois recebem grandes multas que têm de pagar para sair.

Quando se trata de subornos, o meu conselho é claro: simplesmente não pague.

E, sim, pode realmente ser assim tão simples — mas temos todos de recusar. Cabe a cada um de nós defender a nossa posição e denunciar estas situações. Temos de ter uma voz coordenada e coesa em prol da ética, da moral e da justiça, para podermos trazer África para fora desta estrutura de corrupção de uma vez por todas. Quando entramos em comunidades onde vemos corrupção ou testemunhamos um governo que não trata as pessoas com respeito, devemos ser firmes e demonstrar que não podemos compactuar ou fazer parte dessas situações.

As empresas de petróleo e gás deviam ser líderes deste movimento. Faz todo o sentido: a influência destas empresas é enorme e já são entidades pioneiras em muitos aspetos.

A indústria já começou a fazer isto, graças a iniciativas como a Lei de Suborno do Reino Unido (Bribery Act), a Lei de Práticas de Corrupção no Estrangeiro dos EUA (*Foreign Corrupt Practices Act* – FCPA) e a Lei de Corrupção de Funcionários Públicos Estrangeiros do Canadá (*Corruption of Foreign Public Officials Act* – CFPOA). Estas leis definem de que forma estes países respondem a ofensas como oferecer, dar ou aceitar um suborno, e trazem com elas severas penas para quem as violar. As penalidades por não cumprimento podem incluir a proibição de fazer licitações para contratos governamentais, multas significativas e até condenações criminais. Além disso, muitas organizações de combate à corrupção têm surgido para apoiar os governos nesta campanha por práticas justas e transparentes em todo o mundo.

"A aplicação da legislação de suborno extraterritorial dos EUA aumentou dramaticamente na última década e mostra poucos sinais de redução", disse Reagan Demas, parceiro da Baker & McKenzie LLP, em Washington, DC, ao Financier Worldwide em 2012. "Outros países aprovaram legislação semelhante e estão a começar a pôr em prática estas novas leis. Na sequência de processos judiciais criminais com empresas que operam em África nas indústrias de petróleo e gás, mineração, telecomunicações, expedição de mercadorias e outras indústrias, as empresas estão a reconhecer a importância de estabelecer programas de conformidade bem desenvolvidos quando operam nestas jurisdições de alto risco/alto rendimento."[180]

Impulsionar a Transparência

A EITI estabelece a norma de transparência para o petróleo, o gás e a mineração a nível global. A EITI promove um ambiente de atividade económica mais transparente, clarificando o que as empresas fazem com o petróleo, o gás e os minerais que produzem, para onde vão os seus rendimentos e que empregos foram criados. Ao mesmo tempo, a EITI exige que os governos declarem as receitas que recebem das indústrias extrativas. A conformidade com a EITI cria condições equitativas para as empresas e o nível de transparência que daí resulta contribui para melhorar a estabilidade política e a reputação dos países.

E isso, por sua vez, melhora o clima de investimento nos países que estão em conformidade com os princípios da iniciativa.

Ao mesmo tempo, Publish What You Pay é uma coligação mundial da sociedade civil que ajuda os cidadãos de países em desenvolvimento ricos em recursos naturais a responsabilizar os seus governos pela gestão dos rendimentos provenientes dos setores do petróleo, do gás e da mineração.

Outros grupos com uma base mais ampla têm um alcance que vai para lá do setor da energia. O Pacto Global da ONU pede às empresas que adotem, dentro da sua esfera de influência, um conjunto de valores fundamentais nas áreas dos direitos humanos, das normas laborais, do meio ambiente e de combate à corrupção. Da mesma forma, o Fórum Global de Governança Corporativa apoia iniciativas regionais e locais para melhorar a governança corporativa em países com rendimentos médios e baixos, e a Transparency International é uma organização civil global que luta contra a corrupção.

Dentro do continente, África tem a sua quota parte de grupos que lutam por práticas corporativas mais justas:

- O Projeto de Governança, Monitorização e Advocacia em África (*Africa Governance Monitoring and Advocacy Project - AfriMAP*) visa monitorizar e promover o cumprimento pelos estados africanos dos requisitos da boa governança, democracia, direitos humanos e estado de direito;
- A Rede de Parlamentares Africanos Contra a Corrupção (*African Parliamentarians Network against Corruption -* APNAC; www.apnacafrica.org) está a trabalhar para fortalecer a capacidade parlamentar para combater a corrupção e promover a boa governança;
- O Mecanismo Africano de Revisão de Pares (*African Peer Review Mechanism -* APRM; aprm-au.org) é um sistema que foi introduzido pela União Africana para ajudar os países a melhorar a sua governança;
- Coligação Empresarial Contra a Corrupção (*Business Coalition Against Corruption -* BCAC) dos Camarões, originalmente

criada para dar ferramentas às empresas-membro para combater a corrupção, expandiu-se e agora representa empresas britânicas, canadianas, francesas, italianas e americanas que operam no país;

- A Rede de Ética Corporativa Africana (*Business Ethics Network of Africa* – BEN-Africa; www.benafrica.org) facilita a interação entre académicos e profissionais que partilham um interesse pela ética corporativa;

- A Federação de Contabilistas da África Oriental, Central e Austral (*Eastern Central and Southern African Federation of Accountants* – ECSAFA; www.ecsafa.org) procura construir e promover a contabilidade enquanto profissão nas regiões leste, central e sul de África;

- O Portal de Informações sobre Corrupção e Governança em África (*Information Portal on Corruption and Governance in Africa* – IPOC; www.ipocafrica.org) é um portal de recursos *online* que pode servir como um ponto de referência primário para todos os interessados em combater a corrupção e promover a governança democrática em África

- A Iniciativa Sociedade Aberta para a África Austral (*Open Society Initiative for Southern Africa* – OSISA; www.osisa. org) colabora em temas de direitos humanos, educação, construção democrática, desenvolvimento económico, de comunicação social, e no acesso a tecnologia e a informação

- O Fórum da África Austral Contra a Corrupção (*Southern African. Forum Against Corruption* – SAFAC) procura expandir a capacidade das agências de combate à corrupção na região da Comunidade de Desenvolvimento da África Austral (*Southern Africa Development Community* – SADC) para desenvolver estratégias eficazes contra a corrupção e criar sinergias com outros agentes relevantes na luta contra a corrupção.

As organizações de combate à corrupção não são as únicas que estão a tentar erradicar a corrupção em África. Muitos governos africanos estão a tomar medidas para contribuir para este combate. A Transparency International adicionou recentemente estes países à sua lista de "menos corruptos":

- Cabo Verde;
- Lesoto;
- Ilhas Maurícias
- Namíbia;
- Ruanda;
- África do Sul;
- Senegal;
- Seicheles.

Mas a "super-estrela" no combate à corrupção em África terá de ser o Botsuana, que tem vindo consistentemente a liderar a lista da Transparency International dos países menos corruptos de África. O governo federal do Botsuana criou a Diretoria de Corrupção e Crime Económico (DCEC) em 1994, em resposta a uma série de escândalos de corrupção. A diretoria luta contra a corrupção através de ações de investigação, prevenção e educação. Desde o início das suas operações, a instituição recebeu vários elogios internacionais pelos seus programas inovadores, que incluem iniciativas de divulgação destinadas a jovens e a comunidades rurais.

Hoje, o governo tem o poder para punir a corrupção com sentenças de prisão que podem ir até 10 anos, multas de 500.000 pulas (64.000 dólares) ou ambos. O Departamento de Estado dos EUA indica que o governo do Botsuana tem conseguido a condenação de 16 a 20 pessoas por ano por crimes relacionados com a corrupção e não se inibe de ir atrás de funcionários nas posições mais elevadas de poder.

O Botsuana mostra-nos que um dos efeitos mais prejudiciais da maldição dos recursos, a corrupção, pode ser derrotado. A nação abraçou os seus recursos naturais e criou uma cultura positiva para gerir o seu mercado de diamantes, que hoje é razão de inveja para todo o mundo. Ao afastar-se dos males do passado, conseguindo reduzir a burocracia e a fraude, e tendo investido as suas receitas em recursos humanos, o país conseguiu melhorar as perspetivas da sua actividade económica, aumentou os seus rendimentos e melhorou a vida do povo do Botsuana.

Iniciativas de Transparência: Ver Tudo com Claridade

Uma peça vital do *puzzle* de combate à corrupção é a absoluta transparência. E quando se trata de transparência, podemos aprender uma ou duas coisas com o Gana.

O país é novo no mundo do petróleo e do gás, muito novo. A sua principal descoberta, o Campo Jubilee, só teve lugar em 2007. Nessa altura, o país não tinha nenhuma experiência com tecnologias de extração.

Talvez precisamente devido a essa completa falta de experiência, porque o país teve de trabalhar com grande diligência para se conseguir pôr a par rapidamente, o Gana tomou medidas deliberadas e calculadas para garantir que a abundância de recursos naturais que acabava de descobrir tivesse um efeito benéfico para a nação. Além disso, o país estabeleceu regras para garantir a sustentabilidade do setor e salvaguardar os interesses das gerações futuras.

Os líderes Ganeses trabalharam arduamente para criar a Lei da Gestão das Receitas do Petróleo (*Petroleum Revenue Management Act* – PRMA). Quando foi finalmente implementada em 2011, a lei estabeleceu uma estrutura regulatória abrangente de controlo e responsabilização, que incluía mecanismos de promoção de transparência sem precedentes:

- Notícias e desenvolvimentos sobre o setor são publicados todos os meses em jornais nacionais e na *internet*;
- Há uma divisão clara entre o orçamento do estado e a receita do petróleo, e limites ao uso que o governo pode fazer da sua parte do orçamento;
- O Valor Anual de Financiamento do Orçamento controla a participação do governo nas receitas de petróleo e gás; A cada trimestre, até 70% do capital deve ser transferido para o fundo de desenvolvimento estratégico;
- O Petroleum Holding Fund, que é parte do Banco do Gana, regula a distribuição das receitas do petróleo e do gás — e todos os detalhes sobre estas receitas estão disponíveis ao público;
- A população é incentivada a ponderar e a debater se os gastos estão em conformidade com as prioridades de desenvolvimento do país;
- O Comitê de Responsabilidade de Interesse Público (*Public Interest*

and Accountability Committee – PIAC) monitoriza a conformidade e produz avaliações independentes sobre a gestão da receita;

- A Comissão de Petróleo assumiu o papel de supervisão sobre a Corporação Nacional de Petróleo do Gana (*Ghana National Petroleum Corporation* – GNPC), que foi reestruturada para permitir que esta se concentre nas atividades de exploração e produção.

Como é que este inexperiente governo foi capaz de desenvolver o que eu considero ser a legislação mais eficaz e transparente para a gestão de recursos petrolíferos de todo o continente?

Tudo começou com educação.

Em vez de gastar dinheiro cegamente, o Gana concentrou-se em aprender tanto quanto possível sobre os seus novos empreendimentos energéticos. Procurou o conselho de parceiros internacionais bem sucedidos na mesma área. Ao aplicar as melhores práticas desenvolvidas pelos que já tinham passado pelo mesmo processo e ao aprender com os seus erros, evitou a necessidade de reinventar a roda.

Além disso, focou-se em expandir as suas capacidades domésticas de formação. Por exemplo, em 2015, a Universidade de Ciência e Tecnologia Kwame Nkrumah inaugurou um novo complexo que inclui um edifício dedicado à formação na área do petróleo e laboratórios especializados no setor.

E por último, mas certamente não menos importante, os líderes de Gana compreenderam a fundamental importância de garantir a aprovação pública. O Gana já estava em conformidade com os requisitos da EITI para a indústria de mineração e qualificou-se com facilidade para incluir a sua indústria petrolífera dentro da iniciativa, ainda antes de dar início à produção de petróleo em 2010. Ao longo desse ano, grupos de vários setores económicos e sociais realizaram fóruns abertos para avaliar qual era o nível de compreensão do público sobre a indústria e garantir que se mantinha o mais alto nível de envolvimento do público e de transparência de processos possível. Estas reuniões juntaram membros da comunidade de todas as esferas da vida, de empresários a agricultores e até crianças em idade escolar, para ser possível compreender realmente o que os ganeses tinham a dizer sobre a extração e produção petrolífera na sua terra natal.

"De certa forma, surgiu um contrato social entre os cidadãos e o governo", escreveu Joe Amoako-Tuffour, que foi consultor técnico em política tributária no Ministério das Finanças e Planeamento Económico do Gana.[181]

Ouso dizer que isto não foi coisa pequena, aliás, pelo contrário, foi um enorme e impactante passo. Através deste nível de transparência sem precedentes, o governo estava a provar a sua dedicação à sua população.

Políticas de Conteúdo Local Firmes e Justas Produzem Equilíbrio

Há muitas questões para discutir sobre conteúdo local, mas a prioridade tem de ser os resultados.

Em relação ao conteúdo local, é fácil ter a sensação de se estar num campo sobrelotado de oradores a lutar febrilmente pela atenção da mesma audiência. Há demasiadas pessoas que falam sobre conteúdo local com pouco conhecimento de como a indústria do petróleo funciona ou sem perceberem que é preciso encontrar o equilíbrio certo.

As políticas de conteúdo local derivam de uma filosofia simples: os recursos naturais de uma nação pertencem ao povo; portanto, o povo deve beneficiar da sua exploração. Embora a definição exata permaneça um pouco ilusória e fluida, garantir oportunidades justas para as comunidades locais continua a ser o cerne da questão para muitos países africanos.

O objetivo é conseguir que mais locais encontrei emprego no setor energético e que se criem mais empresas locais que trabalhem para o setor. Mas o que é que significa "local"? E quão local é local? Também incluímos conteúdo regional de estados próximos ou vizinhos (ou de países africanos mais distantes)? Além disso, como é que podemos garantir que o conteúdo local e regional se torna uma parte cotidiana da abordagem de um país — ou de uma região — ao desenvolvimento das suas atividades económicas?

Estas perguntas demonstram a complexidade do problema. Basta olhar para o Niger Delta na Nigéria, por exemplo. As empresas de petróleo e de gás estão a ser cada vez mais pressionadas para contratar funcionários e adquirir produtos provenientes especificamente do estado de Ríos. Ou veja-se a Tanzânia, onde investigadores descobriram que, apesar dos residentes apreciarem os esforços que se têm feito ao nível do conteúdo local, continuam a ter suspeitas em relação às intenções por detrás desses esforços e em relação aos resultados finais destas operações. Estas suspeitas surgem precisamente porque o governo não consultou os locais quando estas novas políticas estavam a ser desenvolvidas.

Outro problema pode surgir da perceção de falta de ação. Quero com isto dizer que as políticas de conteúdo local não trazem — nem podem trazer — mudanças imediatas. Como qualquer nova política, é necessário tempo para a redigir, implementar e para que se notem os seus efeitos. Todas as partes envolvidas precisam de perceber que as leis de conteúdo local se baseiam em princípios de melhoria a longo prazo; a falta de um aumento imediato na taxa de contratação de locais, por exemplo, não indica que a reforma está paralisada.

As políticas de conteúdo local no setor da energia — ou em qualquer setor de exploração de recursos naturais — devem ser dinâmicas. O mercado de petróleo e gás oscila dramaticamente, e as leis devem conseguir acomodar estas variações. As políticas precisam de ser concebidas para lidar com estas alterações.

Além disso, as tecnologias extrativas mudam muito rapidamente, e o nível de treino e de educação necessários podem ser facilmente mais vastos do que as capacidades do mercado local. Simplesmente não é realista, por exemplo, exigir que 100% do trabalho seja desempenhado por trabalhadores indígenas. Isso só vai servir para afastar potenciais investidores. Não podemos permitir que os nossos legisladores estabeleçam requisitos tão pesados que as empresas deixem de querer vir para África. Em resumo, queremos que as empresas tragam capital.

Queremos que tragam tecnologia. Queremos que tragam oportunidades de emprego.

Historicamente, no entanto, a vasta maioria dos trabalhadores locais e das empresas indígenas associadas à indústria não beneficiaram das oportunidades económicas e sociais de que se esperava, e este é o caso até nos países africanos que detêm vastas reservas de petróleo e gás natural.

As grandes empresas — talvez as empresas de petróleo e gás em particular — ainda têm muito que percorrer para conseguirem compensar a desconfiança cultivada ao longo dos anos, fundamentada nas experiências passadas dos habitantes locais com investidores estrangeiros pouco escrupulosos. A melhor e mais ética abordagem para manter a confiança é estabelecer uma comunicação aberta desde o início e respeitar as necessidades da comunidade tanto quanto possível.

Sim, todas as empresas se focam nos lucros, mas há também muito a ganhar em ajudar as comunidades locais a progredir e a desenvolver-se. Permitir o sucesso das pessoas locais acabará eventualmente por contribuir para o crescimento e os lucros da própria empresa.

Não subestimemos o conhecimento e a determinação dos habitantes locais. Negligenciar a população local qualificada é uma oportunidade perdida. Na verdade, contratar expatriados pode ser um dos maiores erros que as empresas cometem em África. É uma despesa desnecessária, que custa caro tanto em termos de salários como das repercussões que tem na comunidade.

Vamos partir do pressuposto de que as contratações devem ser nacionais. Façamos da contratação local, sempre que possível, o padrão e não a exceção. Vamos assumir a posição de dar formação a futuros líderes que possam utilizar os seus consideráveis conhecimentos profissionais para trabalhar pelo bem do país e pelo bem do continente.

Dois exemplos brilhantes de políticas de conteúdo local bem feitas podem ser vistas em Angola e na Nigéria.

Encorajo os líderes africanos a estudar o impacto socioeconómico do Angola LNG no Soyo, uma *joint venture* entre a Sonangol, a Chevron, a BP, a Eni e a Total. O Angola LNG comprometeu-se a providenciar benefícios sociais à comunidade — como a renovação do hospital municipal do Soyo, a renovação e expansão da Escola Bairro da Marinha, a melhoria das estradas da cidade, o desenvolvimento de uma nova estrada e ponte que liga a ilha de Kwanda à Zona Industrial do Soyo, e a construção de uma central a gás para a comunidade.

Ao mesmo tempo, o Ministério da Administração Pública, Trabalho e Segurança Social de Angola (MAPTSS) oferece formação vocacional que permite potenciar ainda mais a capacidade da central para beneficiar a comunidade. O Centro de Formação Profissional MAPTSS no Soyo foi construído com a fábrica de GNL em mente pelo governo angolano, com o apoio da fundação norueguesa de ensino profissional RKK e do governo norueguês.

Também vale a pena estudar a Nigeria LNG Limited (NLNG). Incorporada como uma sociedade de responsabilidade limitada em 1989 para produzir GNL e Líquidos de Gás Natural (LGN) para exportação, a empresa é propriedade do Governo Federal da Nigéria, representado pela Nigerian National Petroleum Corporation; da Shell; da Total LNG Nigeria Ltd.; e da Eni.

A NLNG estima que criou mais de 2.000 empregos de cada vez que uma das suas seis unidades de liquefação foi construída, e poderia criar até 18.000 novos empregos com a sua proposta de expansão de mais sete unidades. A empresa também oferece oportunidades de formação para nigerianos e criou 400 novos empregos (capitães, engenheiros, marinheiros e auxiliares) quando adquiriu seis novas embarcações em 2015.

É preciso notar que é importante distinguir entre conteúdo local e responsabilidade social corporativa.

As pessoas não precisam de dádivas. Precisam de ser valorizadas pela sua contribuição.

Uma Implementação Eficaz

Obviamente, as políticas de conteúdo local têm mais que se lhe diga do que simplesmente redigir leis.

Os governos locais devem partilhar esta visão e ter mecanismos práticos para garantir que estas medidas são aplicadas. Sem supervisão, as leis de conteúdo local podem ser facilmente "esquecidas". São igualmente prejudiciais as leis de conteúdo local que são tão vagas que a conformidade é praticamente garantida ou tão específicas que se tornam completamente impossíveis de respeitar.

Um exemplo claro: os Contratos de Partilha de Produção da Tanzânia exigem que os operadores "maximizem a utilização de bens, serviços e materiais da Tanzânia" sem especificar os níveis de utilização ou os mecanismos necessários para estar em conformidade com a lei. A legislação angolana, por outro lado, está claramente delineada, mas estabelece leis diferentes para diferentes regiões e carece de uma única instituição supervisora. Enquanto isso, a Lei do Petróleo de Moçambique afirma que todas as empresas de petróleo e gás devem estar registadas na Bolsa de Valores de Moçambique — mas não define o que são "empresas de petróleo e gás". Também estipula que apenas as empresas estrangeiras que estejam registadas na Bolsa de Moçambique podem realizar operações petrolíferas mas não descreve claramente o que se entende por "operações petrolíferas".

Por outro lado, os países com políticas altamente prescritivas estão a dar-se muito melhor em termos dos tipos de sucesso que conseguiram alcançar. O estudo regional "Estruturas de Conteúdo Local no Setor Africano de Petróleo e Gás: Lições de Angola e do Chade" produzido para o ACODE, um grupo de pesquisa e advocacia de políticas públicas do Uganda, determinou que quanto mais entrelaçada é a estrutura de conteúdo local, melhor.

Nenhuma política de conteúdo local pode ser eficaz sem o estabelecimento de uma agência reguladora governamental que seja completamente capaz de liderar o esclarecimento público, bem como a comunicação e a educação — e que seja capaz de tomar ações firmes contra os infratores.

E a implementação é, está claro, essencial para este sucesso.

A Nigéria é amplamente considerada um exemplo a seguir para a África Subsaariana. As leis de conteúdo local da Nigéria, por exemplo, estão claramente definidas: Padrões de referência, percentagens e calendários de implementação estão como que gravados em pedra.

O Conselho de Desenvolvimento e Monitorização de Conteúdo Nacional da Nigéria (*Nigerian Content Development and Monitoring Board* – NCDMB) é um ótimo exemplo de uma abordagem de monitorização bem-sucedida. De fato, o NCDMB já demonstrou a sua força: nunca deixou de garantir o cumprimento das políticas nacionais de conteúdo local. O Conselho fez da Hyundai Heavy Industries um exemplo ao proibir a sua participação na indústria petroquímica da Nigéria até provar que estava a cumprir os requisitos de emprego local.

Contribua Mais: Medindo o Impacto do Conteúdo Nacional da Nigéria

	Antes do conteúdo local	Após o conteúdo local
Gasto Médio no Setor	USD * mil milhões	US $ 20 mil milhões (USD$ 4 mil milhões localmente)
Contribuição para a Receita nacional	71%	80%
Contribuição para Receitas de Exportação	90%	97%
Contribuição para o PIB	12%	25%
Valor Acrescentado Localmente	10-15 %	40%
Uso da Força de Trabalho	Mais expatriados	Mais nigerianos

Fonte: Energy Synergy Partners, 2015[182]
Best Practice for Local Content Development Strategy: The Nigerian Experience

Ter objetivos realistas também é importante na definição de políticas e na promoção do sucesso. Obviamente, as políticas de conteúdo local que são injustas ou irracionais não poderão funcionar — e podem, na verdade, simplesmente servir para inibir o progresso da indústria em todo o continente.

A força das políticas de conteúdo local na Guiné Equatorial, por exemplo, é o seu equilíbrio: embora o governo entenda que a sustentabilidade do país e da indústria tem de coincidir com o sucesso indígena, também reconhece que a indústria do petróleo e do gás é extremamente técnica e que exige funcionários altamente qualificados e empresas que sigam as diretrizes mais exigentes de saúde, segurança e proteção ambiental.

O governo promulgou regras para empresas internacionais contratarem locais da Guiné Equatorial, para que contribuam com programas de formação e para que trabalhem com subempreiteiros locais. Tiveram o cuidado de equilibrar a necessidade de impulsionar a indústria com as limitações do mercado local atual. Perceberam que era irrealista exigir 100% de conteúdo local até que maior formação, educação e capacidade local nesses campos sejam criadas.

Construir conteúdo local leva tempo e, até que se tenha criado com sucesso a capacidade local nos diversos sub-setores necessários para responder às necessidades da indústria de petróleo e gás, as empresas internacionais continuarão a ser necessárias. A Guiné Equatorial atingiu esse equilíbrio, de modo que as empresas internacionais podem confiar nos serviços prestados pelas empresas locais, e assim estas empresas têm a capacidade de crescer.

Necessitam-se Cuidados Continuados

O sucesso destas iniciativas de reforma, apoiadas por governos locais e pelo setor privado, está a ajudar a transformar as perspetivas de futuro do continente. Mas, como adverte a Ernst & Young, "o crescimento rápido e contínuo de África não é inevitável, e não vai simplesmente cuidar de si próprio... Não devemos acreditar na ascensão de África como algo garantido."

Ou consideremos o conselho do ex-Presidente da Tanzânia, Benjamin Mkapa: "Mostrámos que é possível. Agora cabe aos países africanos seguir o exemplo dado pela CIF e promover maiores reformas ao clima de investimentos que estimulem o desenvolvimento de África e que libertem o espírito empreendedor do seu povo."

Por outras palavras, não podemos relaxar e ficarmos a congratular-nos pelos nossos sucessos iniciais.

Os recursos naturais só se tornam uma maldição quando são mal geridos e quando a sua extração é feita sem a supervisão adequada. A governança é o único fator decisivo quando os recursos naturais de um país se tornam uma maldição ou uma bênção.

10

Industrialização: Ligar a Promessa à Prosperidade

Todos os dias 20 de novembro desde 1990, as Nações Unidas comemoram o Dia da Industrialização de África. A ONU espera que esta efeméride ajude a consciencializar e a motivar o continente no sentido da diversificação económica, e a reduzir a sua exposição a choques externos, particularmente à volatilidade dos mercados de petróleo e de gás.

O objetivo final, está claro, é erradicar a pobreza através do emprego e da criação de riqueza.

Mas nos quase trinta anos desde que a tradição começou, muito pouco mudou.

Considere-se o seguinte: o valor acrescentado da manufatura em África (*Manufacturing Value Added* – MVA) como uma parcela do PIB é o mais baixo do mundo.[183] A média da África Subsaariana, que se situa nuns parcos 11%, é mais ou menos a mesma que era em 1970. Basta comparar esta média com as da Europa e da Ásia Central (16%), do Sul da Ásia (16%) e da América Latina e Caribe (14%), para ver até que ponto África fica para trás. É verdade que o MVA, como parcela do PIB, está em declínio em todo o mundo há mais de duas décadas, devido ao aumento da economia de serviços. Mas no caso de África, não se regista essa troca. O MVA de África não se tem reduzido devido a ganhos noutros setores. Na maioria das regiões do continente, este indicador nunca foi muito bom.

E se olharmos para as figuras de uma maneira diferente? Será que se utilizarmos o MVA per capita a perspetiva será mais positiva? Infelizmente, só faz com que as coisas pareçam ainda mais sombrias: em 2015, o MVA por pessoa era de apenas 144 dólares na África Subsaariana, em comparação com 3,114 dólares por pessoa na Europa e na Ásia Central, e 1,123 dólares na América Latina e no Caribe.[184]

É verdade que alguns países da África Subsaariana estão a sair-se melhor do que outros. Por exemplo, o MVA per capita chegou aos 2.124 dólares na Guiné Equatorial em 2015; as Ilhas Maurícias e a Suazilândia não ficam muito atrás com 1.209 dólares e 1.188 dólares, respetivamente, colocando-os ao nível da América Latina e do Caribe.

Mas porque é que não houve mais progresso? Afinal de contas, muito antes da ONU o tornar oficial, a comunidade internacional já estava investida na industrialização de África. Mais especificamente, como é que África pode usar os seus recursos energéticos para se industrializar e que papéis têm os governos e as empresas de desempenhar?

Um Caminho para Superar Velhas Práticas

Com todos os seus vastos recursos agrícolas e minerais, África devia estar a desfrutar de uma industrialização sustentável e da riqueza que vem com ela. Mas há dois fatores interligados que estão a bloquear o caminho. Por um lado, o continente exporta matérias-primas em vez de as usar domesticamente. E isso acontece não tanto porque quer, mas porque não tem escolha: a falta de infraestrutura torna o seu processamento em África demasiado caro.

Claro que eu não sou a primeira pessoa a levantar esta questão. Em 2014, quando a então ministra de minas da África do Sul, Susan Shabangu, discursou na conferência Mining Indaba, referiu que África "precisa de deixar de exportar a grande parte das suas matérias-primas para garantir que estes minérios servem como catalisadores de uma rápida industrialização, acrescentando valor ao minério."

Parece-me que esta afirmação não é menos verdadeira hoje do que era na época, e certamente aplica-se também à extração de petróleo e de gás. Em vez de o utilizar para transporte e para iluminar comunidades e tirá-las da escuridão, África exporta grande parte da sua riqueza petrolífera. Aliás, de todas as *commodities* que África exporta, o petróleo está em quarto lugar na lista, atrás apenas do óleo de palma, do ouro e dos diamantes.

Para piorar a situação, os produtos à base de petróleo já transformados, como fertilizantes agrícolas ou produtos eletrónicos, estão a ser importados de volta para África, a preços extremamente elevados!

Infelizmente, este padrão de comércio não é novidade – o modelo extrativo de exportação de produtos primários para agregação de valor ao longo de cadeias globais de valor remonta ao colonialismo. E afeta uma ampla faixa de indústrias, não apenas o petróleo e o gás.

Um relatório económico da ONU sobre África ilustra um cenário semelhante no setor do algodão. Em 2012, por exemplo, países como o Benim, o Burkina Faso e o Mali representaram cerca de 16% das exportações mundiais de algodão. No entanto, apenas 1% da participação total de África, representando cerca de 400 milhões de dólares, foi processada no próprio continente. Em vez disso, África gastou 4 mil milhões de dólares a importar tecidos de algodão[185], o que significa que a receita que África gera da produção de algodão é apenas uma fração do que gasta em produtos manufaturados.

No entanto, não podemos culpar os paradigmas históricos por tudo: precisamos de ir além das velhas formas de ver as coisas e seguir em frente. E já que estamos a assumir responsabilidade pelos problemas do continente, não podemos negar os danos que o nosso déficit de infraestrutura causa ao nosso progresso.

Basta olhar para os campos de cacau do Gana e da Costa do Marfim. Juntos, estes dois países produzem 60% do cacau mundial. Mas será que coletam 60% das receitas mundiais derivadas da venda de barras de chocolate e de bombons? Nem por isso. Historicamente, estes países registam menos de 5 mil milhões de dólares em exportações anuais, embora a cadeia de valor global valha mais de 100 mil milhões de dólares. Graças a um influxo de capital, a Costa do Marfim conseguiu aumentar a sua capacidade de processamento de cacau, mas ainda está em segundo lugar atrás da Holanda, em volume de processamento, e os holandeses não cultivam um único grão de cacau. Devido às limitações de infraestrutura, o crescimento da Costa do Marfim na cadeia de valor está restringido: O país transforma a sua colheita em cacau industrial que é depois enviado para a Europa, para a Ásia ou para os Estados Unidos para ser processado.

O problema não é simples ou barato de resolver: não há fórmulas mágicas para transformar petróleo em fertilizantes, algodão em roupas ou cacau em doces.

Mas não é impossível. Alguns países africanos conseguiram romper com as barreiras da infraestrutura e estão agora a colher os frutos da industrialização.

Um dos melhores exemplos disso é o Botsuana.

Como relata a Brookings Institution, enquanto, em tempos, os diamantes da Namíbia eram enviados sem cortes e sem polimento para o comerciante de diamantes DeBeers em Londres, agora são transportados para o Botsuana, onde são processados antes de entrarem na cadeia global de valor. Este é um ótimo exemplo de comércio intra-africano, algo que continua muito em falta no continente.

Melhor ainda, depois do Botsuana ter renegociado o seu contrato com a DeBeers, a empresa transferiu muitas das suas operações para a capital Gaborone. Este acordo criou empregos, produziu rendimentos e expandiu serviços; por outras palavras, o país utilizou a sua riqueza em recursos naturais para o benefício de todos. Esta é apenas uma das razões pelas quais o Botsuana está entre os líderes mundiais no que toca à liberdade económica pessoal, e a razão pela qual a sua população tem acesso a educação gratuita e a assistência médica de qualidade.

Infelizmente, o Botsuana é um caso raro, e não deve surpreender ninguém o facto de que o cacau da Costa do Marfim ou o algodão do Mali sejam enviados para o exterior em vez de serem processados aqui.

Falta-nos simplesmente a capacidade e o poder logístico para manter as coisas em andamento, literal e figurativamente, e isso aumenta consideravelmente as barreiras ao desenvolvimento empresarial em África. Os estudos do Banco Mundial mostram que a má infraestrutura rodoviária, ferroviária e portuária aumenta em 30% a 40% os custos das mercadorias comercializadas entre os países africanos. Na África Subsaariana, a falta de eletricidade, água, estradas e tecnologias da informação e comunicação (TIC) reduz a produtividade das atividades económicas em alguns casos até 40%.

A menos que possamos construir estradas e ferrovias e transformar os combustíveis fósseis nesse elemento fundamental a que damos o nome de eletricidade — uma situação que o presidente do Grupo do Banco Mundial, Jim Yong Kim, descreveu como o "apartheid de energia"[186] —, a industrialização continuará parada.

Adotar Novos Paradigmas

Por mais bem intencionadas que sejam, campanhas como o Dia da Industrialização de África da ONU não podem superar os déficits de infraestrutura que impedem o continente de satisfazer o seu potencial. Uma mudança real, se é que ocorrerá de todo, tem de ser concretizada pelos africanos em África e pelas empresas que trabalham aqui e que beneficiam da riqueza de recursos naturais do continente.

Novas descobertas de petróleo e gás estão a acrescentar potencial à economia africana. E a recente recuperação nos preços globais das *commodities* traduziu-se num otimismo renovado e em novos investimentos em toda a cadeia de valor energética do continente.

Mas pensemos na última vez em que os preços das *commodities* estavam altos, no período entre 2000 e 2011. A Oxfam, uma confederação de organizações de caridade, diz que, apesar do notável crescimento económico de África, a maior parte da riqueza nunca chegou à população em geral. Em vez disso, foi desviada por elites políticas "através de empresas de fachada criadas para serem proprietárias ou fazerem negócios em operações de petróleo, gás e mineração". Na realidade, a Oxfam sugere que cerca de 56% de todos os fluxos financeiros ilícitos que saíram de África entre 2000 e 2010 saíram dos setores do petróleo, dos metais, do minério e das pedras preciosas.

Corrupção desta magnitude serve apenas para aumentar o abismo entre ricos e pobres num continente que já quase lidera o planeta na desigualdade da distribuição de riqueza.

Para onde foi o dinheiro, não podemos ter muita certeza, embora seja prova das vantagens inegáveis das contas bancárias *offshore*, da evasão fiscal e de outros mecanismos obscuros. Os legisladores estão a trabalhar para impedir que este tipo de situação volte a acontecer. Por exemplo, podemos olhar para o programa Visão Mineira Africana (*African Mining Vision* – AMV).

Composto por várias nações africanas e adotado em 2009 pela União Africana, o objetivo da AMV é afastar o continente da sua posição histórica de exportador de matérias-primas baratas para uma posição de fabricante e fornecedor de serviços especializados.

Na sua essência, o AMV procura ser o catalisador para um desenvolvimento e industrialização sustentados nos recursos naturais do continente. O seu programa inclui um pacto entre os governos e a comunidade empresarial para retirar o máximo valor possível da extração mineral, garantindo ao mesmo tempo que todas as partes assumem os seus deveres, que compartilham responsabilidades pelos resultados e que honram as suas obrigações recíprocas.

No seu nível mais básico, a AMV exige diversas ações governamentais, incluindo o desenvolvimento de capital humano e a melhoria da qualidade do ambiente de investimento — objetivos louváveis.

Mais especificamente, a AMV atribui a responsabilidade aos governos pelo desenvolvimento de infraestruturas de apoio, incluindo estradas, portos ferroviários, energia, água e telecomunicações, e o estabelecimento de uma base industrial por meio de colaborações a todos os níveis, incluindo nos relacionamentos com fornecedores, distribuidores e serviços, entre outros.[187]

A Nigéria faz uma Mudança na Direção Certa

Embora o AMV seja a primeira iniciativa pan-africana deste tipo, algumas nações, a título individual, adotaram estratégias sistémicas semelhantes, com diferentes graus de sucesso.

Na Nigéria, por exemplo, a industrialização tem sido uma meta desde os anos 1960, quando as grandes descobertas de petróleo e gás natural começaram a afastar a economia da sua base agrícola. Infelizmente, a história destes esforços está repleta de contratempos.

O Primeiro Plano Nacional de Desenvolvimento pretendia substituir a forte dependência do país das importações através do crescimento industrial. Durante este período, de 1962 a 1968, a construção da barragem de Kainji, no outro lado do rio Níger, deu credibilidade à promessa de energia hidroelétrica – mas até agora, esse sonho não foi realizado. Em 2017, a barragem gerou apenas 500 megawatts de eletricidade, o que é largamente insuficiente para as mais básicas necessidades de um país de 170 milhões de pessoas.[188] Agora, quase cinquenta anos após a sua construção, a barragem está finalmente a receber uma atualização que deve aumentar sua capacidade para 922 MW, mas apenas o tempo dirá se esta meta se cumpre ou não.

O Segundo Plano, em vigor de 1970 a 1974, foi construído sobre o empurrão económico que ocorreu com a descoberta de vastas reservas de hidrocarbonetos, e que rapidamente levaram a Nigéria à posição de grande produtora de petróleo e gás. O governo usou esta nova fonte de rendimento para dar início a uma variedade de projetos que abrangeram várias indústrias, desde o ferro ao açúcar, à celulose e ao papel. No entanto, como o país não tinha a capacidade tecnológica para acompanhar este crescimento industrial, a maioria acabou por ser abandonado ou opera hoje a muito baixa capacidade.

Isto leva-nos, é claro, ao Terceiro Plano, que coincidiu com o *boom* do petróleo no final da década de 1970 e que se materializou num conjunto de investimentos públicos em indústria pesada. Infelizmente, o setor privado tinha uma visão diferente e preferiu investir em indústrias de consumo que necessitavam de máquinas e matérias-primas importadas.

Como observou a Brookings Institution, "isto teve um efeito debilitante no crescimento industrial real".[189]

É justo dizer que a Nigéria progrediu pouco no caminho para a industrialização desde então, embora a sua dependência de maquinaria importada seja tão grande quanto era há quarenta anos.

No entanto, a maré pode estar a mudar com o desenvolvimento da Zona Franca de Lagos (Lagos Free Trade Zone – LFTZ). Projetada para servir como um centro comercial e logístico para toda a África Ocidental, com ligações rodoviárias, ferroviárias e marítimas, a LFTZ concentra-se em setores específicos: refinagem de petróleo, petroquímica e agroprocessamento. Com um investimento inicial de pelo menos 1 milhão de dólares, as empresas tornam-se acionistas com acesso a isenções de impostos e de requisitos de licenciamento de importação/exportação. Desenvolvido numa área de mais de 800 hectares, a 65 quilómetros de Lagos, o empreendimento inclui estradas e drenagens internas, serviços públicos, iluminação pública, edifícios comerciais e um complexo habitacional para trabalhadores.

O formato parece ser eficaz. O primeiro inquilino foi uma empresa de óleo, embora não estivesse associada aos hidrocarbonetos: a refinaria de óleo de palma Raffles Oil investiu 30 milhões de dólares na LFTZ desde 2012.[190] Em conjunto com outros inquilinos, incluindo fabricantes de óleo vegetal e de embalagens de cereais e leite, o investimento total eleva-se já acima dos

150 milhões de dólares.[191] Até agora, no entanto, ainda não há qualquer investidor do setor petrolífero entre eles.

Criar Ambientes Favoráveis no Quénia

Enquanto a Nigéria está finalmente a começar a avançar no sentido da industrialização, é possível que o jovem setor energético do Quénia a possa ultrapassar, graças a um plano federal que incentiva a industrialização através do planeamento infraestrutural.

Estima-se que o Quénia tenha cerca de 10 bbo, cerca de 766 milhões deles comprovados – não é uma quantia trivial, mas nada que se compare com as reservas comprovadas da Nigéria de 40 mil milhões de barris e 5 tcm de gás natural. Atualmente, o Quénia está a produzir apenas cerca de 2.000 barris/dia, embora em plena capacidade esse número possa chegar a 80.000 barris/dia.

Apesar de ser significativamente menor do que a Nigéria nestes indicadores, o Quénia partilha o desejo de ver os seus recursos naturais a financiar uma nova era de desenvolvimento industrial. Como muitas outras nações africanas, o Quénia está a passar por um período de desindustrialização: embora a sua base de fabrico seja considerada bastante sofisticada, especialmente em comparação com os seus vizinhos da África Oriental, esta tem crescido a uma taxa mais lenta do que o resto da economia, que se expandiu 5,6% em 2015.[192]

Para reverter esta situação, o governo do presidente Uhuru Kenyatta desenvolveu um plano de industrialização que retira lições das cidades industriais da Arábia Saudita, da zona franca de Lagos e do modelo do AMV.

Para criar um ambiente favorável à manufatura, aos negócios e ao comércio, o plano propõe o estabelecimento de Zonas Económicas Especiais (ZEE) em oito cidades localizadas estrategicamente em todo o país, provavelmente Mombasa, Kisumu, Athi River, Nakuru, Narok, Isiolo, Lamu e Machakos. Este programa irá lançar projetos porta-estandarte específicos para cada setor – incluindo infraestrutura e serviços públicos adequados — em agroprocessamento, têxtil, cabedal, serviços e materiais de construção, serviços de petróleo, gás e mineração, e TI.[193]

O facto do Quénia incluir infraestrutura no seu planeamento para as ZEE parece ser uma boa indicação de sucesso para o futuro, com ramificações que vão além de apenas atrair novos negócios e construir uma base industrial.

Afinal, quando incorporamos acesso a água canalizada, saneamento, coleta de esgotos, eletricidade e outros serviços num determinado empreendimento, também estamos a fornecer acesso a esses serviços às pessoas que moram nas proximidades, automaticamente melhorando a sua qualidade de vida.

Definir o Caminho do Futuro Hoje

Tenho muita esperança de que estas políticas, planos e ações produzam resultados lucrativos. Ao mesmo tempo, não há dúvida de que, se África quiser aproveitar ao máximo os seus recursos, é necessário que tenha infraestrutura suficiente. A quantia é impressionante: estimativas preliminares e parciais do Banco Africano de Desenvolvimento sugerem que as necessidades anuais de investimento em infraestrutura em África possam totalizar pelo menos 100 mil milhões de dólares.

Temos a oportunidade de tomar as decisões certas agora.

Para aproveitar o crescimento económico que se projeta que virá das recentes descobertas de gás natural, África precisará de instalações de armazenamento, gasodutos e redes de distribuição – oportunidades tanto para o setor de engenharia como de manufatura. Manter o gás e os produtos associados em movimento entre os países africanos — e não para outras partes do mundo — exigirá melhores redes de transporte.

África é uma terra de oportunidades com recursos naturais mais do que suficientes para reduzir a pobreza e ligar a promessa à prosperidade através da industrialização.

Como afirmou o presidente do Grupo do Banco Africano de Desenvolvimento Akinwumi Adesina, "África deve deixar de estar no fundo das cadeias globais de valor e avançar para uma rápida industrialização, agregando valor a tudo o que produz. África deve trabalhar para si mesma, para os seus povos, e não exportar riqueza para outros."[194]

Porto de Point Lisas

Para os países em desenvolvimento, talvez não exista melhor exemplo de como os recursos naturais podem alimentar a industrialização do que o Complexo Industrial do Porto de Point

Lisas, em Trinidad e Tobago, localizada a meio caminho entre Port of Spain e San Fernando.

Produto do trabalho do governo, de empresas e de visionários, o Port of Point Lisas é um complexo petroquímico e industrial construído à volta de instalações portuárias em águas profundas, e criado em torno da ideia de que os recursos de gás natural da ilha podem ser uma fonte estável de rendimentos.

Durante décadas, as amplas reservas de gás natural de Trinidad foram consideradas como nada mais do que uma maneira barata de manter as instalações de produção e refino de petróleo a funcionar; na década de 1950, o uso deste recurso expandiu-se para a geração elétrica.

Na década de 1960, no entanto, as pessoas começaram a olhar para este abundante recurso menos pelo que era e mais pelo que poderia ser: esta foi a base de uma revolução industrial que mudaria o destino de Trinidad.

Perguntaram-se: e se pudéssemos atrair utilizadores de gás natural que consumam grandes quantidades deste recurso enquanto produzem matérias-primas para exportação e para alimentar as indústrias de *downstream*? Isso não iria acrescentar um número considerável de empregos e injetar dinheiro na economia nacional?

Para tornar este sonho realidade seriam necessárias instalações portuárias capazes de receber grandes embarcações, mas isso foi apenas o começo. As empresas que se estabelecessem no complexo também precisariam de serviços públicos, o que obrigaria ao desenvolvimento de infraestrutura. E a área teria de ser uma zona franca.

Quando falei com Eric Williams, um geólogo que foi ministro da Energia e das Indústrias Energéticas no início dos anos 2000, ele explicou-me qual era a intenção por detrás do desenvolvimento do complexo: se Trinidad e Tobago desenvolvesse o seu próprio setor de *downstream* de gás natural, iria precisar de ter a capacidade de fornecer amplos serviços, assim como acesso fiável à rede de eletricidade e de água.

Como principal entidade responsável pela promoção e fomento do setor industrial, a Point Lisas Industrial Port Development

Company Limited (PLIPDECO) começou a vender ações a indivíduos e a investidores institucionais para ajudar a financiar estes esforços; o governo, que originalmente queria ficar mais ou menos à margem, assumiu o controlo sobre a PLIPDECO pouco depois e começou a mobilizar capital para ajudar com o desenvolvimento infraestrutural e a fortalecer a posição da empresa em negociações internacionais. Também investiu e começou a operar o gasoduto que alimentaria a área com gás natural da região *offshore*.

Os primeiros projetos incluíam uma central de amónia, uma siderúrgica, uma fábrica de cimento, e uma instalação que transformava furfural — um solvente produzido a partir da cana-de-açúcar, que funcionava também como uma referência à função original desta zona industrial, que tinha sido um campo de plantação de cana-de-açúcar. Hoje, a propriedade abriga mais de cem inquilinos, incluindo sete fábricas de metanol, nove fábricas de amónia, uma fábrica de ureia, três siderúrgicas, uma central elétrica e pequenas empresas de manufatura e serviços.

Se é verdade que a propriedade de Point Lisas conseguiu diversificar a economia de Trinidad, o PLIPDECO não se deixou ficar simplesmente a saborear os louros.

Numa entrevista ao Oxford Business Group, a presidente da PLIPDECO, Ashley Taylor, revelou que a empresa está a trabalhar para posicionar o complexo como um centro de logística para a consolidação, reembalagem e reetiquetação de carga. O espaço para os sistemas de armazéns já foi identificado.[195]

11

Soluções Tecnológicas para o Petróleo e para o Gás

O estereótipo que há tanto dura de que África é uma região atrasada a nível tecnológico está a dissolver-se, e com razão. Tenho um velho amigo que diz, a este propósito: "Se queres criar uma *app*, vai para África."

Ele sabe do que está a falar. Os consumidores africanos abraçaram as telecomunicações móveis, os *smartphones* e a *internet* sem fios, e esse entusiasmo gerou impulsos um pouco por todo o lado. Já é vulgar ver uma mulher africana de idade, uma avó que cresceu numa comunidade agrícola sem aprender a ler nem a escrever, com dois telefones móveis e a usar a *internet* para vender os seus produtos.

Os inovadores africanos estão a dar um passo em frente, a usar estes novos recursos para desenvolver soluções que respondam às necessidades locais. Por exemplo, África é líder no desenvolvimento de *apps* de transferência de dinheiro através de telefones móveis, que ajudam consumidores com acesso limitado a serviços bancários. Estas tecnologias nasceram na África Oriental e estão agora a espalhar-se rapidamente pela África Ocidental.[196] A primeira grande empresa neste setor foi a M-Pesa, lançada em 2007 pela operadora queniana de redes móveis Safaricom. A M-Pesa abriu o caminho para a emergência de concorrentes como a M-kopa e a Sportpesa no Quénia e estabeleceu-se já fora de África, servindo os mercados afegãos e indianos.[197]

E os investidores estrangeiros já começaram a reparar. Vêem agora África como um mercado crucial, com mil milhões de pessoas desejosas de adquirir bens e serviços de ponta — computadores, dispositivos inteligentes, equipamento de telecomunicações, *streaming* de conteúdos e aplicações móveis. Como disse

Erik Hersman, fundador do iHub em Nairóbi, em 2013, "[grandes] empresas de tecnologia [estão] a ver África como o último oceano azul comercial de consumo de tecnologia".[198]

O Petróleo e o Gás Estão a Ser Negligenciados

O comentário de Hersman é revelador. Sublinha a forma como África abraçou a Terceira e a Quarta Revolução Industrial, mas não revela todo o espectro de potencial do continente. Pelo contrário, destaca um problema.

É uma advertência para o facto de os criadores de tecnologia africanos terem vindo a brilhar pelas suas contribuições para os setores de Fintech, comércio de retalho, entretenimento, saúde e telecomunicações – mas não para o setor petrolífero. Não houve grande progresso no setor da energia; portanto, os produtores de petróleo e gás e as empresas de serviços que trabalham em África continuam a depender de tecnologia importada da Europa e dos Estados Unidos, com um custo associado elevado.

Por exemplo, foi a Baker Hughes, com sede nos EUA, que desenvolveu e implantou uma solução de inteligência artificial (AI) para plataformas *offshore* em águas africanas. Paralelamente, empresas de serviços locais, como a Nigéria Lagos Deep Offshore Logistics Ltd. (LADOL), ainda não desenvolveram nada de comparável. Também não tomaram as medidas necessárias para implementar iniciativas de cibersegurança que possam garantir a utilização segura destas novas tecnologias. Se o quiserem fazer, terão de trabalhar mais para desenvolver as suas próprias capacidades.

Isto é lamentável. O petróleo e o gás já desempenham um papel crucial em muitas economias africanas e, com o estímulo das novas tecnologias, poderiam tornar-se uma fonte ainda maior de receitas e de bons postos de trabalho. Inovações como o desenvolvimento de novas formas de perfurar poços e de operar equipamentos, o *design* de novos programas de recolha de dados sísmicos, a gestão de sistemas de informação petrolífera e a monitorização e proteção de equipamentos conectados à *internet*, têm o potencial de redefinir como os negócios são feitos neste setor. Podem também ajudar as empresas petrolíferas a atrair jovens profissionais talentosos que procuram fazer uso do seu conhecimento de novas tecnologias no seu trabalho.

Se estes investidores pudessem gastar menos dinheiro recorrendo a fornecedores locais ou regionais, certamente o fariam — e África beneficiaria se fosse esse o caso, já que o capital em questão permaneceria dentro do continente.

Mas para lá chegar as empresas africanas não podem ficar à espera, na expetativa de chamar a atenção de algum bem-intencionado parceiro estrangeiro. Nem devem ficar à espera de que as agências governamentais abram o caminho com a adoção de leis de conteúdo local. Precisam sim de encontrar os seus próprios nichos, procurar novas maneiras de responder às necessidades dos investidores e demonstrar que podem ter um elevado desempenho. Também devem tomar medidas preventivas para identificar os riscos potenciais de segurança dos sistemas informáticos existentes.

Além disso, devem trabalhar ativamente para criar alianças com investidores estrangeiros que já trabalham com tecnologias testadas e eficazes, e que tenham a capacidade de as transferir. Este tipo de investidores externos podem ser bons parceiros, desde que estejam dispostos a comprometer-se a transferir estas tecnologias de ponta para África e a treinar os trabalhadores locais para que as saibam utilizar..

Até agora, porém, as empresas africanas não têm procurado este tipo de parcerias. Nem têm desenvolvido as suas capacidades por conta própria. Em vez disso, as empresas estrangeiras continuam a ocupar o centro do palco.

Os Benefícios da Tecnologia

As empresas africanas que se foquem no setor do petróleo e do gás têm a oportunidade de fazer a diferença de forma efetiva. Melhores equipamentos e *software* mais sofisticado farão uma diferença muito maior nos campos de petróleo africanos do que nós do Ocidente — do que, por exemplo, nos campos *offshore* no Mar do Norte ou nos depósitos *onshore* na Bacia do Permian. Os inovadores africanos na área de tecnologia podem – - e devem — fazer mais para explorar estas lacunas, especialmente em áreas nas quais empresas estrangeiras não atuam.

De acordo com C. Derek Campbell, CEO da Energy & Natural Resource Security, Inc., as empresas africanas devem tomar ações concretas que demonstrem a sua capacidade para se protegerem contra ataques cibernéticos aos seus sistemas mais modernos e sofisticados. "Os produtores africanos precisam primeiro de compreender as ameaças que existem no domínio cibernético, determinar quais dessas ameaças representam um maior perigo para as suas operações e estabelecer a identidade dos seus potenciais 'inimigos', que estariam em posição de utilizar estes mecanismos contra eles", disse-me Campbell. "Ter esta compreensão pode melhorar a escolha de soluções robustas de mitigação de risco que podem impedir um ataque cibernético catastrófico".

Se forem proativas nestas áreas, as empresas africanas não serão as únicas a beneficiar: tecnologias de ponta, como a inteligência artificial, a analítica avançada ou a robótica, podem ajudar bastante a tornar projetos de petróleo e de gás mais rentáveis em todo o mundo, o que irá beneficiar o setor de energia como um todo.

Como a McKinsey & Company observou, as empresas de petróleo e gás que usam analítica avançada para informar os seus programas de manutenção preditiva podem reduzir até 13% as suas despesas de manutenção. (Podem também garantir preços mais baixos para novos equipamentos.) De forma semelhante, a análise geoespacial pode reduzir em 10% o custo de manter uma rede de fornecedores a funcionar. De forma ainda mais impressionante, a adição de um componente 4D a um estudo sísmico de 3D pode melhorar até 40% as taxas de recuperação em reservatórios de hidrocarbonetos.[199]

As empresas de petróleo e gás, particularmente as que estão em África, também devem procurar novas maneiras de usar estes hidrocarbonetos, como através do apoio a projetos de transformação de gás em energia. No lado da produção, podem desenvolver equipamentos e *software* para otimizar os níveis de produção nos campos de gás natural e conservar o gás associado ao petróleo que, de outra forma, seria queimado. Podem usar impressoras 3D para produzir pequenas peças de reposição, eliminando a necessidade de aguardar uma entrega vinda do exterior. Na área de transporte, podem concentrar-se em sistemas de segurança e monitorização de redes de oleodutos, de ferrovias e de estradas. Quando a infraestrutura é inadequada, podem utilizar *drones* para entregar equipamentos ou peças a locais remotos. Quanto à produção de eletricidade, podem fornecer às centrais elétricas e às redes de transmissão controlos, medidores e tecnologias de monitorização avançados para garantir entregas regulares, fiáveis e seguras.

Devem também projetar versões novas e melhoradas de instalações existentes, como a MOGS Oil & Gas Services da África do Sul fez para os centros de reservatórios de combustível, através de uma *joint venture*, a 50/50, com a Oiltanking GmbH, com sede em Hamburgo. Este empreendimento, conhecido como Oiltanking MOGS Saldanha (OTMS), está a construir um novo e enorme depósito de petróleo na Baía de Saldanha, na ponta sul do continente.[200] Quando estiver terminado, o complexo terá doze tanques interconectados capazes de armazenar nada menos do que 13,2 milhões de barris, o suficiente para cobrir a procura doméstica durante cerca de três semanas. O projeto será semelhante a um reservatório de combustível vizinho, que o governo da África do Sul construiu na década de 1970 com o objetivo de garantir que o país nunca ficasse sem combustível, independentemente de quantos fornecedores se mostrassem relutantes em violar as sanções da ONU ao negociar com o regime do *apartheid*. Mas este novo reservatório terá recursos muito mais avançados do que o depósito existente. Por exemplo, estará equipado com sofisticados equipamentos de segurança e sistemas de monitorização, e irá utilizar novos materiais que ajudam a minimizar as perdas por evaporação.[201] Além disso, irá incluir uma rede de tubos que conectam todos os tanques para que o depósito possa combinar diferentes variedades de petróleo, que variam de petróleo pesado e azedo a petróleo doce e leve, em diferentes misturas.

Este sistema irá permitir à OTMS fornecer aos seus clientes exatamente a mistura de petróleo que estes necessitem. Também permitirá que a empresa tire uma vantagem quase instantânea das flutuações no preço de diferentes variedades de petróleo, sem a necessidade de esperar que os lentos navios marítimos tragam novos carregamentos.

Se os inovadores africanos se unirem à MOGS para pensar em novas maneiras de servir os operadores de petróleo e gás, irão ser capazes de agregar um enorme valor às economias dos seus países de origem. Irão criar um grande número de novos empregos e gerar milhares de milhões de dólares em receitas, que irão alimentar os mercados locais ou regionais. Serão capazes de tornar o setor da energia mais eficiente, mais fiável e mais lucrativo. Também irão conseguir colocar as empresas africanas na posição de começarem a oferecer os seus serviços para todo o mundo.

Já estamos a ver alguns passos na direção certa. Estou entusiasmado com a Federal University of Petroleum Resources, Effurun (FUPRE), um centro de formação e investigação petrolífera na Nigéria.

Desde a sua criação em 2007, a FUPRE foi louvada pelas suas inovações e conquistas tecnológicas, como a elaboração de planos de baixo custo para minirrefinarias e centrais petroquímicas, e a criação de um gerador de energia pneumática movido a ar comprimido. Uma equipa da FUPRE visitou recentemente o Ministério de Minas e Hidrocarbonetos da Guiné Equatorial para falar de uma potencial parceria. Se os dois países avançarem com esta iniciativa, estarão em posição de estabelecer um centro internacional de inovação fundamental para o setor petrolífero em África.

A FUPRE também trabalhou com empresas privadas e tem tido um papel ativo em vários projetos colaborativos, como no *design* e na construção de uma embarcação marítima de 20 lugares, na re-fabricação de novos componentes para veículos a partir de peças em fim de vida, ou no trabalho exploratório de uma tecnologia que criaria energia elétrica através de correntes marítimas.

Este último projeto "tornará possível a alimentação de navios oceânicos através da energia das ondas, sem a necessidade de queimar combustível", disse ao *The Guardian* em abril de 2019 o vice-chanceler da FUPRE, Akaehomen Okonigbon Akii Ibhadode. "Atualmente está a ser testado no Mudi Beach Resort, [no] rio Etíope [em] Abraka, para iluminar algumas áreas do *resort*."[202]

As empresas indígenas também devem olhar para o exemplo da Friburge Oil & Gas, um fornecedor pan-africano de serviços de petróleo, gás e mineração com sede em Angola e que tem uma parceria com fornecedores internacionais de tecnologia para impulsionar métodos de produção eficientes e ecológicos. Estes esforços incluem uma parceria com uma empresa norueguesa de tratamento de resíduos para fornecer serviços de tratamento de lodo e lamas na África Central e Ocidental.

"Eles estão muito dispostos a ensinar-nos e estão abertos à transferência de conhecimentos", disse a gestora de desenvolvimento de negócios Dalila Iddrissu à Orient Energy Review em 2017. "O nosso plano inclui a compra imediata de todos os equipamentos e máquinas necessários para as operações, e estes seriam operados por angolanos."[203]

Precisamos de muitos mais exemplos como estes.

E para chegar lá, precisamos de começar a responder aos desafios que as empresas africanas de petróleo e gás enfrentam na frente tecnológica.

Tecnologia, Infraestrutura e Educação

Algumas das dificuldades mais óbvias que as empresas indígenas enfrentam são a centralização do setor à volta da exportação de matérias-primas, a natureza subdesenvolvida do setor industrial e da manufatura, a inadequação da infraestrutura e as disparidades no acesso a oportunidades educacionais.

No futuro, o investimento em infraestrutura será crucial. África precisa de desenvolver redes que possam apoiar a inovação tecnológica, especialmente redes de fibra ótica que ofereçam as opções mais atualizadas para melhorar a conetividade e o acesso à *internet*. Há investidores que já estão a desenvolver estes sistemas um pouco por todo o continente, mas precisam de trabalhar mais depressa. Também têm de melhorar as redes de transmissão de energia para garantir o fornecimento fiável de eletricidade a instalações de servidores e redes sem fio, para além de terem de atualizar a infraestrutura mais tradicional, como as estradas e os serviços de utilidade pública.

É claro que, embora a infraestrutura seja importante, acredito que a educação deve ser uma prioridade ainda maior. Quanto mais África investir em educação, melhor preparada estará para o futuro. O continente não tem tempo para esperar que terceiros ou agências governamentais o façam. Em vez disso, deve abraçar o desafio — e aceitar que a educação não é uma solução rápida. Os estudantes de todo o mundo precisam de anos de aprendizagem antes de estarem prontos para fazer uso das suas capacidades; portanto, os africanos devem fazer o mesmo e comprometer-se a dedicar o tempo necessário ao processo educativo.

Mas de que tipo de educação precisam os africanos para levar o setor do petróleo e do gás para um nível tecnológico mais elevado? Devem os investidores do setor privado desenvolver programas que se concentrem especificamente nas capacidades que podem ser usadas na indústria de petróleo e de gás?

A resposta: não. Em vez disso, devem esforçar-se por melhorar o sector educativo na sua globalidade.

Falo a partir da minha experiência pessoal. Das melhores coisas que me aconteceu foi ter tido uma educação americana. Se eu tivesse estudado na Europa ou em muitos países africanos, poderia ter seguido o caminho tradicional e especializar-me num qualquer assunto, sem ter tempo para desenvolver outras capacidades. Mas nos EUA tive de olhar para além dos limites dos meus próprios interesses. Fiz cursos de música, ciências sociais e artes liberais, enquanto também aprendia ciências, matemática e informática. Quando me formei, era uma pessoa muito versátil. Desenvolvi a capacidade de utilizar as capacidades que Deus me deu, mas também adquiri a capacidade de comunicar as minhas ideias e de interagir no local de trabalho.

Portanto, sou a favor de dar aos estudantes africanos a oportunidade de terem uma educação vasta. Os investidores e as escolas do setor privado devem procurar desenvolver programas centrados na tecnologia, mas que não negligenciem as artes liberais e as ciências sociais. Afinal de contas, quanto poderá o continente realmente beneficiar se as suas pessoas mais brilhantes e ambiciosas se tornarem os melhores programadores de *apps* ou os melhores escritores de código, mas não tiverem a capacidade de fazer uma apresentação para as pessoas que podem vir a financiar os seus projetos?

Ao mesmo tempo, manter o foco na tecnologia irá garantir que os nossos alunos tenham as capacidades que o mercado pede e que podem ser usadas em qualquer setor económico — em petróleo e gás, mas também na geração eléctrica, em processos industriais, na fabricação, nas finanças, na comunicação e no comércio. Estas capacidades vão continuar a ser relevantes a longo prazo, depois dos campos de petróleo e gás secarem — especialmente para as gerações dos *millennials* e dos *centennials*, que irão passar todos os seus anos de trabalho num mundo dominado pela tecnologia.

O Que Pode o Governo Fazer?

Não seria nada mau se os governos africanos dessem mais atenção à educação e tentassem apoiar e financiar novos programas educativos. Mas o setor privado também tem de agir e fazer as coisas acontecerem, e não ficar à espera que as entidades públicas assumam a liderança.

Um ótimo exemplo do potencial da iniciativa do setor privado é a Índia, um país que passou de pobre e subdesenvolvido para se tornar um centro de inovação tecnológica, e é hoje a residência de muitos milhares de profissionais que trabalham com grandes empresas ocidentais de tecnologia para desenvolver *software*, bem como outros produtos e serviços. Isto foi possível porque os investidores indianos identificaram as lacunas tecnológicas do subcontinente e viram-nas como uma oportunidade. Foram à procura de jovens formados e dedicaram tempo, energia e muito dinheiro a formar a força de trabalho necessária para explorarem esta oportunidade. A aposta deles compensou, e agora estes trabalhadores estão a atrair investimento — e a fazer mais dinheiro para construir a economia indiana.

África pode não ser capaz de replicar exatamente os mesmos resultados. O continente não possui os mesmos recursos económicos e políticos que a Índia e está dividido em muitos países, o que significa que os investidores têm de navegar através de mais fronteiras e negociar com vários governos diferentes. Mas podemos aprender algo importante com o exemplo da Índia: países que tenham vontade de avançar na frente tecnológica não precisam de ficar à espera do governo para dar o primeiro passo.

Isto não quer dizer que os governos africanos não tenham um papel importante: na verdade, carregam uma pesada responsabilidade. Têm de desenvolver, adotar e seguir políticas que promovam a confiança dos investidores nacionais e estrangeiros. Devem defender o estado de direito, proteger os direitos de propriedade, desencorajar e punir a corrupção e garantir a transparência e a responsabilização nos setores público e privado. Devem incentivar a introdução e o desenvolvimento de novas tecnologias.

E devem impedir que as agências estatais estejam a multiplicar esforços desnecessariamente ou a trabalhar com propósitos diferentes devido a falta de coordenação.

Os governos também têm de proteger os interesses dos seus constituintes, especialmente os dos empreendedores e trabalhadores locais. Podem fazer isto através de subsídios ou de incentivos fiscais, quando isso for apropriado, e investindo em todos os níveis do sistema educativo. Para além disso, podem estabelecer PPPs para promover a educação e o empreendedorismo, e para expandir as relações com outros estados africanos. Podem também olhar para mais longe, pedindo conselhos a instituições como o fundo soberano da Noruega sobre a melhor forma de estabelecer critérios de desenvolvimento razoáveis ou juntando-se a organismos internacionais como a iniciativa EITI.

Mas as mudanças têm de ir mais além do que as reformas e do que a retórica em defesa da boa governança. Devem incluir mudanças nas perspetivas de futuro. Os governos africanos não têm falta de leis — muito pelo contrário! Estão inundados de programas legislativos e regulatórios elaborados pelo Banco Mundial, pela Agência dos EUA para o Desenvolvimento Internacional (USAID) e por outras agências. Mas não estão a implementar nenhum dos planos elaborados pelos bem-intencionados e instruídos especialistas destas instituições. Este não é um problema que possa ser resolvido procurando o conselho de ainda mais PhDs. África não precisa de mais PhDs. Precisa de pessoas dispostas a agir. Ficar apanhado na paralisia da análise não vai levar o continente até onde precisa de ir. Temos de fazer isto acontecer!

Os governos africanos também devem ter muito cuidado para não politizar o setor tecnológico ou tratá-lo como inimigo do progresso ou como um impedimento à segurança. Nos Camarões, por exemplo, o governo começou a cortar o acesso à *internet* nas regiões de língua inglesa do país no início de 2017. Manteve essas duas regiões, conhecidas como províncias do sudoeste e noroeste, *offline* por um total de 230 dias entre 1 de janeiro de 2017 e 31 de março de 2018, e restringiu artificialmente a velocidade das ligações por dados móveis em alguns dias do mesmo período.[204]

Cortar o acesso à *internet* foi um fenómeno puramente político. Isto aconteceu porque o governo camaronês, que é dominado por membros das regiões de língua francesa do país, queria travar as manifestações políticas nas províncias anglófonas do sudoeste e noroeste. Mas esta repressão teve efeitos sérios nas atividades comerciais de Buea, uma cidade na província do sudoeste camaronês conhecida como Silicon Mountain. Buea era o principal centro de tecnologia dos Camarões antes dos cortes de acesso à *internet*. Hoje, muitos dos inovadores, *designers*, programadores e empresários que se tinham estabelecido lá, saíram do país.[205]

Este é exatamente o caminho que não se deve seguir. Os governos africanos devem agir com precaução e evitar ações que possam afectar negativamente as fontes locais de talento — especialmente em zonas onde habita um grande número de trabalhadores jovens e experientes, que já estão acostumados a usar a tecnologia para maximizar a conveniência e gerar lucros.

Histórias de Sucesso Tecnológico em África

Tomar todas estas medidas para introduzir e implementar novas tecnologias pode ser uma batalha difícil, dados os obstáculos que África enfrenta. Mas o continente tem uma grande vantagem: capital humano. Muitos dos seus cidadãos são ambiciosos, inteligentes e motivados para lançarem os seus próprios negócios, e existem exemplos reais que mostram o quão longe os empreendedores africanos podem ir.

Por exemplo, impressiona-me a camaronesa Rebecca Enonchong, fundadora e CEO da AppsTech e da incubadora I/O Spaces para membros da diáspora africana nos Estados Unidos. Também é presidente do ActivSpaces (Centro Africano de Inovação Tecnológica e Empreendedorismo) e dá apoio ao desenvolvimento de tecnologia africana na sua posição de presidente do conselho da AfriLabs, uma organização com mais de 80 centros de inovação em 27 países africanos, e é ainda membro-fundador da African Business Angel Network.[206]

Em 2017, Enonchong foi incluída na lista dos 100 africanos mais influentes nas áreas da ciência, tecnologia e inovação pela revista *New African* e na lista dos 50 africanos mais influentes da *Jeune Afrique*.

Numa entrevista de 2018 à *Africa.com*, Enonchong disse que o seu amor por computadores começou enquanto prestava serviços de finanças e contabilidade para um hotel. "Eu trabalhava com um dos computadores mais potentes porque tinha de fazer muitas análises e modelos financeiros. Assim que toquei num computador, não apenas para brincar ou para escrever, mas para realmente produzir alguma coisa, pensei: 'isto é tão potente'."

Enonchong disse que eventualmente começou a trabalhar numa loja de computadores em *part-time*, mas percebeu rapidamente que não ia ganhar dinheiro assim: "eu gastava tudo a comprar coisas da loja", disse. "Eu desmontava o meu computador e depois voltava a montá-lo. Era uma daquelas pessoas que estavam na fila quando uma nova versão de *software* era lançada. Foi assim que tudo começou. E nunca deixei de me apaixonar pela tecnologia. Eu adoro isto."

Enonchong aprendeu ainda mais sobre tecnologia como escritora *freelancer*, *blogger* e agregadora de notícias de tecnologia africana no Twitter. Na verdade, ela aprendeu praticamente tudo do zero, começando em 1999, quando lançou a sua própria empresa, a AppsTech, que fornece soluções de *software* corporativo. "Comecei literalmente sem dinheiro e, apesar dos meus esforços, nunca consegui assegurar qualquer financiamento", escreveu ela num artigo *online* sobre a sua carreira. "Fui uma *mulher* fundadora de tecnologia. Fui uma mulher *negra* fundadora de tecnologia. Fui uma mulher negra *africana* fundadora de tecnologia."

No princípio, no entanto, Enonchong não pensava nos obstáculos. "Como eu não sabia o quão difícil era, podia ser ousada. E fui ousada", disse. "Com pouquíssimas poupanças e sem qualquer apoio financeiro, comecei a construir uma empresa multinacional que vale vários milhões de dólares."

Depois de escrever o seu plano de negócios, criou um *site* corporativo em inglês e francês. "Passei dias a estudar os sites de empresas como a Arthur Andersen, a PwC [PriceWaterhouseCoopers] e a Capgemini, e a imitar a [sua] estética e aspeto. O *site* não era muito bom mas, naquela altura, os *sites* dos meus concorrentes também não. Ainda não tinha dinheiro para pagar um escritório, mas consegui estabelecer um endereço comercial virtual que podia usar no *site* e nos cartões de visita. Não pus nenhum título no cartão. Eu queria a flexibilidade de ser a CEO quando quisesse ou apenas um dos engenheiros, se a situação o justificasse. Eu podia ser uma empresa de apenas uma pessoa, mas apresentava-me como uma corporação global."

Enonchong conquistou o seu primeiro cliente numa conferência do setor e investiu a receita desse trabalho na sua empresa. "Aluguei um escritório [e] contratei um assistente a *part-time*. Nunca usei nenhum desse capital para me pagar. Na verdade, fiquei sem casa e andei a saltar de sofá em sofá durante dois anos até ter finalmente conseguido pagar pela minha própria casa."

Uma das suas estratégias, desde o início, foi procurar as melhores mentes do setor. "Sempre que possível, tentei encontrar as pessoas mais brilhantes da comunidade africana. O Congo, a Nigéria, a Costa do Marfim, a República Centro-Africana, o Sudão, os Camarões, e outros, estiveram todos representados na AppsTech. Para além da China, da Coreia, da Índia, de França e do Reino Unido. Na sua maioria eram muito mais espertos do que eu. Embora alguns fossem obviamente inteligentes, não tinham necessariamente experiência específica no setor."

Todas as decisões e aquisições foram baseadas na ideia de que a empresa era uma operação global. E como Enonchong despreza a burocracia, fez da simplificação e da racionalização de processos duas das suas principais prioridades.

Em quatro anos, a AppsTech tinha estabelecido sete escritórios em três continentes e servia clientes em mais de cinquenta países. "Nós tínhamos gerado dezenas de milhões de dólares em receita", escreveu Enonchong. "Quando o nosso modelo começou a pegar, já nos tínhamos estabelecido como líderes do mercado. Resistimos à bolha tecnológica e vimos muitos dos nossos concorrentes, alguns cem vezes maiores do que nós, desaparecerem."[207]

Poderíamos dizer que Enonchong e eu temos algo em comum: somos os dois apaixonados por transformar África. Ela vê a tecnologia a desempenhar um papel central. "É uma das maneiras mais fáceis e simples de construir a nossa economia — por meio da inovação digital", disse ao *site* do Banco Mundial. "Acho realmente que é uma das áreas que pode ter mais impacto e que requer menos investimento".

Outra estrela do empreendedorismo em África é Njeri Rionge, do Quénia. Esta incansável empresária, agora com 50 e poucos anos, começou aos 20 anos a vender iogurte a estudantes do ensino secundário, da parte de trás do carro de um amigo, enquanto trabalhava como cabeleireira. Mais tarde, passou a negociar em produtos de luxo, a fazer voos em económica de Nairóbi para Londres e para o Dubai, para trazer para o Quénia produtos com grande procura para os revender.[208] Depois de lançar vários outros projetos comerciais, mudou-se para o setor da tecnologia e utilizou 500.000 dólares em capital inicial para lançar um fornecedor de serviços de *internet* (*Internet Service Provider* – ISP) no Quénia.[209] Isto foi em 1999, quando projetos deste tipo envolviam grandes riscos. Naquela época, o acesso à *internet* era visto em África como um luxo, um acessório de moda para as figuras mais ricas e influentes do continente.

Rionge não estava apenas a tentar desfazer essa perceção popular da *internet* como um brinquedo para os poderosos, algo que estava fora do alcance dos consumidores comuns. Teve também de lidar com a resistência ativa das autoridades, uma vez que os oficiais públicos, as agências reguladoras em Nairóbi e a operadora de telecomunicações estatal levantaram objeções aos seus planos. Mas Rionge persistiu e a sua ISP, conhecida como Wananchi Online, tornou-se o primeiro fornecedor de acesso à *internet* no mercado de massas do Quénia. A empresa ajudou a conectar quenianos de todas as origens à *internet* pela primeira vez e foi-se expandindo para outros países, tornando-se na maior ISP da África Oriental.

Depois de ter assegurado o sucesso da Wananchi Online, Rionge passou para outros projetos. Nos últimos quinze anos continuou a alimentar a sua paixão por *startups*, criando a Ignite Consulting, uma consultora corporativa; a Ignite Lifestyle, uma consultora de cuidados de saúde; a Insite, uma das empresas de *marketing* digital mais populares do Quénia; e a Business Lounge, a principal incubadora de empresas emergentes do Quénia.

Estes exemplos demonstram que os africanos têm as capacidades e a ambição para serem bem-sucedidos — e, talvez mais importante que tudo, têm a capacidade de discernir e responder às necessidades não satisfeitas da sociedade, de uma maneira que crie um mercado totalmente novo, praticamente do zero. Mas também demonstram que os inovadores africanos que têm como alvo um nicho económico específico podem eventualmente ter um grande impacto em vários setores. E isso pode incluir o petróleo e o gás.

Os países africanos que apoiam estes inovadores podem criar um novo grupo de empreendedores. Este grupo terá capacidades que não serão apenas procuradas pelos produtores de petróleo e gás. Também vão ser capazes de programar *software*, de desenhar equipamentos e de criar novas soluções para muitas outras empresas que trabalham nos mercados locais e regionais: prestadores de serviços petrolíferos, operadores de transporte em terra e mar, empresas de logística, especialistas em robótica, serviços de entrega, empresas de construção, agrimensores, empresas de RH, banqueiros, *traders* de ativos financeiros e *commodities*, e consultoras financeiras.

Se os inovadores puderem responder a essas necessidades, serão capazes de desenvolver todos os elos da cadeia de valor da indústria de petróleo e gás — e o dinheiro que ganharem permanecerá em África, o que irá beneficiar as economias locais e fortalecer os laços comerciais entre países próximos ou vizinhos. A longo prazo, poderão também aplicar esta experiência a outras áreas, talvez expandindo para mercados estrangeiros e, esperemos, acrescentando valor a outros setores da economia, como a agricultura ou a manufatura.

Isto não é um sonho. Enonchong e Rionge já mostraram que isto pode ser feito. Elas identificaram espaços no mercado, exploraram-nos, expandiram as suas empresas e aplicaram as lições que foram aprendendo noutros setores. Mal posso esperar para conhecer os que lhes seguirão os passos, encontrando novas maneiras de apoiar a indústria do petróleo e do gás através da tecnologia.

12

As Empresas de Petróleo e Gás Podem Ajudar a Reestruturar as Economias Africanas

Até muito recentemente, as IOCs tinham o hábito de oferecer "presentes" para apaziguar as empresas anfitriás africanas.

Felizmente, isso está a mudar. As IOCs estão a perceber que as comunidades africanas estão muito mais interessadas nos esforços de responsabilidade social empresarial (RSE) que os ajudam a construir um futuro melhor para si mesmos do que em doações com benefícios insignificantes ou de curto prazo.

Como resultado, estamos a ver um aumento no número de projetos comunitários com potencial para trazer melhorias significativas à vida quotidiana de muitos africanos. Alguns exemplos incluem os programas de formação especializada no setor petrolífero que a Aker Solutions da Noruega está a oferecer em Angola, os programas de capacitação e infraestrutura que a multinacional Tullow Oil opera no Gana e o amplo investimento da Chevron em escolas públicas no estado do Delta na Nigéria.

Estes casos são apenas um começo. Há empresas petrolíferas que se estão a esforçar de uma forma muito real por apoiar as comunidades locais — talvez só precisem de fazer um melhor trabalho a divulgar esses esforços.

O setor também está, mais do que nunca, a dar prioridade à transparência, tendo finalmente entrado em sintonia com os regulamentos e iniciativas internacionais que promovem políticas de combate à corrupção (ver capítulo 9).

Portanto, não é uma questão de os agentes da indústria petrolífera poderem vir a ter ou não um papel significativo em ajudar os países, as economias e as pessoas de África. De facto, já o fazem.

A verdadeira questão é o que é que eles farão para garantir que têm o impacto mais positivo possível.

Será que esse impacto positivo se irá materializar em governos africanos que criem um ambiente propício para as IOCs? Ou em empresas indígenas de petróleo e gás que procuram promover relações comerciais e transferência de capacidades com as IOCs? Ou em empresas petrolíferas nacionais e independentes que comecem a seguir os exemplos positivos das IOCs?

Pela saúde do futuro de África, espero que todas estas três hipóteses se concretizem.

Africanos a Ajudar Africanos: Partilhar Oportunidades e Conhecimento

Embora as empresas possam ter um impacto significativo através de projetos de RSE, da capacitação à proteção ambiental, não devem ignorar a importância de apoiar as comunidades empresariais locais, seja sendo parceiros e clientes das PMEs indígenas ou partilhando com elas conhecimento e tecnologia. Todos estes esforços contribuem bastante para fortalecer uma atividade económica e crescimento sustentáveis.

Gostava de ver esforços concertados mais latos no sentido de apoiar empresas indígenas, especialmente da parte de empresas africanas que já estão bem estabelecidas. Não me interpretem mal, nós precisamos de empresas estrangeiras. Mas as empresas locais — empresas com um profundo conhecimento da cultura, dos desafios e da dinâmica das suas comunidades — têm um enorme poder para causar um impacto positivo.

Isto pode acontecer.

A Dovewell Oilfield Services é um bom exemplo. Depois de estabelecer uma parceria com a Peerless Pump Company, no estado americano do Indiana, para fabricar e fornecer bombas mecânicas na Nigéria, a Dovewell deu prioridade a encontrar engenheiros locais que a ajudassem a instalar, operar e manter essas bombas. A Dovewell criou também uma empresa de manutenção de válvulas, que lhe permitiu implementar e partilhar tecnologia com um número significativo de pessoas e empresas indígenas.

"A Dovewell Oilfield Services Limited quer ser uma força e um participante de relevo em toda a cadeia de valor do setor de petróleo e gás, na Nigéria especificamente e na África Ocidental em geral", disse Tunde Ajala, diretor executivo da empresa, no início de 2019.[210]

É claro que outras empresas indígenas — e líderes empresariais — também estão a fortalecer as comunidades onde fazem negócios.

Vejamos a Atlas Petroleum International e a Oranto Petroleum, fundadas em 1991 e 1993, respetivamente, pelo príncipe Arthur Eze (refere-se habitualmente a Eze por príncipe Arthur Eze porque ele é descendente da realeza tribal). Estas empresas sediadas em Abuja, na Nigéria, que compõem o maior grupo privado nigeriano de E&P com foco em África, operam em múltiplos países do continente.

Ambas as empresas procuraram agressivamente explorar em áreas de fronteira, tirando partido dos altos retornos associados a este tipo de exploração. A complementaridade das duas empresas — com a Oranto focada na exploração e a Atlas focada na produção — resulta de uma estratégia de investimento desenhada e implementada por Eze.

O seu modelo de negócios inverte o padrão clássico em que os grandes blocos de exploração petrolífera acabam sempre nas mãos das grandes multinacionais, deixando as empresas locais apenas com os restos. Eze, que é presidente executivo da Oranto Petroleum, deu prioridade à compra de áreas valiosas pelos seus recursos petrolíferos para as revender em porções a outras IOCs à medida que o seu valor aumenta.

Eze também é conhecido pela sua dedicação à filantropia, desde a vez em que doou 12 milhões de dólares para ajudar a Igreja Anglicana a financiar a construção de um Centro para o Desenvolvimento da Juventude em Otuoke, na Nigéria, até à vez, há já vários anos, em que doou 6,3 milhões de dólares para apoiar os esforços de ajuda às vítimas das cheias.[211]

As suas empresas também estão a ter um impacto positivo. Depois do Ministério do Petróleo do Sudão do Sul ter assinado um contrato de partilha de exploração e produção do Bloco B3 com a Oranto Petroleum em 2017, a empresa começou a construir duas escolas primárias na região central do Sudão do Sul.

"A construção destas duas escolas é um reflexo do compromisso da Oranto em investir na infraestrutura social de todas as zonas em que operamos em

África", disse Eze. "O petróleo deve beneficiar todos os cidadãos, e a educação é fundamental para o desenvolvimento."[212]

A Oranto também está a financiar um programa educacional, em conjunto com o Ministério do Petróleo do Sudão do Sul, para treinar 25 professores nas partes mais vulneráveis do país.[213]

Depois, temos o Sahara Group, um conglomerado nigeriano de energia e infraestrutura, co-fundado por Tope Shonubi e Tonye Cole, que tem vindo a demonstrar um compromisso com a capacitação das comunidades onde trabalha. Por meio da Fundação Sahara, a empresa apoia iniciativas de saúde, educação e capacitação, de proteção do meio ambiente e desenvolvimento sustentável.

Uma amostra dos esforços da empresa inclui:

- Food Africa, uma iniciativa colaborativa entre o Sahara Group, o Fundo dos Objetivos de Desenvolvimento Sustentável das Nações Unidas (SDG-F), a Roca Brothers (embaixadores da Boa Vontade do SDG-F e *chefs* espanhóis) e o Governo do Estado de Kaduna, ajuda a aliviar a pobreza das comunidades agrícolas mais vulneráveis dando-lhes oportunidades de acesso a empréstimos e bolsas através de cooperativas de agricultores já estabelecidas;[214]
- A recente renovação do Centro de Informática da Universidade de Juba, no sul do Sudão;
- A nova iniciativa da empresa chamada #LookToTheBook, que procura promover uma cultura de leitura entre os jovens africanos. Os voluntários da Sahara irão organizar eventos de leitura nas comunidades anfitriãs e proporcionar às crianças menos privilegiadas um acesso mais fácil aos livros.

O Grupo Sahara também assumiu o compromisso de apoiar as economias das comunidades onde opera. Além de contratar trabalhadores locais e de formar parcerias com empresas e fornecedores locais, a empresa está a desenvolver projetos de infraestrutura no setor do petróleo, dos serviços públicos, dos parques industriais e empresariais, do imobiliário, da restauração e turismo, da agricultura, da saúde e ainda outros projetos especiais apoiados pelo governo.[215]

Outra empresa que está a fazer a diferença pelo melhor é a Shoreline Power Company Limited, uma empresa de soluções de energia sediada na Nigéria que opera em toda a África Subsaariana sob a liderança do CEO Kola Karim.

Ao longo dos últimos vinte anos, Karim transformou esta organização numa empresa integrada de energia com operações em *upstream*, *midstream* e *downstream*. O próprio Karim é também uma história de sucesso: este vencedor do prémio Young Global Leader em 2008 é membro do conselho consultivo sobre África da Bolsa de Londres e do Conselho da Agenda Global para as Multinacionais Emergentes do Fórum Económico Mundial. É jogador de pólo e mecenas da arte africana, e é co-gestor do Projeto HALO, que na sua sigla inglesa significa Ajuda e Auxílio para Pessoas com Menos Oportunidades e é a instituição de caridade que ele e a sua esposa, Funke, fundaram para ajudar crianças carenciadas na Nigéria e no Reino Unido.[216]

Um outro líder africano do setor do petróleo e do gás que está a fazer a diferença é o nigeriano Kase Lawal, presidente da empresa de energia CAMAC (Cameroon-American), sediada em Houston, que opera em África e na América do Sul.[217] Num determinado momento, a CAMAC era a única empresa de energia cotada na bolsa de Nova Iorque controlada por afro-americanos. Hoje, a CAMAC é uma das maiores empresas que é propriedade de pessoas de raça negra nos EUA, e gera mais de 2 mil milhões de dólares por ano.[218]

Desde a sua fundação, a CAMAC financiou bolsas de estudo, doações, estágios, programas de educação artística e outros programas educacionais nos EUA, na Nigéria e na África do Sul. O braço filantrópico da empresa, a Fundação CAMAC, promove iniciativas de saúde, educação e artes culturais nas comunidades onde a CAMAC opera.

Também podemos olhar para o exemplo da Tradex, uma subsidiária da empresa nacional de petróleo dos Camarões, que se especializa no comércio, armazenamento e distribuição de produtos petrolíferos. Naquele que é um excelente exemplo de empresas africanas a apoiarem-se mutuamente, a Tradex armazena há anos produtos no Terminal Petrolífero de Luba da Guiné Equatorial (*Luba Oil Terminal Equatorial Guinea* – LOTEG).[219] Em dezembro de 2018, a empresa recebeu autorização para começar a distribuir produtos petrolíferos e derivados na Guiné Equatorial. Os líderes de ambos os países elogiaram este passo como uma oportunidade para maior crescimento económico e criação de emprego.

Este tipo de esforços, desde as iniciativas de RSE até a criação de emprego e oportunidades de negócio locais, são extremamente importantes. Acredito que um elemento-chave na criação de um ambiente de negócios mais favorável é aumentar a participação dos africanos no setor de petróleo e gás. É necessário abrir mais portas no setor para garantir que os africanos façam parte de toda a cadeia de valor, criando oportunidades de negócios em todos os segmentos, incluindo os serviços de campos petrolíferos, *upstream*, *midstream* e *downstream*.

Empresas Indígenas e a Batalha contra a Corrupção

Como já referi muitas vezes, a legislação desempenha um papel central no estabelecimento de cooperação e partilha de informação entre todos os agentes da indústria. Precisamos de ter o tipo certo de políticas, e isso tem de vir de cima. Os líderes africanos precisam de demonstrar — através de palavras e ações — que a "velha forma" de fazer negócios já não é apropriada.

E não nos podemos esquecer do papel que as empresas devem desempenhar na redução da corrupção. Além da razão óbvia — que a corrupção é errada —, é má para os negócios. Dificulta o crescimento económico, reduz a produtividade dos trabalhadores, desencoraja o investimento e o financiamento e reduz investimentos governamentais fundamentais em educação e formação. As empresas precisam de ter um departamento de *compliance* forte que garanta a publicação consistente e honesta do que pagam. Não há dúvidas, isto são informações críticas.

Por vezes, podem não ser apenas os líderes que cometem infrações. Lembremos-nos disto: os trabalhadores individuais também são representantes da empresa — e os seus erros podem custar muito caro. O que é visível é que a maioria dos funcionários governamentais em África é mal remunerada. Portanto, não é de surpreender que um funcionário público que viva com dificuldades aceite um suborno de um empresário que lhe oferece o equivalente a quatro meses de salário para "o ajudar". Se o seu trabalho não lhe paga o suficiente para ter uma vida decente, é difícil de recusar.

Pagar um salário digno deve ser a primeira linha de defesa contra comportamentos antiéticos.

A seguir, a elaboração de contratos de trabalho que incluam cláusulas anti-suborno ajuda a garantir que todas as relações comerciais sejam conduzidas de forma igual, justa e adequada — desde que estas mesmas políticas existam e sejam aplicadas em todas as regiões em que a empresa opera.

As empresas também podem combater estes comportamentos desonestos através de políticas e treinos internos. Este tipo de esforço pode incluir extensas avaliações de risco de corrupção e educar os empregados, os subcontratados, os consultores e os parceiros sobre como lidar com solicitações de suborno, juntamente com o estabelecimento de consequências claras para quem ceder a essas solicitações.

As empresas devem estabelecer os seus próprios manuais de combate à corrupção, que detalhem as suas políticas corporativas e dêem formação aos trabalhadores. É imperativo que todos os empregados estejam bem treinados em medidas de combate à corrupção e que sejam realizadas verificações constantes para garantir que tudo está em conformidade. Isto serve um objetivo duplo: estabelece uma forma de pensar comum entre todos os funcionários e mostra às autoridades uma dedicação ao combate à corrupção. No caso de uma investigação, uma política corporativa bem estabelecida (e bem ensinada) é a melhor defesa e tem muito mais peso do que apenas afirmar: "Não estamos a fazer nada de errado".

Qual é a boa notícia? Estamos a assistir a uma viragem global contra a corrupção.

Já ajuda o facto de a maioria das organizações (não apenas no setor de petróleo e gás) se estar a unir a grupos de combate à corrupção e a implementar melhores práticas, o que tem ajudado a equilibrar o panorama dos mercados. Empresas individuais estão cada vez mais a recusar-se a compactuar com estes comportamentos, o que está a criar uma rede de modelos de ética que outros podem seguir.

Conheço muitas empresas que se recusam a pagar subornos e que conseguem ter uma boa *performance* nos seus mercados. Claro, no começo, é difícil... mas esta demonstração de coragem confere-lhes o respeito das autoridades locais e de outras empresas do setor.

O Papel das Empresas Nacionais de Petróleo: Estarão Elas em Dívida para com a Comunidade?

Também devemos poder contar com as empresas nacionais de petróleo e com as empresas nacionais de gás para apoiar as PMEs indígenas. Julgo que essa deve ser uma das suas principais responsabilidades.

Pensemos em todos os aspetos da gestão de uma grande operação de petróleo ou de gás. Precisamos de veículos, material de escritório e serviços de alimentação — e de várias outras coisas. As empresas nacionais podem desempenhar um papel significativo para garantir que fornecedores locais de serviços legítimos têm direito de preferência. Em vez de, por exemplo, importarem da Europa ou da América os alimentos à venda nos refeitórios dos funcionários, trabalhar com os prestadores de serviços locais para comprar produtos cultivados na comunidade tem de se tornar uma prática comum. Este simples passo de comprar produtos agrícolas locais contribui para o crescimento de todos, e todos beneficiam com isso.

Mas o potencial das NOCs para beneficiar os países africanos não pára por aí. Um analista da Ernst & Young descreveu as NOCs como "guardiões do desenvolvimento dos recursos de um país e da segurança energética".[220] Eu gosto disto. As NOCs têm um papel vital na criação de receita para os seus países — receita que, idealmente, será usada estrategicamente para fornecer a infraestrutura necessária e promover estabilidade, oportunidades de emprego sustentáveis e diversificação. Para fazer isso, as NOCs precisam de ser estratégicas para se adaptarem à volatilidade do mercado, aos avanços tecnológicos e aos desafios colocados pelos seus concorrentes.

Em África, as NOCs podem ter um papel significativo no apoio a uma economia vibrante de petróleo e gás — mas a extensão desta ajuda varia de país para país. O impacto das NOCs depende da sua capacidade de mobilizar recursos, por conta própria ou por meio de *joint ventures* estratégicas com os parceiros que escolhem.

Infelizmente, ter um governo central forte não nos ajudou muito neste aspeto. Mas um governo forte não é bom para a estabilidade? Um governo forte não permite uma atividade económica forte? Bem, a triste realidade é que esta força governamental, na verdade, atrasou o desenvolvimento, especialmente na criação de valor e na construção de infraestrutura a nível local.

Compreendo, claro, que ser propriedade do governo pode ser um desafio.

Por um lado, o governo vê as NOCs como parte do principal fluxo de receita do país. Isto faz com que seja mais difícil para estas empresas manterem os seus próprios recursos financeiros para fazerem algumas das coisas necessárias para permanecerem competitivas e contribuírem para economias nacionais fortes. Outro desafio que as NOCs enfrentam é manter os custos baixos. Na economia global, cadeias de fornecedores multinacionais extremamente sofisticadas podem colocar as NOCs em desvantagem. Os agentes multinacionais podem recorrer a recursos financeiros e logísticos que as NOCs não possuem porque estão restritas ao ambiente nacional.

Porém, as NOCs de sucesso encontram maneiras de superar estas restrições.

Os *clusters* económicos, que reúnem grupos de empresas vinculadas a um setor em particular, são uma estratégia bem-sucedida em muitos setores e em muitas partes do mundo. As empresas nacionais que trabalham com os seus governos para incentivar estes *clusters* contribuem para estimular todas as partes da economia. Pensemos, por exemplo, na indústria do turismo: um belo hotel novo e sofisticado não atrai muitos hóspedes se não houver bons restaurantes com acesso a fornecedores de comida, opções de transporte fáceis com agentes disponíveis para facilitar os preparativos, oportunidades para compras com uma força laboral suficiente, ou até instalações médicas para dar assistência a algum infeliz viajante. Os países africanos com indústrias de petróleo e gás beneficiariam do mesmo tipo de abordagem.

Outro caminho para aumentar a rentabilidade e a competitividade é fazer parcerias com as IOCs, que ajudam as NOCs a adquirir capacidades especializadas, conhecimentos, tecnologias e acesso a infraestruturas – e partilhar os riscos com os seus parceiros. Enquanto isso, as IOCs ganham acesso às reservas de petróleo das NOCs.

Victor Eromosele, ex-diretor geral de finanças da Nigeria LNG e agora presidente do Centro de Informações sobre Petróleo (Centre for Petroleum Information), disse em 2012 que as parcerias NOC-IOC fazem sentido quando existe uma agenda comum e respeito mútuo.

"As IOCs trazem tecnologia e capital para a mesa. As NOCs têm reservas petrolíferas… Do que nos ensina a história, a relação de puxa-empurra entre as NOCs e as IOCs continuará no futuro próximo."[221]

Espero que a parceria recentemente anunciada entre a Corporação Nacional de Petróleo do Quénia (*National Oil Corporation of Kenya* – NOCK) e a empresa global de serviços de petróleo e gás Schlumberger seja um forte exemplo do tipo de cooperação e respeito que Eromosele descreve. A NOCK contratou a Schlumberger em abril de 2018 para dar apoio à capacitação nacional em planeamento de desenvolvimento de campos e em otimização de produção.

Ainda mais entusiasmante é que o acordo entre estas empresas inclui um abrangente exercício de transferência de capacidades — uma oportunidade de aprendizagem em projetos concretos — para 25 jovens funcionários da NOCK e do Ministério do Petróleo e Mineração do Quénia. Além da aprendizagem na sala de aula e no campo, o projeto inclui orientação individual com membros da equipa da NOCK e especialistas da Schlumberger.

Outra nova e promissora parceria entre uma NOC e uma IOC é um acordo entre a Sonangol, a empresa estatal de Angola, e a multinacional francesa Total, que se irá focar na distribuição de combustíveis e na venda de lubrificantes em Angola. Se tudo correr bem, diz a Total, a empresa gostaria de expandir a parceria para a área de logística e de fornecimento de produtos petrolíferos, incluindo importações e armazenamento primário de produtos refinados. Obviamente, este não é o primeiro acordo entre a Sonangol e a Total; mas é sim o resultado de uma longa e bem-sucedida história de parcerias no setor de *upstream*.[222] O resultado final deste novo acordo, esperemos, será a criação de empregos sustentáveis e de novas oportunidades de negócios para os angolanos.

As NOCs africanas também podem olhar para outras partes do mundo em que as empresas estatais de petróleo e gás cresceram ao ponto de se tornarem concorrentes efetivas no mercado global de energia. Com esta crescente capacidade, estas empresas começam a impulsionar os seus mercados domésticos contratando mais operadoras domésticas, contratando mais fornecedores locais e fomentando o empreendedorismo. Além disso, começaram também a influenciar mercados externos.

Neste sentido, vemos avanços importantes a terem lugar no Brasil, na Malásia e na Noruega. As NOCs destas três nações subiram a fasquia.

- A Petrobras, a maior empresa do Brasil, é uma das maiores empresas de energia do mundo. Desenvolveu tecnologias inovadoras para exploração, desenvolvimento e produção em campos de petróleo do pré-sal em águas ultraprofundas, que operadores de outros países estão desesperadamente a tentar replicar;
- Apesar do declínio da produção, a NOC Statoil da Noruega atingiu um alto nível competitivo no mercado global graças às suas

parcerias com universidades e institutos de pesquisa. As empresas que se associaram mais fortemente a investigadores em instituições norueguesas receberam acesso preferencial a novos blocos de concessão e maiores investimentos da Statoil para melhorar as suas capacidades de P&D

- A PETRONAS da Malásia expandiu-se muito além da sua intenção original de gerir e regular o setor petrolífero *upstream* doméstico. Em vez disso, ganhou capacidades a partir de parcerias com a ExxonMobil e a Shell, e aprendeu a expandir os seus recursos além-fronteiras, operando agora em mais de 30 países.

Não há razão para que as NOCs africanas não possam seguir estes exemplos.

O ministro de Minas e Hidrocarbonetos da Guiné Equatorial, Gabriel Mbaga Obiang Lima, concordou recentemente em participar numa curta entrevista comigo sobre as NOCs.

Lima disse que espera que as NOCs em África não sigam o caminho das da Ásia e dos países do Médio Oriente, que se tornaram numa espécie de empresas nacionais de energia (*National Energy Companies* – NECs).

"As NECs são um erro, porque o papel das NOCs é petróleo e gás, não é eólico, solar ou outras fontes de energia", disse Lima. "As NOCs africanas falharam na parte em que se deveriam ter concentrado. Na minha opinião, eram elas que deveriam ter trazido soluções para como melhor gerir os nossos recursos, e não o fizeram. Os seus ministérios tiveram de recorrer às IOCs para negociar novos acordos e tentar manter as coisas em movimento. O problema é que estas NOCs acabaram a trabalhar mais como ministérios e funcionários públicos com empregos seguros. Aconteça o que acontecer, eles não vão ser responsabilizados e vão continuar a receber os seus ordenados. Enquanto isso, os ministros estão a ser responsabilizados por tudo o que acontece. Os ministérios não são responsáveis por negociar ou apostar em ativos, mas têm sido forçados a desperdiçar os seus recursos nisso, porque as NOCs não estavam a cumprir com as suas responsabilidades operacionais."

Lima também falou dos segredos por detrás do sucesso do seu país — e sobre a importância dos países africanos se apoiarem mutuamente.

"A Guiné Equatorial tem conversado com todos os produtores africanos, tem ouvido as ideias da Nigéria e do Gana sobre a estruturação da indústria e do conteúdo local, e temos implementado estas ideias no nosso mercado doméstico. Não somos limitativos no que toca ao planeamento, porque o setor muda todos os anos. A indústria está a transformar-se muito rapidamente. Os países africanos (e as NOCs) precisam de aprender a conversar, a partilhar lições e a implementá-las."

13

Seguir a Liderança da Nigéria nos Campos Marginais

A maior parte das notícias sobre o setor petrolífero africano foca-se em eventos grandes e dramáticos: o início da produção nos campos de petróleo *offshore* de águas ultraprofundas de Angola, o anúncio da Royal Dutch Shell de que iria interromper as operações no terminal Bonny de exportação de petróleo, no seguimento de revoltas civis no delta do rio Níger, os planos da Tanzânia de investir 30 mil milhões de dólares numa nova e enorme fábrica de GNL, os protestos contra os planos de começar a fazer exploração com *fracking* na bacia de xisto de Karoo na África do Sul.

Isto é lamentável. Reforça o hábito jornalístico de destacar os tópicos mais espetaculares e ignorar as histórias de sucesso de menor escala.

Neste capítulo, vou concentrar o foco para vos poder contar uma dessas pequenas histórias de sucesso: o esforço deliberado do governo nigeriano para desenvolver campos marginais de petróleo e gás.

Comecemos com um pouco de contexto: a Nigéria começou a estudar o desenvolvimento de campos marginais na década de 1990, depois de várias empresas internacionais se terem recusado a desenvolver alguns dos locais que lhes haviam sido concedidos, dizendo que as reservas em questão eram pequenas demais para justificar o seu desenvolvimento. Em 1996, o governo alterou a legislação existente para identificar estes locais como campos marginais e incentivar o seu desenvolvimento por empresas nigerianas. Passou os anos seguintes a desenvolver diretrizes para o processo de licenciamento e, em 2003, lançou a primeira ronda de licitações onde ofereceu 24 campos. Desde então, cedeu mais alguns blocos a investidores locais, elevando o número total de campos marginais em desenvolvimento para 30.[223]

O programa recebeu algumas críticas, em parte porque foi dolorosamente lento. No final de 2018, menos de metade dos campos concedidos a investidores estava a produzir, e o governo da Nigéria continuava sem anunciar quando se iria realizar a segunda ronda de licitações, originalmente prevista para 2013.[224] A primeira ronda de atribuições de campos também esteve envolvida em suspeitas de corrupção, já que muitos dos investidores vencedores pareciam ter sido escolhidos pelas suas ligações a altos funcionários do governo e não pela sua capacidade de trabalho.[225] Também tiveram um papel na crise de gestão de riscos e governança corporativa que levou o Banco Central da Nigéria a assumir o controlo do Skye Bank, um dos maiores bancos comerciais do país[226].

Mesmo assim, a iniciativa de campos marginais da Nigéria deve ser considerada um sucesso. Deu a mais de 30 empresas locais a oportunidade de se estabelecerem e desenvolverem as suas capacidades como operadores de *upstream*. Além disso, permitiu-lhes fazê-lo sem assumir os riscos (ou os custos) da exploração, uma vez que todos os campos designados como marginais tinham descobertas confirmadas, estudadas e testadas por empresas estrangeiras, e portanto não havia sombra de dúvida de que continham hidrocarbonetos.

Degrau a Degrau

Os campos petrolíferos marginais podem servir de base para coisas maiores. Podem ajudar as empresas africanas a estabelecer a sua reputação e a ocupar uma posição de mercado grande o suficiente para serem consideradas para projetos maiores e para trabalharem com parceiros maiores, especialmente se encontrarem maneiras de demonstrar que são capazes de usar tecnologias modernas para fazer dos campos marginais projetos lucrativos.

Isto nem sempre foi fácil de concretizar. Algumas das empresas nigerianas que ganharam direitos de exploração de campos marginais na primeira ronda de licitações tiveram dificuldades no início porque não tinham conhecimentos técnicos suficientes para fazer o trabalho corretamente. Mas outros tiveram sucesso porque contrataram jovens ambiciosos com formações úteis, como nigerianos que já tinham experiência a trabalhar em projetos com tecnologia de ponta para empresas estrangeiras como a Royal Dutch Shell. Também se apoiaram em empresários nigerianos que foram capazes de usar as suas redes locais para otimizar o acesso a bens e serviços.

Nalguns casos, isto incluiu serviços financeiros de bancos nigerianos. Obviamente, o infeliz Banco Skye foi um deles, mas não foi o único credor local a ajudar a financiar o trabalho de desenvolvimento de campos marginais de petróleo e gás. Por exemplo, o Intercontinental Bank emprestou 6 milhões de dólares à Niger Delta Petroleum para cobrir o custo da perfuração de um poço, Ogbele-1, que colocou o campo de Ogbele em produção. Enquanto isso, o Union Bank emprestou um total de 50 milhões de dólares à Britannia-U para trabalhar em Ajapa, começando com um crédito de 23 milhões de dólares que lhe permitiu dar início à produção.[227]

Noutros casos, essas ligações facilitaram parcerias com empresas nigerianas que estavam em melhor posição para financiar operações de *upstream*. A Platform Petroleum, por exemplo, juntou-se a um parceiro com mais capital, a Newcross, para cobrir os seus custos nos campos de Asuokpu/Umutu. Esta aliança permitiu que a Platform se tornasse a primeira empresa a iniciar a produção num campo marginal.

A Imitação é a Melhor Forma de Elogio

Os sucessos da Nigéria nesta frente foram substanciais o suficiente para inspirar outros estados africanos a promover o desenvolvimento de áreas marginais como parte de um esforço mais amplo para reformar o setor petrolífero. Em junho de 2018, por exemplo, Thierry Moungalla, ministro das Comunicações da República do Congo, disse esperar que a decisão do país de se tornar membro da OPEP permitisse avanços nessa frente.

A participação na OPEP "irá ajudar-nos a liberalizar melhor o setor e a atrair novos participantes dispostos a investir, até em campos marginais", disse ele à agência de notícias *Bloomberg*.[228]

Os campos marginais também estão a chamar a atenção em Angola, um dos países-estrela do petróleo africano. No final de 2018, o país mantinha ainda a sua posição como o segundo maior produtor de petróleo da África Subsaariana e estava simultaneamente a trabalhar para aumentar a sua produção de gás natural. Mas também estava desesperado para compensar as perdas de produção que sofreu nos últimos anos. A produção de petróleo de Angola caiu cerca de 20% entre 2014 e 2018, principalmente porque os preços do petróleo mais baixos tornaram menos rentáveis os seus campos de águas profundas e ultraprofundas ao largo da costa da província de Cabinda.[229] Por sua vez, este declínio teve um forte impacto na economia — o que não é surpreendente, dado que o petróleo, o gás e os setores associados representam cerca de 50% do PIB de Angola e mais de 90% das suas exportações.[230]

O presidente João Lourenço, que substituiu no início de 2017 o líder de longa data de Angola, José Eduardo dos Santos, espera que as reformas ajudem a reverter este declínio. Um dos seus principais alvos é a Sonangol, a operadora nacional de petróleo. O governo de Lourenço quer reestruturar a empresa e afastá-la da sua posição de domínio do setor, em parte passando as suas responsabilidades de regulação e de licenciamento para uma nova agência estatal e, em parte, limitando o direito da empresa de reivindicar para si depósitos de hidrocarbonetos no país.

Mas o presidente não está apenas a pensar em termos de instituições ao nível nacional. Em maio de 2018, assinou um decreto que reduziu para metade as taxas de imposto sobre a produção e os rendimentos provenientes de campos marginais.[231] O seu governo também disse que pretende pôr à disposição vários campos marginais nas Bacias do Congo, de Cunene e do Namibe, durante a ronda de licenciamento que terá lugar em 2019.

Guillaume Doane, CEO da *Africa Oil & Power*, teceu elogios a este plano, dizendo, em dezembro de 2018, que os campos marginais podem ser a melhor maneira de atrair novos agentes locais para o setor de hidrocarbonetos do país. "Existe uma perceção antiquada de que Angola, como mercado de petróleo e gás, é só para pesos-pesados", disse ele ao *APO Group*. "Através dos campos marginais, Angola está a atrair uma maior diversidade de empresas de E&P que podem operar campos com reservas mais pequenas *onshore* e em zonas *offshore* de baixa profundidade. Durante a próxima década, Angola pode atingir um nível de desenvolvimento histórico através dos campos marginais, semelhante ao que a Nigéria conseguiu nos últimos anos."[232]

Um Lacuna à Espera de Ser Preenchida

As observações de Doane sobre as oportunidades que estão à disposição de empresas mais pequenas em Angola destacam o verdadeiro potencial dos campos marginais. Como demonstra o exemplo da Nigéria, estes são os projetos que podem promover o desenvolvimento de parcerias locais, redes de negócios, e outros acordos que podem abrir o caminho para o sucesso das empresas africanas.

Se a República do Congo, Angola e outros países africanos avançarem com estes programas de desenvolvimento de *upstream*, não estarão apenas a criar oportunidades para pequenas empresas locais que estão dispostas a trabalhar em campos pequenos. Também vão estar a criar vagas para fornecedores locais de serviços. As empresas de petróleo raramente operam sozinhas; geralmente trabalham em equipa com subcontratantes para desenvolver tipos específicos de trabalho, como perfuração, manutenção de poços, reparo e manutenção de equipamentos, transporte de plataformas, serviços marítimos e mapeamento de subsuperfície.

Por outras palavras, os investidores locais vão precisar de parceiros que possam ajudá-los a realizar o trabalho. ão precisar de estabelecer relações com empresas que possam entregar, operar e mover o tipo de equipamento mais adequado para a perfuração em pequenos campos. Se trabalharem em projetos complexos, vão precisar de encontrar parceiros para a perfuração de poços, que tenham as capacidades técnicas e tecnológicas específicas necessárias à perfuração direcional em campos não convencionais ou operações secundárias de extração em campos maduros. Se explorarem depósitos *offshore*, vão precisar de trabalhar com empresas especializadas em serviços marítimos.

Historicamente, a maioria das empresas que prestam serviços deste tipo não é africana. Têm vindo de outros países e trabalharam principalmente para grandes empresas multinacionais como a ExxonMobil e não para investidores locais focados em ativos mais pequenos.

Isso significa que há uma lacuna no mercado à espera de ser preenchida. As empresas locais vão precisar de parceiros que possam fornecer serviços numa escala adequada aos campos marginais. Angola, por exemplo, vai precisar de empresas de serviços marítimos que possam fornecer embarcações e equipamentos para uso em campos *offshore* que têm várias ordens de magnitude menores que, digamos, o Bloco 0, onde um consórcio liderado pela Chevron teve um pico de produção superior a 400.000 bbl/d.[233] Sob essas condições, é provável que os empreendedores africanos que possam responder a essas necessidades tenham muita procura.

Também vão ter a oportunidade de construir uma boa reputação — e de se tornarem conhecidos como parceiros de confiança, capazes de crescer e de assumir projetos progressivamente maiores. Isto, por sua vez, vai permitir que expandam ainda mais as suas capacidades ao longo do tempo e vai colocá-los numa melhor posição para disputar campos marginais nos países vizinhos e incentivá-los a investir em programas de pesquisa e desenvolvimento que se concentrem em soluções africanas para desafios africanos. Por sua vez, isto irá trazer-lhes vantagens nas negociações com empresas estrangeiras, que lhes poderão dar acesso a novas tecnologias que melhorem o desenvolvimento *upstream* noutras regiões.

Mais ainda, o aumento da atividade no setor de serviços de campos petrolíferos irá criar empregos e servir de impulso para o crescimento de outros setores da economia local. Irá estimular a indústria da construção e o comércio de retalho, uma vez que os trabalhadores vão precisar de habitação, alimentos e roupas. Vai dar um impulso aos fabricantes locais e aos serviços de impressão 3D capazes de produzir equipamentos e peças para uso em campos de petróleo e gás. Vai sustentar a procura por serviços bancários, financeiros e jurídicos, já que todos os envolvidos irão precisar de maneiras de gerir o seu dinheiro e de garantir a conformidade com regulamentos e requisitos locais. Vai incentivar o comércio de mercadorias em África, uma vez que as operadoras locais vão ter de encontrar maneiras de transportar os seus produtos para o mercado, financiar transações e estabelecer uma plataforma de comunicação com terceiros. Para além disso, vai aumentar a atração pela tecnologia, o que cria oportunidades para trabalhadores qualificados que podem operar computadores, *software* e dispositivos inteligentes que oferecem as soluções mais económicas e fiáveis para lidar com finanças, transações de *commodities*, manutenção de registos, *design* e logística.

Em resumo, os programas de desenvolvimento de campos marginais não são nada menos do que uma oportunidade de ouro para África. Estabelecem as bases para um crescimento que pode elevar muitas economias a longo prazo, com os governos a oferecer aos investidores locais a oportunidade de entrar na produção *upstream* de hidrocarbonetos, com os investidores a dar mais trabalho aos fornecedores de serviços locais, com os fornecedores de serviços a criar procura em setores industriais associados e com os trabalhadores destes setores associados a adquirir formação em tecnologia, comércio, finanças, etc., que continuarão a ser relevantes mesmo depois dos campos de petróleo e gás secarem.

O Governo Deve Preparar o Cenário

Os governos têm um papel crucial a desempenhar na promoção do desenvolvimento de campos marginais de petróleo e gás — e não apenas no exercício das suas funções como fonte de políticas oficiais que regem o licenciamento, a tributação, as operações e outros. Os governos africanos também devem trabalhar para criar um ambiente que dê apoio aos empreendedores e que desencoraje a corrupção.

Até agora, a Nigéria foi o país que mais avançou nessa direção. Até ao momento, fez mais para promover o desenvolvimento de campos marginais do que qualquer outro país africano. O seu histórico está longe de ser perfeito, mas é o mais extenso. Também conseguiu gerar algumas histórias de genuíno sucesso.

Olhemos para o exemplo do Grupo Sahara — esta empresa nigeriana usou a sua participação no programa de desenvolvimento de campos marginais como um trampolim para outros projetos. Começou por operar como comerciante de produtos petrolíferos em 1996 e passou os anos que se seguiram a fazer crescer o seu negócio. Em 2003, construiu e lançou um dos primeiros depósitos de armazenamento de combustível de propriedade independente na Nigéria. Depois, em 2004, aproveitou a oportunidade para expandir as suas operações e participou da primeira ronda de licenciamento de campos marginais. Ganhou os direitos de exploração do OML 148, também conhecido como campo Oki-Oziengbe, e começou a produzir em 2014.

Mas o Grupo Sahara fez mais do que estabelecer-se como um operador de *upstream* de pequena escala. Durante os anos em que preparava o desenvolvimento do OML 148, também fomentou outras ligações na cadeia de valor. Mais especificamente, assinou acordos para fornecer combustível de aviação a companhias aéreas nigerianas e internacionais; estabeleceu as suas próprias subsidiárias de distribuição, armazenamento e *marketing* de combustível para que desenvolvessem operações de *downstream* em quase 30 países africanos; forneceu soluções marítimas para projetos de GNL *offshore*; encomendou dois navios-tanque de GPL; tornou-se acionista de várias refinarias e centrais eléctricas; e acumulou um extenso portefólio de imóveis comerciais. Além disso, expandiu consideravelmente as suas operações comerciais dentro e fora de África, estabelecendo subsidiárias em Dar es Salaam e em Conakry, para além de Singapura e do Dubai.[234]

O Grupo Sahara dificilmente estaria em posição de competir com a Shell ou com as outras grandes empresas internacionais que lideraram o desenvolvimento de petróleo e gás na Nigéria. No entanto, conseguiu crescer muito para além da sua base original. Hoje, a empresa fatura mais de 10 mil milhões de dólares por ano e é capaz de produzir até 10.000 bbl/d de petróleo. Expandiu o seu portefólio de *upstream*, que agora inclui outros oito campos em toda a África e espera, eventualmente, ver a sua produção a chegar aos 100.000 bbl/d.[235]

A iniciativa de desenvolvimento de campos marginais da Nigéria parece ter sido a ignição para todos estes avanços. O Grupo Sahara começou como um comerciante de combustível a uma escala relativamente pequena e só se começou a expandir muito para além das suas origens após a aquisição do OML 148. Nos últimos 15 anos, tornou-se uma empresa diversificada e verticalmente integrada, ativa nos setores de *upstream*, *midstream* e *downstream* — e também nos setores de serviços e geração de energia. Criou mais de 1.400 empregos permanentes em pelo menos 38 países.[236]

A expansão e os avanços do Grupo Sahara são uma vitória para a Nigéria. Mostram que os programas patrocinados pelo governo podem impulsionar as empresas locais que desejem ter um perfil mais elevado. Mostram que vale a pena desenvolver campos marginais — não apenas devido ao petróleo e gás que produzem, mas também porque contribuem para o crescimento de outras indústrias. Também demonstram que os empreendedores africanos estão prontos, dispostos e capazes de aproveitar ao máximo os recursos disponíveis.

Obviamente, a iniciativa de campos marginais da Nigéria tem as suas falhas, como demonstrado pelas suspeitas de corrupção na primeira ronda de licenciamento e pelas queixas dos executivos locais do setor do petróleo, devido ao adiamento contínuo da segunda ronda de licenciamento.

No geral, porém, é um bom modelo para outros países africanos seguirem, e estou ansioso por ver as empresas angolanas e congolesas seguirem o exemplo do Grupo Sahara.

14

A Arte Fundamental da Negociação: Está na Hora de Negociar por um Futuro Melhor

Muito antes de começar a minha carreira jurídica, compreendi que muitos dos problemas de África podiam estar ligados ao desperdício dos nossos recursos petrolíferos. Mais evidente ainda era o facto de os africanos não fazerem parte de nenhum tipo de estrutura de negociação: quando ocorriam negociações que envolviam investidores estrangeiros, exploração de petróleo e gás, produção e partilha de receitas, os africanos não estavam à mesa — nem sequer na sala.

Perguntava-me a mim próprio — porque é que os africanos não fazem parte destes desenvolvimentos económicos? Porque é que os negócios em África são dominados por ocidentais?

Estas preocupações acabaram por me levar a seguir uma carreira em direito energético e a trabalhar para mudar esta dinâmica que tinha observado. Desde o início, fui influenciado pelas lições passadas pelos meus pais, que me ensinaram a não ficar apático diante da injustiça. Mais tarde, tive a sorte de ser orientado pelo falecido Ron Walters, que foi o vice-gerente de campanha de Jesse Jackson. O Dr. Walters promovia os ensinamentos de Charles Hamilton Houston, o advogado afro-americano que ajudou a desmantelar as leis americanas de Jim Crow. Houston costumava dizer que um advogado é um engenheiro social ou um parasita da sociedade. Estou determinado a ser a primeira opção: as minhas experiências desde a faculdade de direito têm sido uma expressão em evolução das minhas crenças mais profundas e do meu desejo de ver uma África melhor.

Construir uma carreira jurídica em África e, mais tarde, a minha própria empresa, exigiu muito trabalho duro, tenacidade e extrema resistência às críticas. Ali estava eu, um miúdo com menos de 30 anos, com um plano de negócios, coragem e um *laptop,* que acreditava que podia brincar com os pesos-pesados. As grandes empresas e os *players* do setor não iam dar lugar a um novato, mesmo que qualificado e ambicioso. Porque se arriscaria um conselho-geral ou um CEO de uma empresa de petróleo com alguém que não tinha qualquer histórico de sucesso em África?

Como Deus é sempre bom para mim, acabei por ir recebendo cada vez mais trabalho de empresas como a Schlumberger, a Kosmos, a Heritage, a Chevron, a Lukoil, a Afex Global, a Vanco (agora PanAtlantic), a Gazprom, a DHL, a Suncor, a Gunvor, a IFD Kapital, e de muitas empresas e ministérios africanos de petróleo. Dei-me bem porque estava no terreno e focado em obter bons resultados e em ganhar os casos destes clientes que tinham confiado em mim. Atendi todas as chamadas, fiquei acordado até tarde, afastei-me de amigos loucos e pessoas negativas, e usei o melhor da minha educação jurídica para fazer África trabalhar para mim.

Como CEO da Centurion Law Group, representamos o lado comercial e governamental das negociações de acordos de petróleo e gás por toda a África. Na altura em que comecei a escrever este livro, estávamos a aconselhar a Oranto Petroleum, da Nigéria, na aquisição histórica de quatro blocos de petróleo estratégicos na República do Níger, e o Strategic Fuel Fund, da África do Sul, na aquisição de um dos mais procurados ativos de petróleo em África, o Bloco B2 no Sudão do Sul.

As minhas experiências demonstraram repetidas vezes que, sem boas negociações, os recursos de petróleo e gás perdem muita da sua capacidade para criar um futuro melhor para os africanos. A boa negociação é da mais vital importância. Não só os governos precisam de negociar acordos que resultem em benefícios a longo prazo para o seu povo, também as empresas africanas precisam de negociar acordos que as ponham em pé de igualdade com a concorrência e capacitá-las a crescer, criar e sustentar empregos e apoiar as comunidades em que se baseiam.

Para que África concretize realmente todos os benefícios que as operações de petróleo e gás podem oferecer, precisamos de começar a ter acordos bem negociados a todos os níveis.

Eu posso ajudar. Embora o meu conselho não possa substituir treino sólido e experiência em negociações, posso partilhar alguns princípios úteis e, espero, ajudar outras pessoas a evitar alguns dos erros que fui observando.

Fundamentos da Negociação

Antes de mais, não importa em que lado da mesa estejamos, temos de nos preparar, preparar e preparar mais um pouco. Demasiadas vezes dei por mim em negociações em que o outro lado nem sequer leu o contrato ou olhou para o ativo que estamos a tentar discutir! E, no entanto, ali estão eles com poder para tomar enormes e difíceis decisões. Basicamente, estão a brincar com o fogo. Na melhor das hipóteses, estão a desperdiçar oportunidades económicas. Mas podem também estar a abrir a porta a um acordo que tem o potencial de prejudicar uma empresa ou um país, sem falar do meio ambiente ou mesmo da estabilidade local.

Já todos ouvimos a frase "o barato sai caro". Esta verdade aplica-se ao tempo e esforço que investimos na discussão de bons negócios. Há uma razão pela qual as grandes empresas contratam 20 a 30 advogados, um contabilista, um especialista em negociações e outros para as representar na mesa de negociações. Elas querem garantir para si mesmas o melhor negócio possível. Mesmo que a empresa ou o governo não possa pagar uma "equipa de sonho" para representar os seus interesses, devemos fazer tudo o que for humanamente possível para fazer das negociações algo frutífero. Isto significa que temos de fazer o trabalho de recolher informação, educar-nos sobre os recursos a serem discutidos e os interesses dos que estão sentados à mesa, e garantir que os principais decisores apoiam os nossos termos.

Além disso, quando a ajuda prática e de confiança é acessível, devemos aceitá-la, seja na forma de representação legal, orientações de ONGs, programas de treino em negociação ou consultores voluntários. A Nova Parceria para o Desenvolvimento de África (NEPAD), por exemplo, uma agência da União Africana, fornece assistência técnica para ajudar os países a fazer bons negócios e oferece programas regionais de treino em negociação de contratos.[237] Outro recurso é o Natural Resource Governance Institute, com sede em Washington, DC. Em 2017, o instituto lançou a Estrutura de Benchmarking da Carta de Recursos Naturais, que inclui 170 perguntas que os governos africanos devem fazer aos investidores sobre a governança de recursos naturais.[238]

Também é essencial considerar as perspetivas de ambas as partes. Como negociadores, especialmente no lado privado das negociações, precisamos de fazer o nosso melhor para garantir que todos à mesa sintam que o acordo resultante é do seu interesse, que é uma situação em que todos saem a ganhar. É assim que se sustentam relacionamentos saudáveis e de longo prazo e a dinâmica de dar-e-receber que resulta realmente em acordos justos, agora e no futuro. Eu tenho uma abordagem de muito longo prazo; quero garantir que poderei trabalhar com estas pessoas por um longo período de tempo. E se eles não sentem que também estão a ganhar com os acordos, se não os vêem como tendo algo que reflita as suas expetativas, então ficamos a perder como um todo.

Como diz Richard Harroch, diretor-geral e chefe global de fusões e aquisições da VantagePoint Capital Partners, com sede em São Francisco, nunca devemos subestimar o valor de ser um bom ouvinte.

"Alguns dos piores negociadores que já vi são os que conversam, e que parecem querer controlar a conversa e expor incessantemente os méritos da sua posição", escreveu Harroch para a *Forbes* em 2016. "Os melhores negociadores tendem a ser os que realmente ouvem o outro lado, compreendem quais são os seus principais problemas e questões delicadas e, de seguida, formulam uma resposta apropriada. Temos de tentar entender o que é importante para o outro lado, quais as limitações que podem ter e onde podem ter flexibilidade."[239]

E o que é importante para ambas as partes num acordo de petróleo e gás africano? A um nível mais macro, as empresas petrolíferas estrangeiras tendem a concentrar-se em obter um retorno justo pelos seus investimentos, enquanto os governos estão mais preocupados com o impacto das atividades petrolíferas sobre eles próprios e o seu país.

Os governos querem que os seus países se desenvolvam. Querem criar empregos. Querem gerar uma base tributária.

Se estou a representar uma empresa, por exemplo, faço questão de rever a agenda nacional de desenvolvimento do governo com o qual a empresa deseja fazer um acordo. Preciso de saber se o governo fez da proteção ambiental uma prioridade ou se o foco deles é o desenvolvimento local. Digamos que o governo está preocupado com questões de conteúdo local, eu quero estar pronto para partilhar informações sobre a criação de emprego a curto e longo prazo, juntamente com o compromisso da empresa em treinar e contratar pessoas locais e fazer parcerias com fornecedores locais.

Outro fator importante: quando estivermos a negociar, perguntemo-nos o que é que acontece depois do acordo. Os termos com que ambas as partes estão a concordar são realistas? O que é que foi feito para garantir que tudo o que está a ser acordado realmente acontece num período de tempo razoável? Abordámos possíveis obstáculos? Estabelecemos quais as consequências por incumprimentos? De que adianta um acordo, mesmo com ótimos termos para uma empresa ou um país, se não puder ser realisticamente executado? Eu discuto sempre o modo como um acordo será implementado e a sua viabilidade a longo prazo.

No seu artigo de 2004 para a *Harvard Business Review*, "Para Além do Sim: Negociar Como Se a Implementação Fosse Importante",[240] o veterano negociador Danny Ertel citou o exemplo da *joint venture* de 1998 entre a AT&T e a BT para oferecer interconectividade global a clientes multinacionais. Concert, a *startup* de 10 mil milhões de dólares que resultou do acordo, deveria gerar mil milhões de dólares em lucro desde o primeiro dia. Em vez disso, a Concert fracassou e faliu três anos depois.

"Para ser claro, o fraco mercado teve um papel relevante no fim da Concert, mas a maneira como o acordo foi concluído certamente acrescentou alguns pregos ao caixão", escreveu Ertel. "Os negociadores da AT&T obtiveram o que eles provavelmente consideraram uma vitória importante quando negociaram uma maneira de a AT&T Solutions reter os principais clientes multinacionais. Como resultado, a AT&T e a BT acabaram a competir diretamente por clientes — exatamente o que a Concert deveria ajudar a prevenir. Do outro lado, a BT aparentemente negociou melhor que a AT&T ao recusar-se a contribuir para a compra da IBM Global Network pela AT&T. Essa decisão poupou dinheiro à BT, mas tornou a estratégia da Concert mais confusa, deixando a *startup* a lidar com produtos que se sobrepunham uns aos outros."

Negociar com a implementação em mente dá muito trabalho — e requer maior colaboração e comunicação entre as diferentes partes — mas também aumenta a probabilidade de sucessos partilhados. Algumas coisas a considerar:

- Manter todas as partes informadas: tentar abordar a recolha e a análise dos factos em conjunto, antes de iniciar as negociações. Não surpreender os outros intervenientes com informações ou decisões de última hora. Se se tomar conhecimento de problemas que possam interferir no sucesso do projeto proposto, é fundamental abordá-los cedo e incentivar esforços conjuntos para os resolver ou desenvolver abordagens alternativas;

- Faça as perguntas difíceis: teste a aplicação prática dos compromissos que ambas as partes estão a assumir. Todas as partes conseguem cumprir? De que forma? Trabalhemos juntos para desenvolver sistemas de alerta antecipados e planos de contingência;
- Envolver as principais partes interessadas: ter a certeza de que sabemos quem tem o poder de dar a aprovação necessária para avançar com os termos descritos no acordo. Identificar quem poderá interferir na implementação e o que fazer se isso acontecer.

Governos: Têm de Exigir Mais

Os governos têm muito a perder — e a ganhar — com o sucesso das suas negociações. Os acordos que assinam têm não só impacto nos seus futuros políticos, mas também impactam as vidas de milhões de pessoas.

Uma das coisas mais importantes que os governos podem fazer, muito antes de se falar em negociações, é garantir que lidam apenas com os tipos certos de investidores. Eu gostava de ver os governos africanos imporem a potenciais investidores uma atitude semelhante à de John F. Kennedy, e perguntarem: "o que podem fazer pelo nosso país?" Irá o investidor apoiar as metas económicas do país? Procuram eles apenas o lucro ou estão dispostos a considerar também as necessidades do país?

Pensem nisto, líderes governamentais: não há razão para aceitar um projeto de GNL que exporte 100% do produto criado com os recursos dos vossos países para a Europa, para a Ásia ou para a América, especialmente quando vocês precisam de GNL para alimentar o vosso próprio país. A vossa prioridade deve sempre ser o uso estratégico dos recursos naturais para melhorar o futuro do país

Por outro lado, os governos africanos têm de ser realistas sobre os desafios que enfrentam. Há uma série de questões que complicam as relações com os governos africanos: políticas tributárias onerosas, burocracia excessiva, requisitos irrealistas de conteúdo local, falta de proteção judicial dos contratos, falta de transparência — e a lista continua.

Os investidores estrangeiros estão dispostos a ignorar muitos fatores pela oportunidade de lucrar com os vastos recursos de petróleo e gás de África, mas é mais difícil pedir a um investidor estrangeiro que lance uma importante iniciativa de capacitação, por exemplo, quando as políticas do país já tornam as suas operações caras ou ineficientes. As empresas precisam de ver um esforço sério e contínuo de proteção dos seus interesses por parte do governo e tem de lhes ser permitido obter um lucro razoável. Eu sei que resolver estas questões políticas pode levar muito tempo, mas abordá-las deve ser uma prioridade para os governos que estão determinados em colher o total dos benefícios dos seus recursos naturais.

Evidentemente, não há razão para os governos africanos se submeterem inteiramente aos desejos dos investidores estrangeiros. De facto, gostaria que as pessoas que negociam em nome dos governos africanos fossem muito mais assertivas com os investidores estrangeiros. Por exemplo, vi muitos advogados aceitarem passivamente contratos-modelo que lhes foram entregues por empresas estrangeiras. Advogados, vocês podem educadamente recusar. Não podem dar à outra parte um controlo indevido sobre as negociações.

É como quando se sai para ir correr ou caminhar com alguém — não se pensa nisso mas, na maioria dos casos, um dos dois ajusta-se ao ritmo do outro. Quando aceitamos um contrato dado pelo outro lado, estamos a andar ao ritmo do outro lado. Acho que deviam ser os países africanos a ditar o ritmo. Devem ser eles a definir os termos dos acordos e a iniciar as negociações a partir de uma posição de força. Devem incorporar nos contratos, que devem ser os próprios países a elaborar, iniciativas que lhes permitam criar empregos e oportunidades de capacitação, desenvolver infraestruturas e monetizar os seus recursos. (Ver capítulo 6 para mais informações sobre como monetizar os recursos naturais.)

Não estou a fazer exigências irracionais. Mais uma vez, é importante considerar as necessidades de ambos os lados. Os governos devem dar aos investidores a oportunidade de gerar receitas com os recursos em que estão interessados e recuperar os seus investimentos. Ao mesmo tempo, os governos precisam de pensar em criar valor para o seu país e para o seu povo. É uma questão de equilíbrio. É um desafio, mas é fazível.

A Promessa de África

Se houver alguma dúvida sobre o poder da boa negociação, olhemos para a Mauritânia e para o Senegal.

Desde que a Kosmos Energy descobriu grandes reservas de gás natural, cerca de 50 tcf, nas águas territoriais destes países em 2015, tem sido boa notícia atrás de boa notícia, já que a Kosmos — seguida pela sua parceira, BP — começou a investir em empresas e comunidades locais. Foram lançados programas de formação na área do petróleo. Os mais jovens começaram a ter acesso a aulas gratuitas de inglês. Algumas zonas começaram a receber eletricidade pela primeira vez, dando-lhes acesso a coisas que muitos de nós consideram como um dado adquirido.

É algo empolgante — especialmente para pessoas que vivem na Mauritânia e no Senegal. Também é encorajador para qualquer pessoa interessada no futuro do petróleo e do gás africano. Histórias como esta são uma prova definitiva de que o desenvolvimento do petróleo e do gás pode trazer oportunidades, esperança e prosperidade a países que historicamente estão em desvantagem.

Aqui ficam apenas alguns exemplos de como a Kosmos e a BP estão a trazer mudanças positivas para as comunidades onde trabalham e onde desenvolvem a sua atividade:

- Desde a primeira descoberta, a Kosmos investe em programas de formação em saúde e segurança no local de trabalho para fornecedores locais da indústria de petróleo e gás da Mauritânia. A multinacional também oferece aulas de inglês para jovens em Nouakchott;[241]
- A Kosmos assinou uma parceria de vários anos com o programa conjunto de mestrado internacional em Gestão de Impacto das Atividades Extrativas (*Gérer les Impacts des Activités Extractives* — GAED), realizado na Universidade de Nouakchott e na Universidade Gaston Berger em Saint-Louis, no Senegal. A Kosmos está a apoiar o programa de mestrado do GAED, enviando funcionários como conferencistas convidados, oferecendo estágios e visitas de estudo às suas operações no terreno, e contribuindo com apoio financeiro. Os estudantes do GAED também se juntaram às equipas da Kosmos no terreno para fazerem avaliações de impacto

ambiental e social (*Environmental and Social Impact Assessments –* ESIAs) sísmicas e de perfuração na Mauritânia e no Senegal;

- A Kosmos também deu prioridade ao apoio à região de Ndiago, que fica diretamente em frente às áreas *offshore* onde a empresa tem licença de exploração, próximas à fronteira com o Senegal. Por exemplo, as autoridades comunitárias sugeriram que a economia local poderia beneficiar de projetos de eletrificação, por isso a Kosmos desenvolveu um projeto de eletrificação rural que agora fornece energia a mais de 2.100 pessoas;

- No Senegal, a Kosmos consultou mais de 1.000 residentes da comunidade costeira antes de concluir uma ESIA sobre as atividades de exploração em águas profundas na região, para que as preocupações dos membros da comunidade fiquem registadas — e, esperamos, para que informem as atividades de exploração. A Kosmos também ajudou à realização de *workshops* sobre petróleo e gás para organizações civis em Dakar;

- A BP, que fez parceria com a Kosmos Energy para desenvolver programas de exploração em vários poços na Mauritânia e no Senegal, divulgou os planos de criação de um centro de aprendizagem à distância em Nouakchott, para dar formação no setor do petróleo e do gás. O centro vai ser projetado em estreita parceria com o Ministério de Petróleo, Energia e Minas da Mauritânia;

- Seguindo um acordo de cooperação com o Ministério do Petróleo, Energia e Minas da Mauritânia, a BP está a fornecer ao instituto de engenharia École Supérieure Polytechnique, em Nouakchott, equipamento de laboratório especializado e está a financiar bolsas de pós-graduação;

- No Senegal, a BP investiu milhões para dar apoio ao novo Instituto Nacional de Petróleo e Gás (INPG), criado com o objetivo de desenvolver a capacidade do mercado nacional para participar na indústria do petróleo e do gás do Senegal. A empresa também patrocinou milhares de horas de aulas de inglês profissional para funcionários do governo e oferece *workshops* de iniciação ao GNL para expandir o conhecimento técnico e comercial dos residentes do Senegal sobre este recurso;[242]

- Em 2018, a BP anunciou que ia desenvolver uma central flutuante de GNL ao largo da Mauritânia e do Senegal. A central foi projetada para fornecer cerca de 2,5 milhões de toneladas de GNL por ano. O projeto irá disponibilizar gás para uso doméstico nos dois países; isso significa que a Mauritânia e o Senegal estarão em melhor posição para providenciar acesso a eletricidade à população em geral, o que é essencial para o crescimento económico e para a estabilidade do país.[243]

Seria correto dizer que estes desenvolvimentos foram possíveis devido às enormes reservas de gás natural da Mauritânia e do Senegal. E aos generosos compromissos assumidos pelos investidores estrangeiros.

Mas não nos deixemos enganar — a história não acaba aqui. Tenho a certeza de que, nos bastidores, os governos da Mauritânia e do Senegal desempenharam um papel fundamental na viabilização destes desenvolvimentos. Foram capazes de o fazer através dos acordos que negociaram com a BP e com a Kosmos, para não falar do acordo de cooperação intergovernamental (ACI) que negociaram e assinaram no início de 2018 para possibilitar o desenvolvimento de um campo transfronteiriço.

Claramente, as boas negociações têm vastas implicações para os povos, comunidades e empresas africanas.

Outro contrato que se destaca como um modelo é o histórico acordo de 2018 entre a Noble Energy e o Ministério de Minas e Hidrocarbonetos da Guiné Equatorial, que descrevo no capítulo 6. Estou muito agradecido por ter tido a oportunidade de desempenhar um papel nessas negociações. O acordo, que também envolveu a GEPetrol e algumas terceiras partes, permite à Noble bombear 600 bscf de gás natural do campo *offshore* de Alen para o complexo de gás integrado de Punta Europa, perto da capital, Malabo.[244]

Antes do acordo, esta, que é única central de GNL da Guiné Equatorial, era alimentada apenas pelo gás natural do antigo Campo de Alba, onde a produção deverá entrar em declínio nos próximos dois a três anos. Segundo o acordo, será construído um gasoduto de 65 quilómetros para conectar as operações da Noble ao complexo de Punta Europa. O oleoduto vai ser projetado para ter a capacidade de receber não apenas a produção do campo de Alen, mas também dos campos circundantes. Isto responde à necessidade de ter mais recursos para alimentar a central, mas também limita a dependência do país de um único projeto de *downstream*.

Noutro desenvolvimento entusiasmante, ao mesmo tempo que este acordo era assinado, Gabriel Mbaga Obiang Lima, ministro de Minas e Hidrocarbonetos da Guiné Equatorial, anunciou planos para construir um *megahub* de gás natural em Punta Europa. O *megahub* agregará a produção de qualquer gás existente e de novas descobertas de gás natural na Guiné Equatorial. Não é nenhum exagero dizer que o país está nos estágios iniciais de uma revolução sustentada nas suas reservas de gás, que proporcionará oportunidades para a diversificação económica, a criação de conteúdo local e empregos, e cria um caminho para que a empresa estatal de gás, Sonagas, assuma um papel central no desenvolvimento e comercialização de GNL.[245]

Outro exemplo encorajador de boas negociações é o acordo-quadro do projeto de abril de 2018 que o governo do Uganda, através do Ministério da Energia e Desenvolvimento Mineral e da empresa nacional de petróleo, a Uganda National Oil Company, fez com o Consórcio Albertine Graben Refinery (AGRC). O acordo abriu caminho para o consórcio desenvolver, projetar, financiar, construir, operar e manter uma refinaria de 4 mil milhões de dólares em Kabaale.[246]

Este acordo não foi fácil, mas representa uma vitória para o Uganda. Como o AGRC ficou responsável pelo financiamento do projeto, o Uganda irá beneficiar de uma peça de infraestrutura vital que agrega valor à economia sem necessidade de se endividar.[247]

A Vida Acontece

Se a negociação fosse uma ciência, os acordos estariam organizados como moléculas, tudo limpo e arrumado e a produzir o mesmo resultado, uma e outra vez. Assim como se juntarmos dois átomos de hidrogénio e um de oxigénio produzimos sempre água, ter os parceiros e os termos certos seria sempre uma receita de sucesso.

Mas a negociação não é uma ciência. Na melhor das hipóteses, é uma arte confusa, mais como pintar com os dedos do que fotorrealismo. Simplesmente não é possível prever com 100% de certeza como o futuro vai ser. Por vezes, perde-se uma molécula de oxigénio e, em vez de água, ficamos com veneno. E, outras vezes, algo acontece no outro lado do mundo que prejudica o nosso negócio. O que significa que encontrar uma maneira de salvaguardar os nossos interesses sob uma variedade de circunstâncias é extremamente importante. Eu negoceio sempre com esta abordagem.

Infelizmente, a Guiné Equatorial não tinha como antecipar a revolução do gás de xisto nos EUA quando assinou um contrato em 2004 para vender GNL — cerca de 3,4 milhões de toneladas por ano — ao BG Group. E, para ser justo, nem a BG nem qualquer outra pessoa o podiam ter antecipado.

O acordo exigia que a BG comprasse gás da Guiné Equatorial por 17 anos, de 2007 a 2024, e o enviasse aos EUA para ser processado e vendido no mercado doméstico. O preço do gás veio com um desconto em relação ao Henry Hub — o mercado de referência dos futuros de gás —, o que é comum. Isso queria dizer que a nação africana ía receber cerca de 6 dólares por milhão de unidades térmicas britânicas (mmbtu) em 2004 e um valor ainda melhor de 15 dólares/mmbtu no ano seguinte.[248] Nada mal.

Foi então que o fundo do mercado global de gás caiu. Com o influxo de xisto americano a entrar em cena, os preços caíram abaixo de 4 dólares/mmbtu, o que cortou o lucro da Guiné Equatorial.

Isso já foi mau o suficiente. Mas como a BG negociou termos que lhe permitiam vender o GNL comprado na Guiné Equatorial em qualquer lugar do mundo, o produto anteriormente destinado às costas americanas foi desviado para a Ásia — onde um mercado sobreaquecido elevou os preços para 15 dólares/mmbtu. Isto quis dizer que a BG estava a obter enormes lucros com o GNL que comprava a preços muito baixos à Guiné Equatorial.

Obviamente, a Guiné Equatorial não ficou contente: ninguém ficaria. Mas foi prejudicada pelo facto de não ter negociado com a BG um acordo de participação nos lucros de qualquer gás vendido a compradores que não fossem americanos. O contrato também carecia de uma cláusula de renegociação.

Após um novo conjunto de negociações — um processo do qual tive a sorte de fazer parte —, a BG concordou em dar ao governo 12,5% dos lucros asiáticos, ou 20 milhões de dólares por trimestre.

A BG também concordou em desenvolver programas sociais que apoiassem projetos de saúde materna e infantil, prevenção da malária e saneamento.

Desde então, o BG Group foi vendido à Royal Dutch Shell, que herdou o acordo dos 12,5%.

Felizmente, com o acordo que é agora da Shell a chegar ao fim dentro de alguns anos, o ministro de Minas e Hidrocarbonetos Gabriel Mbaga Obiang Lima tem a oportunidade de voltar à mesa de negociações. Lima disse à Reuters que deseja mais *royalties* e prazos mais curtos — 50% por três a cinco anos a partir de 2020.[249] E embora o ministro continue sem ter uma bola de cristal para saber o futuro, pelo menos esta atitude demonstra uma visão mais informada.

Este acordo de compra de GNL foi o mais *sexy* de todos os tempos em África para um *trader,* e continua a ser apresentado em cursos de formação de petróleo e gás como um exemplo de como não fazer um contrato.

E assim foi. Mas eu sugeriria que há outro ponto a considerar: podemos sempre corrigir maus acordos e, ao mesmo tempo, respeitar a santidade dos contratos. Embora o resultado final não tenha sido perfeito, a Guiné Equatorial conseguiu recuperar receitas significativas da BG.

Um Futuro Promissor

Temos todos os motivos para acreditar que África irá continuar a ser o palco de grandes acordos de petróleo e gás, acordos com o potencial de impactar significativamente as empresas, as comunidades e as pessoas do continente.

Mais e mais africanos estão a ter acesso a educação. E cada vez mais africanos querem, e têm a expetativa de ajudar o continente.

Quer se alinhem com as empresas, com os governos ou com as organizações civis africanas, estou confiante de que esta nova geração terá um papel na negociação de contratos que serão positivos para todos os africanos.

Algumas Ideias para Esta Geração

Tenho alguns conselhos para esta geração, para os jovens advogados e negociadores de África: nunca percam de vista a importância do vosso trabalho. Ao negociar de forma eficaz para empresas e governos africanos, vão estar a ter um papel enorme na transformação da vida de centenas de milhares de africanos. Há poucas coisas na vida que tragam mais satisfação. Tenho orgulho da firma de advocacia que criei, mas considero o trabalho que fiz pela justiça e pela capacitação de profissionais, empresas e comunidades africanas entre os meus maiores sucessos.

Sou o primeiro a aconselhar muitos jovens a evitar sentir que têm um direito inerente a alguma coisa. Ninguém nos deve nada. Temos de o merecer. A nossa abordagem e sucesso nas negociações de petróleo e gás decorrem da nossa profunda preparação e capacidade mental.

Já afirmei isto muitas vezes: vocês serão bem sucedidos se procurarem mentores e deixarem que eles vos orientem. É importante ter alguém que vos promova quando vocês não estão na sala. Depois, devem ser teimosamente leais. Não tentem enganar ninguém só porque sabem mais do que outros! Mais, aceitem os vossos desafios e falhas: eles ensinam-nos a ser melhores pessoas e melhores advogados.

Já vi demasiados jovens advogados que têm a oportunidade de subir ao pódio e que depois tendem a passar mais tempo a ser celebridades do que colegas ou supervisores. Vocês não ganharam nenhum contrato nem concluíram nenhum negócio, portanto evitem que isso vos suba à cabeça. É crucial focarem-se seriamente na construção das vossas capacidades, porque os clientes querem verdadeiramente que sejam bons no que fazem. As vossas capacidades de escrita, de pensamento crítico e conhecimento profundo da indústria nunca vos vão prejudicar. A maioria dos clientes quer saber quem é que está a trabalhar nas negociações dos seus negócios e não se importam com a vossa raça ou com a vossa nacionalidade. Querem apenas saber se vocês são qualificados e se podem concluir as negociações com sucesso.

Comprometam-se com o vosso trabalho. Não percam tempo com o que não interessa. Prestem o devido reconhecimento aos que o merecem. A vossa hora de brilhar há-de chegar. Perguntem-se sempre: "estou a acrescentar valor à firma ou à empresa?" Não pensem que estão na firma para ser um representante do sindicato ou um diretor do departamento de diversidade.

Na empresa ou na mesa de negociações, não projetem um ar de arrogância, nem dêem a sensação de que merecem mais que os outros ou que a vossa opinião é sempre relevante sobre qualquer assunto. Ninguém vos deve nada. É importante não estar constantemente a jogar a carta da discriminação, seja ela de sexismo, racismo ou xenofobia. Vocês vencem através da excelência e do sucesso. Eu vejo isto todos os dias. Basta-me trabalhar com empenho e o sucesso vem a seguir.

Vocês precisam de perceber que a construção de uma firma bem-sucedida exige algo que não se ensina na faculdade de Direito: a capacidade de forçar e exigir os resultados que querem nas negociações. Sempre entrei em confrontos com jovens advogados porque posso ser um mestre de objetivos, duro e focado nos resultados. Tenho um feroz sentido de urgência que não é partilhado pela maioria. Trabalhar na Centurion não é para ingénuos nem para covardes — não tolero jovens advogados que encaram a Centurion apenas como um trabalho. Toda a gente tem que se esforçar ao máximo a cada momento. A verdade é que sou ainda mais duro comigo mesmo. Nunca estou satisfeito e acredito sempre que posso ganhar mais e negociar um acordo melhor. O resultado mais importante para mim é fazer com que as pessoas ao meu redor alcancem mais do que alguma vez pensaram alcançar.

A sabedoria e os conselhos que Ron Walters partilhou comigo continuam a ser verdade para vocês hoje: cada um de nós tem o mandato de usar a nossa educação para ter um impacto nas comunidades e promover o crescimento económico e a capacitação.

Portanto, sim, procurem o sucesso e a prosperidade nas vossas carreiras. Mas, no fim, escolham fazer o bem: usem as vossas capacidades para garantir que os africanos comuns recebem a sua justa parte dos benefícios que os recursos naturais do continente podem proporcionar.

15

A Ligação Entre Segurança Energética e Segurança Social

Imaginemos o seguinte cenário: uma batalha desenrola-se numa cidade empoeirada, outrora uma dinâmica zona portuária. Há trabalhadores a correr em todas as direções, a tentarem proteger-se das erupções de tiros de armas automáticas. De um lado, uma brigada armada de homens revoltados, sob o comando de poderosos comandantes rebeldes que procuram ganhar o domínio deste território numa província desestabilizada. Do outro lado, uma falange de soldados de expressão agressiva batalham sombriamente para restaurar o controlo do governo central sobre esta área estratégica. Ao fundo, o som dos aviões de combate ainda se consegue ouvir sobre o rugido do fogo que agora consome as instalações de armazenamento que antes guardavam valiosos bens destinados ao mercado de exportação.

Parece uma cena de ação de um filme de Hollywood, não é?

Não é. Pelo contrário, é uma descrição ligeiramente melodramática de algo que realmente aconteceu em Ras Lanuf, um dos maiores terminais de exportação de petróleo da Líbia. Em meados de junho de 2018, o terminal foi afetado pelos combates entre as forças rebeldes, supostamente sob o comando de Ibrahim Jadhran, líder de um grupo de milícias que ajudou a expulsar o ex-líder do país Muammar Gaddafi e membros do Exército Nacional da Líbia (LNA) sob o comando do marechal-de-campo Khalifa Haftar, que controla a maior parte do leste da Líbia. O episódio deixou Ras Lanuf, que já tinha sofrido danos em batalhas anteriores, em ruínas.

As consequências deste evento foram além dos danos infligidos no campo de batalha. O conflito levou a Corporação Nacional de Petróleo da Líbia a declarar *force majeure* sobre as operações de exportação em Ras Lanuf — e em Es Sider, outro terminal na costa leste do país. Mustafa Sanalla, presidente da NOC, disse à imprensa em 19 de junho de 2018 que os rebeldes tinham incendiado vários tanques de armazenamento de petróleo de grande dimensão e que em seguida paralisaram os esforços da NOC para extinguir o incêndio. Isto causou "danos catastróficos" ao terminal e reduziu a produção de petróleo da Líbia em 400.000 barris por dia, declarou o dirigente.[250]

Outros observadores foram ainda mais pessimistas que Sanalla. Uma fonte disse à *Reuters* que os confrontos em Ras Lanuf e Es Sider cortaram a capacidade de produção da Líbia em 425.000 barris por dia, e outra colocou o número mais próximo de 450.000 barris por dia. Não são números pequenos, principalmente porque a Líbia produzia na altura pouco mais de 1 milhão de barris por dia.[251]

É verdade que o LNA conseguiu retomar os portos com relativa rapidez. Também foi célere a pôr as instalações do terminal novamente em operação, para que a produção de petróleo da Líbia pudesse voltar ao seus níveis anteriores.[252] Mas perdeu uma quantia substancial de capital durante o período de mais ou menos uma semana em que os carregamentos foram suspensos e o petróleo não pôde ser vendido à velocidade habitual. Também perdeu parte da sua credibilidade, uma vez que os ataques levantaram questões sobre a sua capacidade de manter o controlo da infraestrutura que desempenha um papel crucial nas exportações de petróleo da Líbia. Chamou também a atenção para a peculiar posição em que se encontrava o exército – conseguiu manter o controlo sobre a vasta maioria do território líbio, sem nunca obter reconhecimento internacional por isso.

E isto traz-nos ao tema deste capítulo: a segurança. Acredito profundamente que se os africanos quiserem tirar o máximo partido dos recursos naturais deste continente, terão que fazer da estabilidade e da segurança uma alta prioridade.

Não posso deixar de insistir neste ponto: os países africanos precisam simplesmente de fazer mais para combater o descontentamento político e civil em áreas onde os produtores de petróleo e gás estão ativos. Caso contrário, correm o risco de alienar investidores e de perder o acesso a fundos. Podem ser forçados a adiar ou a cancelar o trabalho em projetos de infraestrutura fundamentais, como oleodutos, ou iniciativas intersetoriais, como projetos de geração elétrica a partir de gás. Pior ainda, podem travar os esforços de desenvolvimento de capacidade dos agentes locais – ou seja, empresas africanas envolvidas na extração de petróleo e gás, serviços de campo, comércio, transporte, construção e outras indústrias relacionadas.

Sei que estas preocupações são válidas porque já vi coisas destas a acontecer várias vezes. Este é também o caso de Derek Campbell, CEO da Energy & Natural Resource Security, Inc., uma empresa sediada nos EUA que oferece soluções de segurança para operadores de petróleo e gás. Quando falei a Campbell do meu plano de escrever este livro, ele teve muito a dizer sobre a necessidade dos países se prepararem para uma crise.

"Os sistemas de energia pertencentes ao governo e às empresas estão rapidamente a tornar-se os principais alvos de terroristas, organizações rebeldes e estados hostis, ao mesmo tempo que estão mais expostos a desastres naturais", escreveu num *e-mail* que me enviou em março de 2018. "Proteger e melhorar a resiliência dos sistemas de energia exige vigilância, planos de contingência e treino — e exige, em última análise, que os agentes do setor de energia se envolvam ativamente na proteção de sua infraestrutura energética e ativos de recursos naturais mais críticos".

Campbell também sublinhou que os produtores africanos de petróleo e gás não se podem isolar do impacto dos distúrbios civis ou de conflitos armados, especialmente porque os problemas de segurança futuros irão provavelmente cruzar-se com a necessidade de expandir o uso de novas tecnologias na indústria.

"As ameaças à segurança, físicas e cibernéticas, representam uma enorme ameaça para todos os principais setores da cadeia de valor de petróleo e gás. Isso deve-se em grande medida ao facto de os setores não serem estruturas verticais independentes. Eles sobrepõem-se e são interdependentes. Um ataque físico ou cibernético a um ativo *upstream* pode causar desafios operacionais [no setor de] *midstream,* que podem causar catástrofes financeiras ao nível do *downstream*", escreveu. "O mesmo acontece em sentido inverso: um ataque físico ou cibernético a operações de *downstream* pode interromper operações de *midstream* e levar um produtor de *upstream* a suspender a sua atividade. O mesmo cenário aplica-se a ativos da rede elétrica – geração, transmissão e distribuição."

Campbell falava em termos gerais, mas eu gostaria de olhar mais de perto para os desafios de segurança a que assistimos em todo o continente – e começar a procurar maneiras de os enfrentar.

A Guerra Contra Ativos de Petróleo e Gás – e Contra a Qualidade de Vida

Para Bubaraye Dakolo, os ataques de tosse fazem parte da vida no delta do rio Níger. Foi o que disse à *DW* em 2017, quando descreveu o impacto da queima de gás perto da sua pequena vila na região de Yenagoa, no Delta do Níger, responsável pela maior parte da produção de petróleo da Nigéria. "De repente, tudo cheira a gás", disse Dakolo, chefe do clã Ekpetiama. Por vezes, ele e os seus vizinhos mal conseguem respirar, acrescentou.[253]

A queima de gás, que pode fazer com que as chamas atinjam a altura de edifícios de 10 andares, é uma prática regular em campos de petróleo na região do Delta. Os produtores fazem-no porque é fácil — e porque preferem não se preocupar com o gás que encontram nos seus poços. Mas a queima por vezes dificulta ou impossibilita que os agricultores locais possam cultivar. E tem um impacto claro na qualidade de vida e saúde dos residentes.[254]

Os líderes do governo prometeram repetidamente resolver o problema. No entanto, a queima continua. Esta é uma das muitas razões pelas quais alguns dos moradores de áreas produtoras de petróleo sentem que não têm outra opção – e têm vindo a roubar petróleo em bruto (uma prática conhecida como *bunkering*) e a danificar ativos da indústria petrolífera, como oleodutos. Este roubo tem consequências vastas. Em 2017, Maikanti Baru, diretor administrativo do grupo da Corporação Nacional de Petróleo da Nigéria, disse que a vandalização dos oleodutos do país tinha reduzido a quantidade de petróleo que entrou no mercado no ano anterior em 700.000 barris por dia.[255] Por sua vez, estes incidentes promovem a corrupção e o roubo generalizados em todo o setor.[256]

Mas não se trata apenas de roubo e de perda de produção. Afinal, o roubo de petróleo não é exclusivo da Nigéria; também tem sido um problema no Gana, no Uganda, em Marrocos, na Tailândia, na Rússia e no México, entre outros países. Por vezes é uma questão de vida ou morte. Os residentes da região do Delta estão ultrajados, e, por vezes, recorrem a ações violentas contra o pessoal da indústria do petróleo. Alguns grupos militantes até já sequestraram e mataram funcionários de empresas de petróleo.[257]

Atos desesperados como estes emergem da frustração que surge em algumas zonas quando as elites beneficiam das receitas do petróleo, enquanto indivíduos e comunidades são forçados a lidar com os danos que acompanham a produção de petróleo.

E a queima de gás não é o único tipo de agressão ambiental que gera raiva na área do Delta do rio Níger. Houve mais de 12.000 derrames de petróleo na região entre 1976 e 2014. Estes incidentes devastaram a indústria pesqueira local e levantaram preocupações adicionais no que toca à saúde e à qualidade de vida.

Yamaabana Legborsi, de 32 anos, descreveu recentemente à *CNN* como é que os derrames afetaram a sua infância na comunidade de Gokana. "Não podíamos brincar na areia como outras crianças [porque ficávamos] cobertos de petróleo. A minha mãe estava especialmente preocupada com que não fosse seguro, [assim] como outros pais. Também não podíamos comer os peixes que davam à beira-rio. Via-se petróleo em todo o lado na água", disse.[258]

Não estou nem por um segundo a sugerir que o roubo, o vandalismo e a violência são respostas aceitáveis às dificuldades que o povo do Delta enfrenta. Em alguns casos, estes atos só pioraram a situação. Enquanto mais de metade dos derrames registados entre 1976 e 2014 foram causados por corrosão em oleodutos e acidentes com camiões, os restantes foram resultado de erros mecânicos e de sabotagem, relatou o *Journal of Health and Pollution* no ano passado.[259]

África Precisa de Soluções Locais

Como podemos começar a dar a volta a esta situação? Como acontece com a maioria dos problemas mais complexos, será necessária uma solução igualmente complexa e multifacetada. Parte dessa solução deve incluir esforços de diversificação económica.

O ex-ministro de Estado da Nigéria para os Recursos Petrolíferos, Dr. Emmanuel Ibe Kachikwu, disse recentemente que o Ministério do Petróleo pretendia desenvolver uma política que incentive as pessoas que vivem em áreas produtoras de petróleo a formar cooperativas, que poderiam então estabelecer e ser proprietárias de refinarias modulares.[260] É um começo, mas esta não é a primeira vez que as comunidades do Delta ouvem o governo fazer promessas. Serão necessárias medidas reais – e programas com potencial para afetar grandes porções da população – para fazer a diferença.

Os africanos também vão precisar de combinar esforços para criar oportunidades de emprego e de crescimento económico, com medidas práticas para prevenir e mitigar os danos ambientais no Delta. É por isso que me entusiasma o trabalho de Eucharia Nwaichi, que está a tentar desenvolver formas sustentáveis de desfazer os danos causados pelos derrames de petróleo. Em março de 2019, a *Chemistry World* relatou que Nwaichi, uma bioquímica ambiental da Universidade de Port Harcourt, estava a fazer investigação sobre fitorremediação, um método que usa plantas e micróbios para dissolver e eliminar contaminantes ambientais.

Também relatou que ela e os seus alunos estavam a estabelecer relações próximas com os moradores das comunidades do Delta mais afetadas pelas agressões ambientais na região. Sem este esforço, disse ela, os investigadores e os funcionários do governo não podem contar com o apoio local a estas intervenções, mesmo que os novos métodos cumpram a promessa de restaurar os terrenos agrícolas.[261]

Também podemos seguir o exemplo criativo da Sustainability International (SI), uma organização americana sem fins lucrativos que trabalha com a vila de K-Dere, em Ogoniland, para limpar um derrame de petróleo num viveiro de peixes e que usa criptomoedas para pagar aos trabalhadores. Em 2017, a ONG contratou mulheres locais, bem como ex-membros de grupos militantes, para limpar um derrame de petróleo num viveiro de peixes no Golfo da Guiné. O projeto financiado por capital privado foi bem-sucedido — e não apenas porque atingiu o seu objetivo de limpar o viveiro de peixes, mas também porque treinou trabalhadores no uso das tecnologias necessárias para recolher dados operacionais.[262]

Chinyere Nnadi, fundador e CEO da SI, disse ao *The Huffington Post* em 2017 que a limpeza foi projetada para fazer com que os participantes se sintam capacitados e em controlo das suas vidas económicas. "Os membros da comunidade não tinham como quebrar o ciclo de corrupção governamental e corporativa que os aprisionou nas suas poluídas terras tribais", explicou ele. "Com a SI, damos a cada cidadão a opção de largarem as armas e pegarem nos seus telemóveis, desistir das balas e receber Bitcoins. Isto permite a cada pessoa passar de prisioneiro económico a empresário que ganha a vida a contribuir para a comunidade e para o ambiente local."[263]

Obviamente, não podemos – e não devemos – esperar que as ONGs assumam toda a responsabilidade por estes esforços. As empresas de petróleo, outras empresas e as autoridades locais devem ter um papel importante na mitigação dos danos ambientais e na abordagem a outros fatores que contribuem para o roubo de petróleo e o vandalismo. E tem havido alguma ação nessa frente. Deixou-me feliz saber que, em março de 2019, Seriake Dickson, o governador de Bayelsa, fundou uma comissão para conduzir uma investigação sobre os derrames de petróleo no Delta do Níger. John Sentamu, o arcebispo de York, prometeu que a comissão irá analisar os "danos ambientais e humanos" que afetam as áreas produtoras de petróleo.[264]

Também precisamos de ver os governos nacionais ajudarem-se mutuamente a combater o roubo e, felizmente, já existem alguns exemplos de cooperação positiva. Por exemplo, quando o petroleiro MT Maximum, com bandeira do Panamá, foi sequestrado por nacionais nigerianos ao largo da Costa do Marfim em fevereiro de 2016, as marinhas do Gana, do Togo, do Benim e da Nigéria, juntamente com os Estados Unidos e a França, seguiram o navio até às águas de São Tomé e Príncipe e intercetaram-no.

"Com a bênção do governo de São Tomé e Príncipe, as forças especiais da Marinha da Nigéria realizaram um embarque com oposição ao Maximus. Os piratas foram presos (embora um tenha sido baleado e morto), a tripulação do Maximus foi libertada e o carregamento foi recuperado", afirma o relatório do Conselho Atlântico.[265]

Não Se Esqueçam da Tecnologia

A tecnologia também deve fazer parte da solução. Como mencionei acima, existem tecnologias inovadoras com potencial para responder a preocupações ambientais.

A tecnologia também pode ser utilizada para desencorajar o roubo. Já estamos a ver isso no Sistema de Marcação de Produtos Petrolíferos (*Petroleum Product Marking Scheme* –PPMS) do Gana. Este programa exige o uso de marcadores de identificação em combustíveis refinados como forma de combater o roubo, que se tornou num problema generalizado.

Em 2017, um representante da Autoridade Nacional de Petróleo do país descreveu o esquema:

"O meio mais promissor de combater roubos e desvios de combustível... é a 'marcação' de combustível. A marcação de combustível tem existido numa ou noutra forma há já algum tempo, mas nos últimos anos foram desenvolvidos marcadores de combustível molecular secretos que são praticamente impossíveis de ser detetados pelos ladrões. Estes marcadores permitem que o combustível roubado ou desviado seja identificado e recuperado, e talvez mais importante, usado como provas científicas admissíveis em tribunal para processar ladrões e contrabandistas de combustível. Um dos programas mais bem-sucedidos até hoje é o PPMS do Gana, instituído em 2013 pela Autoridade Nacional do Petróleo do país. O programa permite que os inspetores determinem se a gasolina ou o gasóleo vendido nas bombas é legal ou não, e os infratores estão sujeitos a multas ou a prisão."[266]

Também é necessário incentivar os locais a serem parte da solução em áreas onde ocorrem roubos de petróleo e vandalismo. Um exemplo promissor é o plano da NNPC para a comercialização de gás associado que, de outra forma, seria queimado ao ser extraído dos poços do Delta do Rio Níger. O diretor-gerente do grupo da empresa, Maikanti Baru, disse em abril de 2019 que a NNPC pretendia estabelecer parcerias que permitissem às comunidades locais beneficiar do uso de gás para projetos de desenvolvimento económico.

"Nós, como operadores, vamos continuar a dialogar com os órgãos relevantes, a fim de criar [um] ambiente operacional propício para as [empresas de petróleo] e para as comunidades", afirmou numa cerimónia que marcou o início do seu mandato como líder nacional das Host Communities of Nigeria – HOSTCOM.[267]

Grupos, Gangues e Violência

Os líderes africanos foram tragicamente recordados da necessidade de prestar atenção às questões de segurança em janeiro de 2010, quando homens armados em Angola abriram fogo contra uma equipa de futebol visitante do Togo. Vários dias depois, um avião trouxe os vivos e os mortos de volta ao seu país de origem. Um grupo de mulheres, entes queridos das vítimas, atiraram-se ao chão em angústia. Elas não foram as únicas a sentir a dor e a devastação que os grupos separatistas semearam em Angola.

"Os nossos meninos foram para Angola para comemorar o melhor do futebol africano, mas voltaram com cadáveres e feridas de bala", disse Togbe Aklassou, governante tradicional da capital do Togo, Lome, logo após o ataque.[268]

Este foi apenas um dos muitos exemplos preocupantes de violência que ocorreram em Angola desde 2000 – e apenas um dos muitos atos de grupos separatistas que exigem a independência de Cabinda, uma província rica em petróleo, separada do resto de Angola por uma fina faixa de território que pertence à República Democrática do Congo.

Mais recentemente, em maio de 2016, cinco homens que alegam ser membros da Frente de Libertação do Enclave de Cabinda (FLEC) subiram a bordo de uma plataforma de gás *offshore* operada pela Chevron e exigiram que os trabalhadores estrangeiros se fossem embora ou sofressem as consequências.[269] Não houve relatos de mais ataques à plataforma, mas os esforços destes grupos separatistas contra as forças armadas angolanas tornaram-se mais intensos nos meses que se seguiram.[270]

Eventos deste tipo são uma pedra no sapato do governo de Angola. Até agora, a sua estratégia para limitar a atividade rebelde envolveu manter um controlo rígido sobre Cabinda, ao mesmo tempo que impunha poucas restrições à atividade dos investidores envolvidos na exploração das reservas de petróleo e gás *offshore*.[271] A província Cabinda também restringe o acesso a visitantes, exigindo permissões especiais, e ordena ao exército que proteja os estaleiros de obras ao longo da costa e os complexos fechados onde moram os funcionários de empresas estrangeiras. Esta estratégia tem ajudado a manter o conflito a níveis relativamente baixos, mas também colocou muita pressão sobre as capacidades das forças armadas.

Naturalmente, Angola não é o único país africano que teve de decidir como responder quando a violência ameaça a produção de petróleo e gás.

Vejamos Moçambique, por exemplo. Vários anos depois da descoberta de enormes reservas de gás na Bacia do Rovuma, ao largo da costa da província de Cabo Delgado, em 2010, o país registou um aumento considerável no número de conflitos civis. No final de 2017, um grupo islâmico militante conhecido como Al-Sunnah wa-Jama'ah começou a atacar em aldeias perto das instalações e acampamentos ocupados por pessoas que trabalhavam para a Anadarko, a empresa americana que foi a primeira a investir na bacia do Rovuma, e para os seus parceiros.[272]

Em junho de 2018, a Anadarko respondeu ao agravamento das condições impondo um recolher obrigatório aos trabalhadores de uma central de liquefação de gás em Palma. Os ataques continuaram desde então, e, segundo relatos, um funcionário da Anadarko, Gabriel Couto, terá sido decapitado em março de 2019.[273]

O governo moçambicano respondeu a estes incidentes com uma abordagem dura contra o Al-Sunnah wa-Jama'ah. Em meados de 2018, o comandante de uma unidade militar disse que os seus soldados estavam prontos para executar quaisquer suspeitos de atividades militantes. Ao mesmo tempo, a Anadarko e outros investidores, como a italiana Eni, reforçaram as medidas de segurança para os seus trabalhadores. Mais, a Anadarko indicou num anúncio de 2019 que estava a avaliar comprar veículos blindados capazes de resistir a ataques de metralhadoras automáticas AK-47. Está claro, agora que a Chevron Oil comprou a Anadarko, herdou as suas oportunidades e desafios em Moçambique.[274]

E depois, há o caso da Nigéria. Além do padrão contínuo de roubo e vandalismo de recursos petrolíferos de que já falámos, no país reside o que foi descrito como o grupo militante mais mortal do mundo: o Boko Haram. O grupo lançou uma insurgência que, segundo estimativas das Nações Unidas, levou ao deslocamento interno de 1,7 milhões de pessoas, e ao assassinato de mais de 15.200 pessoas desde 2011.[275]

Os nigerianos também vivem com o perigo constante de assassinatos e sequestros por bandos de ladrões como os bandidos de Zamfara. Este grupo costuma atacar e sequestrar agricultores rurais pobres – e mata-os quando os seus familiares não conseguem pagar o resgate. Em abril de 2019, especialistas em segurança relataram que este grupo matou 200 pessoas num período de apenas algumas semanas.[276]

Percebo que a batalha contra grupos e gangues violentos irá provavelmente continuar por algum tempo. Mas os africanos terão uma hipótese muito maior de sucesso se procurarem resolver os problemas que em primeiro lugar os tornam vulneráveis a estes grupos. Os governos devem trabalhar com mais dedicação para resolver os problemas que ajudam grupos violentos a recrutar novos membros porque, afinal, essas são as razões pelas quais as pessoas se sentem sem esperança e alienadas. Precisam também de olhar com honestidade para a diferença entre a riqueza que os seus recursos petrolíferos geraram e a pobreza das populações das regiões onde o petróleo e o gás são produzidos.

Guerra Civil e Instabilidade

Em 2017, a minha firma, a Centurion Law Group, negociou com sucesso um dos maiores e mais difíceis negócios petrolíferos em África até ao momento. Tratou-se de um projeto no Sudão do Sul, onde estávamos a trabalhar com o governo daquele país e com a Oranto Petroleum da Nigéria para abrir a porta para um projeto de exploração no Bloco B3.

O acordo de exploração e partilha de produção resultante destas negociações permitiu à Oranto iniciar uma exploração abrangente e um desenvolvimento a longo prazo do bloco. Foi um desenvolvimento significativo, não apenas porque a EPSA foi a primeira a ser assinada no Sudão do Sul desde 2012, mas também porque sinalizou uma renovação da esperança do país. A ideia era: se podemos ter sucesso aqui, podemos ter sucesso em qualquer lugar do continente.

Lembrar-se-ão que, naquele momento, o Sudão do Sul já tinha passado por anos de conflito civil. As tensões internas começaram muito antes de o país alcançar a sua independência do Sudão. Datam já da década de 1970, quando vastas reservas de petróleo foram descobertas na parte sul do país. Todo o petróleo extraído foi transportado para os oleodutos e refinarias que Cartum construiu no norte, talvez na tentativa de impedir uma secessão.[277] As regiões do norte e do sul do país não chegaram a um acordo sobre como partilhar as receitas do petróleo, e isso levou a combates. Eventualmente, em 2011, o Sudão dividiu-se em duas nações distintas.

A parte sul, hoje conhecida como Sudão do Sul, continua a ser um dos países menos desenvolvidos de África.[278] Mas em 2017, o governo do novo país renovou o seu compromisso para com a revitalização económica através de investimentos em serviços públicos e infraestrutura, principalmente no setor de petróleo e gás.

Desde então, tenho continuado a apoiar o Sudão do Sul como presidente executivo da Câmara Africana de Energia. No início de 2019, a Câmara assinou um acordo de cooperação de assistência técnica com o Ministério do Petróleo do Sudão do Sul, com o objetivo de fortalecer a capacidade do país para gerir o seu setor e as receitas dos hidrocarbonetos. E mais tarde em 2019, a Câmara lançou uma campanha global de atração de investimento para o Sudão do Sul, o que expressa a sua confiança de que o país pode alcançar uma paz duradoura.[279]

Mesmo assim, entendo que ainda há muito trabalho a ser feito para construir uma estabilidade de longo prazo no Sudão do Sul.

Quando este jovem país conquistou a independência em meados de 2011, tinha grandes esperanças de transformar os depósitos de petróleo, que anteriormente enchiam os cofres de Cartum, numa fonte estável de rendimentos. Até agora, porém, não foi capaz de sustentar a paz. Como resultado, o setor de hidrocarbonetos ainda não atingiu todo o seu potencial. Os conflitos fizeram com que vários campos de petróleo parassem de produzir, reduziram o volume de petróleo disponível para exportação através dos oleodutos, travaram o maior fluxo de dinheiro que entra no tesouro do estado e complicaram as negociações sobre a construção de novas infraestruturas.[280] Também desencorajou novos investidores de se comprometerem a estabilizar a produção de petróleo[281] e desacelerou o processo de desenvolvimento e implementação de um novo regime jurídico que cubra os recursos subterrâneos.[282]

Tem havido sinais de esperança desde a assinatura de um acordo de paz entre o presidente Salva Kiir e o líder rebelde Riek Machar em setembro de 2018. Este desenvolvimento levou alguns investidores de relevo a olhar novamente para o país, que possui as terceiras maiores reservas de petróleo da África Subsaariana. Em dezembro de 2018, o governo de Juba garantiu investimentos no valor de mais de 2 mil milhões de dólares, com a Petronas da Malásia e a Oranto Petroleum da Nigéria (a mesma empresa que mencionei acima) a formarem uma parceria com uma empresa local, a Trinity Petroleum, para investir 1,15 mil milhões de dólares num bloco petrolífero, e com o Strategic Fuel Fund, que é apoiado pelo governo da África do Sul, a oferecer 1000 milhões de dólares para a construção de uma nova refinaria e oleodutos.

Apesar destes sinais positivos, é provável que o caminho a seguir seja longo e difícil. O atual regime jurídico do Sudão do Sul está em vigor desde 2013 e pode precisar de ser melhorado para garantir a segurança, a transparência e a estabilidade das operações da indústria petrolífera sob a alçada do novo governo. Ao mesmo tempo, o país ainda depende fortemente de investimentos da China National Petroleum Corporation (CNPC), cuja equipa de administração em Pequim se pode opor a reformas que não se alinhem com os interesses da empresa.[283]

Enquanto isso, os esforços de estabilização do novo governo terão de abordar o facto de que uma parcela significativa da infraestrutura petrolífera do país sofreu danos durante a guerra civil. Estas perdas não comprometem apenas a segurança da população civil nas áreas de produção de petróleo, mas também deram origem a muitos derrames, ruturas e outros riscos ambientais. O Ministério do Petróleo fez destes esforços de estabilização uma prioridade fundamental.[284]

E, por mau que isso seja, perturba-me mais ainda ouvir as histórias sobre as violações de direitos humanos que se registam no Sudão do Sul, incluindo atos de assassinato e de violação.[285]

Se, por um lado, pôr um fim a atrocidades como estas exigirá um esforço conjunto dos líderes governamentais e militares, acredito que a estabilidade económica deve estar ao centro dos esforços de paz e de recuperação do Sudão do Sul. É por isso que quero ver os líderes do Sudão do Sul a abrir novos blocos para exploração, especialmente para investidores africanos. É o momento certo para construir refinarias, oleodutos, fábricas de ureia, amônia e fertilizantes, centrais de energia e grandes campos agrícolas. Também é o momento de estabelecer centros de tecnologia!

Afinal, são os negócios que criam empregos e esperança. O Sudão do Sul e outros países africanos não precisam de ajuda; precisam de revitalização económica e de empreendimento. Os nossos líderes precisam de compreender isto. Não nos podemos dar ao luxo de pensar em pequena escala na nossa luta pela paz, pelo investimento e pela estabilidade, quando do que realmente precisamos são soluções grandes, pragmáticas e de bom senso.

Acredito sinceramente que as receitas do petróleo e indústrias associadas podem dar uma valiosa contribuição para o renascimento económico em muitos países africanos que se confrontam com a instabilidade.

Isto também pode ser verdade para o Sudão. No momento em que escrevo este livro, o futuro do país continua muito incerto. A incerteza resulta dos eventos de abril de 2019, quando o presidente Omar al-Bashir foi afastado do poder e o Conselho Militar de Transição (*Transitional Military Council* – TMC) assumiu o controlo. Seguiram-se protestos em massa, com o povo sudanês a exigir um governo civil.

Devido a estes distúrbios, é provável que a indústria petrolífera sudanesa tenha dificuldade em atrair muito investimento estrangeiro a curto prazo, pelo menos até que a instabilidade no país esteja resolvida. Isto é um problema, já que Cartum ainda está a sofrer com a perda de campos de petróleo para o Sudão do Sul em 2011.

Idealmente, a remoção de Bashir irá levar ao estabelecimento de um governo permanente. Quando um regime novo e estável estiver em vigor, esperemos que o Sudão faça uso dos seus recursos naturais para contribuir para a paz e para um crescimento económico de longo prazo.

Olhar Para a Frente

Eu gostava de poder oferecer uma fórmula para eliminar as diferentes formas de violência que assolam as nações africanas com recursos petrolíferos. Obviamente, não há uma solução que sirva para todos.

Mas, em geral, estou convencido de que as soluções devem combinar vários fatores: melhor governança e implementação da lei, maior responsabilidade por parte das empresas de petróleo e gás, inovação tecnológica criativa, desenvolvimento económico – e, acima de tudo, respostas construtivas às questões que fazem com que as pessoas se sintam esquecidas e sem esperança.

Dar às pessoas mais controlo sobre uma parte das enormes receitas geradas pelo petróleo e pelo gás seria um importante passo nesse sentido. Temos de garantir que as pessoas obtêm benefícios significativos da indústria de petróleo e gás, e que não experienciam apenas os lados negativos da produção.

16

Gerir as Receitas do Petróleo e do Gás

Em Shreveport, Louisiana, Laura FitzGerald é conhecida como a "Bela dos Poços" ("*Belle of the Wells*").[286]

Depois de ter aprendido como funcionava o sistema de direitos de posse territorial e petrolífera, FitzGerald, ex-funcionária de uma empresa de petróleo, começou a trabalhar por conta própria. Fundou a Illios Resources em 2004 e começou a acumular direitos petrolíferos e a vendê-los a empresas de petróleo. Desde então, acumulou mais de 18.000 acres de direitos de mineração e ganhou milhões de dólares.[287]

Anos mais tarde, escreveu para um blogue empresarial sobre os seus sucessos, especialmente impressionantes para uma mulher nesse campo profissional:

"Quando era criança, o meu irmão mais velho dizia-me sempre que eu poderia fazer qualquer coisa que um homem pudesse fazer. Acho que isso teve um efeito em mim. Acredito nisso até hoje, e acredito que seja verdade para qualquer mulher que se dedique a uma tarefa. O simples cerne da questão é que isto é a América. A independência financeira é um direito de nascença para todos os americanos. Se formos incansavelmente atrás da nossa visão, corrigirmos a rota quando necessário e enfrentarmos as resistências, venceremos."

Que afirmação. A tentativa da FitzGerald de incentivar outras mulheres empresárias baseia-se na ideia de que quem mora nos EUA já está em vantagem quando se trata de alcançar os seus objetivos financeiros.

Não sei se isso é verdade, mas, como demonstra a história de FitzGerald, estar nos EUA certamente abre a porta a oportunidades quando se trata de recursos petrolíferos. Mesmo os donos de terras que nunca trabalharam na indústria do petróleo têm a oportunidade muito real de lucrar com a venda dos direitos de mineração das suas propriedades. Em 2012, os estados americanos pagaram mais de 54 mil milhões de dólares em *royalties* a proprietários de terras que estavam a ser exploradas para produzir petróleo e gás através de *fracking*, segundo dados da Associação Nacional de Proprietários de Direitos de *Royalties* (*National Association of Royalty Owners* – NARO). "Há milionários a formarem-se todos os dias, da Dakota do Norte até à Pensilvânia", disse na época Jerry Simmons, diretor da NARO, à *Business Insider*.[288]

Durante o *boom* do petróleo em 2012, algumas cidades da Dakota do Norte estavam cheias de pessoas que tinham ganho muito dinheiro com a venda de direitos de exploração das suas propriedades, escreveu a *Reuters*. "O rendimento médio em Mount Rail County, o centro do *boom* da produção de petróleo da Dakota do Norte, duplicou em cinco anos, para 52.027 dólares por pessoa em 2010, posicionando-o nos 100 condados mais ricos dos EUA com base nesse indicador, incluindo a cidade de Nova York e Marin, Califórnia. O *boom* pode estar a criar cerca de 2.000 milionários por ano na Dakota do Norte."[289]

É verdade que as cidades petrolíferas da Dakota do Norte sofreram a sua quota parte de problemas alguns anos depois, quando o *boom* do petróleo entrou em declínio. Mas o ponto é que a vida dos residentes da região mudou graças aos recursos naturais que se encontravam nas suas propriedades.

Imaginemos a transformação nas vidas e nas comunidades africanas se as mulheres pudessem perseguir os seus objetivos da mesma maneira que FitzGerald o fez. Ou se os proprietários de terras, digamos, nos Camarões ou na Nigéria pudessem beneficiar da descoberta de petróleo nas suas propriedades.

Infelizmente, não é assim que as coisas funcionam em África hoje em dia. Se descobrirmos petróleo no nosso terreno, é um não-evento — não detemos efetivamente nada. Se os recursos naturais são encontrados em propriedades privadas ou comunitárias, eles pertencem ao estado. Ponto final.

Para piorar ainda mais a situação, os africanos geralmente sentem-se excluídos quando o estado decide como gastar o dinheiro que esses recursos naturais geram. Estes sentimentos de alienação são os principais motivadores da violência a que assistimos no continente. As pessoas sentem os impactos negativos das operações petrolíferas, desde derrames de petróleo que afetam o meio ambiente até ao declínio do número de oportunidades de trabalho noutros setores. E acabam por ver poucos ou nenhuns dos inúmeros benefícios que a receita petrolífera poderia e deveria trazer, desde oportunidades financeiras e económicas a programas de infraestrutura, educação e assistência médica. Em vez disso, as receitas do petróleo estão a sustentar grandes e descontrolados governos centrais e a encher os bolsos das elites.

É a maldição dos recursos descrita em poucas palavras.

Não devemos ficar à espera que os governos estrangeiros ou que organizações de ajuda humanitária venham corrigir isto. É nossa obrigação encontrar maneiras de começar a mudar esta dinâmica. Deveríamos olhar para os exemplos de países que gerem efetivamente bem os seus recursos petrolíferos. Deveríamos considerar a criação de fundos para gerir e proteger estes recursos especificamente para as comunidades. Precisamos de arranjar uma forma de garantir que cada vez mais histórias sobre como os recursos petrolíferos mudam a vida das pessoas comuns acontecem em África.

Injusto e Desequilibrado

Para as pessoas que vivem no Delta do Níger, a vida quotidiana pode ser, na melhor das hipóteses, angustiante, com a violência, os sequestros e a pobreza extrema como presenças demasiado comuns. As causas que estão por detrás desta turbulência são complexas: desde tensões religiosas e etno-regionais ancestrais, a conflitos pelo uso da terra ou ataques do grupo militante islâmico africano Boko Haram, que tem conseguido ganhar o apoio de alguma da população mais empobrecida e revoltada. Mas, sem dúvida, a má gestão das receitas do petróleo – que nunca foi usado para melhorar a vida da população indígena – estão a alimentar a instabilidade. Os residentes já perderam a paciência com as empresas de petróleo estrangeiras que extraem a riqueza do petróleo enquanto os seus padrões de vida permanecem inalterados e inaceitáveis. Derrames frequentes de petróleo na região, mais de 7.000 entre 1970 e 2000, só enfureceram ainda mais os locais e levaram à formação de grupos militantes que atacam trabalhadores e oleodutos.[290]

Há mais de uma década, Sebastian Spio-Garbrah, analista africano do Eurasia Group, relatou que milhares de milhões de dólares em receitas petrolíferas geradas no Delta estavam simplesmente a desaparecer. "O Delta do Níger recebe mais dinheiro per capita do que qualquer outra região da Nigéria", disse ele à *PBS*. "O problema é que esse dinheiro foi maioritariamente desviado, mal gasto e abusado".[291]

A Constituição da Nigéria, em 1999, tentou resolver isto. Segundo a constituição, pelo menos 13% de toda a receita obtida através de contratos com produtores estrangeiros de petróleo deve ser entregue aos estados produtores de petróleo. Os estados, por sua vez, devem gastar esta receita em medidas que beneficiem a população desses mesmos estados.

Claramente, este não tem sido o caso. Na Nigéria, o Banco Mundial estimou que, como resultado da corrupção, 80% da receita do setor energético do país beneficiou apenas 1% da população. Como afirmou em 2007 o nigeriano Folabi Olagbaju, da Amnistia Internacional, "a exploração de petróleo não levou ao desenvolvimento social e económico dos povos dos estados produtores de petróleo. Beneficiou a classe dominante nigeriana."

Mais de uma década depois, pouco foi feito para melhorar esta situação. E, infelizmente, a Nigéria não é uma exceção entre as nações africanas com reservas de petróleo.

Nos Camarões, por exemplo, a receita do petróleo também "desapareceu". Desde que petróleo foi descoberto nos Camarões, em 1977, foram gerados aproximadamente 20 mil milhões de dólares em receitas — mas apenas 54% do dinheiro apareceu no orçamento do governo.[292]

E em que é que a riqueza dos recursos dos Camarões resultou para os camaroneses? Houve boas notícias na frente económica: durante a última década, o produto interno bruto per capita do país cresceu 4% ao ano, acima da média global de 2,6%.[293]

Outros números, no entanto, mostram que a receita do petróleo não afeta a vida das pessoas que mais precisam de ajuda: 48% da população continua a viver abaixo da linha da pobreza. Os cuidados de saúde são escassos e a expetativa de vida de Camarões é de apenas 57 anos para os homens e 59 anos para as mulheres.

Alguns podem argumentar que a pobreza e a alienação dos locais, particularmente no sudoeste dos Camarões, contribuíram para a crise anglófona, que, desde o final de 2017, resultou em confrontos violentos, na morte de dezenas e na deslocação forçada de dezenas de milhares de pessoas.

A crise tem as suas raízes no colonialismo africano e na divisão, pela Liga das Nações, da colónia alemã de "Kamerun" entre a França e a Inglaterra após a derrota da Alemanha na Primeira Guerra Mundial. Em 1960, quando os Camarões conquistaram a sua independência, os residentes de língua inglesa tiveram a opção de se unir à parte francófona dos Camarões ou de se tornarem cidadãos da vizinha Nigéria. Os cidadãos votaram pela permanência, mas, desde então, ouviram-se muitos relatos de tratamentos injustos, com a educação, as estradas e a assistência médica na região oeste do país a serem negligenciadas — apesar da produção de dezenas de milhares de barris de petróleo no sudoeste, que é uma região anglófona.[294]

Alguns falantes de inglês querem obter justiça por estas ofensas, enquanto outros pedem uma solução mais extrema: a criação de um estado independente ao qual se referem como "Ambazonia". Os anglófonos queixam-se da desigual distribuição das receitas provenientes dos recursos naturais.

Revejo-me fortemente nas suas preocupações: eu venho do departamento de Manyu, na região sudoeste do país. Estas queixas são válidas. Não estamos a criar empregos ao ritmo que deveríamos, e o setor privado sofre com impostos altos, com a corrupção e com a burocracia. Milhões de jovens camaroneses não têm acesso a assistência médica. Crianças e adolescentes estão a morrer sem razão. Acredito que a única saída é um diálogo que inclua todas as pessoas envolvidas, todas as partes interessadas. Todos os residentes do país devem ser tratados com dignidade, justiça e equidade.

Outro caso preocupante é o agravamento da situação na Líbia. Seria justo dizer que o país tem estado em conflito desde que a revolta de 2011 pôs fim ao regime de Muammar Gaddafi, que governou o país durante 42 anos, e desde aí várias forças começaram a lutar pelo controlo das reservas de petróleo do país.

Mustafa Sanalla, presidente da NOC da Líbia, tem tido dificuldades em manter o petróleo a fluir enquanto as milícias lutam pelo controlo da infraestrutura petrolífera. Vários dos seus funcionários foram mortos e sequestrados. Sanalla quase perdeu a vida quando a sede da NOC foi atacada pelo autoproclamado Estado Islâmico. A certo ponto, a Guarda de Instalações de Petróleo, uma força armada encarregue de proteger a infraestrutura petrolífera da Líbia, teve de fechar o maior campo de petróleo do país. As interrupções na produção de petróleo custaram ao país 100 mil milhões de dólares em receitas perdidas nos últimos cinco anos, estimou Sanalla no início de 2019.

Estes cortes de produção são um enorme problema para a Líbia, que é extremamente dependente das receitas de petróleo. Houve um colapso nos serviços públicos, em particular na saúde.[295] Cerca de um terço da população vive na pobreza, sem acesso a água potável ou a sistemas de saneamento.[296]

Embora estes exemplos sejam extremamente preocupantes, ainda acredito que é possível aprender com eles e pôr um fim à má administração das receitas provenientes destes recursos naturais. E este processo deve começar com um exame sério daqueles que gerem bem as suas receitas.

Olhemos Para a Noruega

Na década de 1960, Stavenger era uma pequena cidade pesqueira norueguesa com uma economia e uma população em declínio. Atualmente, Stavenger é a quarta maior cidade da Noruega e um popular destino turístico. É a sede de uma universidade, de uma sala de concertos, de vários museus — incluindo o popular Museu Norueguês do Petróleo. Enormes navios viajam diariamente do porto da cidade para plataformas de petróleo *offshore*. E Stavenger não é caso único na Noruega; é uma imagem das transformações que ocorreram em todo o país depois de reservas de petróleo e gás natural terem sido descobertas em 1969.

As reservas de petróleo foram fundamentais para esta transformação, mas o que realmente fez a diferença foi a estratégia da Noruega para gerir as enormes receitas que gerou. Como resultado desta abordagem, a Noruega conseguiu usar os seus 40 mil milhões de dólares em receita anual para promover a prosperidade em todo o país.

Isto não significa que não tenha havido alguns erros pelo caminho. Quase imediatamente depois do país ter começado a exportar petróleo e gás, as receitas iam diretamente para o orçamento do estado. Dentro de poucos anos, no entanto, as exportações crescentes de petróleo e gás da Noruega começaram a colocar o país em risco de passar de uma economia diversificada para uma que dependia fortemente do petróleo.

"A Noruega teve quatro anos de doença holandesa, onde os salários aumentaram, as fábricas perderam os seus melhores profissionais para a indústria do petróleo, e os estrangeiros que vinham investir no *boom* do petróleo inflacionaram tanto o valor da moeda que os clientes de outros países deixaram de conseguir pagar pelos outros produtos de exportação noruegueses", disse Farouk al-Kasim, que esteve no Ministério do Petróleo da Noruega nessa época. "Inicialmente, o governo respondeu distribuindo subsídios, o que nos enterrou ainda mais".[297]

Com receio pela economia da Noruega, o governo procurou uma solução. Em meados da década de 1970, por recomendação de al-Kasim, a Noruega começou a investir os lucros das empresas estatais de petróleo em pesquisa tecnológica, que não apenas melhorou as capacidades de extração do país, mas também ajudou outras indústrias norueguesas — incluindo a construção, o transporte, a manufatura e até a restauração e o turismo — a desenvolver-se e a crescer.

E, em 1995, a Noruega deu um passo ainda mais dramático: começou a limitar a 4% as receitas do petróleo que o governo poderia gastar. Este dinheiro deveria ser usado para construir infraestruturas e projetos públicos, assim como deveria ser investido em mercados financeiros estrangeiros. O resto das receitas foi posto num fundo soberano que, em 2014, já valia 890 mil milhões de dólares.

A Noruega manteve sempre o seu forte compromisso com a transparência na gestão destes fundos. O público tem acesso a todos os investimentos realizados, bem como à exposição ao risco e à sua performance. Os gestores do fundo reúnem-se regularmente com legisladores e jornalistas.

O primeiro-ministro da Noruega, Jens Stoltenberg, resumiu a abordagem do seu país em relação às receitas vindas dos seus recursos naturais num discurso de 2013 na Escola de Estudos Governativos Kennedy da Universidade de Harvard. A Noruega tornou-se uma das nações mais ricas do mundo, disse ele, porque se recusou a gastar as suas enormes receitas, colocando-as num fundo e utilizando apenas os juros pagos anualmente. "Desta forma, o fundo dura para sempre. O problema na Europa com os déficits e a crise da dívida é que muitos países europeus gastaram dinheiro que não têm. O problema na Noruega é que não gastamos o dinheiro que temos. Isso requer um certo tipo de coragem política ", disse ele.[298]

É justo dizer que muitos países africanos são culpados de gastar o dinheiro do petróleo de que ainda não dispõem. Outros são culpados de gastar mal o dinheiro que possuem, dinheiro que poderia abrir o caminho para um futuro melhor.

Embora o modelo da Noruega possa não ser perfeitamente ajustado às necessidades dos países africanos, há alguns elementos que funcionariam. Estes incluem:

- Utilizar apenas uma percentagem da receita do petróleo para as despesas do estado. Essa percentagem não precisa necessariamente de ser tão baixa quanto 4%: os países africanos precisam de investimentos em infraestrutura, educação, saúde e outros serviços para melhorar a qualidade de vida das pessoas e fazer crescer a economia;
- Ser prudente nos gastos com projetos que impliquem grandes investimentos de capital, compreendendo que os preços do petróleo e do gás são voláteis, e que as receitas tanto fluem quanto estancam;
- Canalizar a receita para projetos e iniciativas que não apenas beneficiam o setor do petróleo, mas que possam também ter impacto noutros setores e promover a diversificação económica;
- Pôr de lado grandes porções dos lucros. Poupá-los. Investi-los. Reservá-los para os cidadãos e para as comunidades.

Não irá demorar muito para que uma versão do fundo soberano da Noruega seja implementada em África. Em fevereiro de 2019, o governo do Quénia lançou um projeto de lei para a criação de um fundo deste género.[299] Se a lei entrar em vigor, as receitas petrolíferas e de minérios serão canalizadas para uma de três direções: poupança, um fundo de estabilização orçamental e um fundo para despesas e investimentos domésticos. O Quénia não depende do dinheiro do petróleo, este representa apenas uma pequena percentagem da receita fiscal, mas um fundo como este é um passo promissor em termos de chegarmos a uma gestão transparente das receitas dos recursos naturais. A lei inclui a definição do tipo de ativos que podem compor o fundo, regras claras de depósitos, requisitos de divulgação pública e uma seleção competitiva e transparente de gestores externos.

O Instituto de Gestão dos Recursos Naturais (*Natural Resource Governance Institute* – NRGI) apontou, no entanto, que a lei também traria riscos para o dinheiro público. Por um lado, os membros do conselho seriam nomeados pelo gabinete do presidente, que também seria o único agente de supervisão. O NRGI recomenda tomar medidas para garantir que pelo menos três membros do conselho sejam nomeados por outros agentes além do presidente, e que o parlamento, o escritório de orçamento parlamentar e um auditor externo independente analisem regularmente o desempenho do fundo. Concordo totalmente.

Aumentar o Controlo local

No seu artigo "O Petróleo para o Povo, a Maldição dos Recursos que Está a Chegar a África — E Como a Evitar", Larry Diamond e Jack Mosbacher fizeram uma sugestão radical: que os países africanos deveriam entregar as novas receitas do petróleo diretamente à população como rendimentos tributáveis. "Ao retirar o controlo sobre estas receitas das mãos da elite política e ao restabelecer o vínculo entre os cidadãos e seus funcionários públicos, esta estratégia de 'petróleo-por-dinheiro' oferece o melhor caminho para as futuras nações africanas ricas em petróleo evitarem o destino em que caíram tantos no passado", escreveram.[300]

Se um país africano adotasse esta proposta, estaria a comprometer-se em depositar uma percentagem predeterminada das suas receitas petrolíferas diretamente nas contas bancárias dos cidadãos, assim como o governo dos EUA faz com os pagamentos da Segurança Social. E, tal como na Segurança Social, estes pagamentos seriam tributados — a uma taxa que as famílias mais pobres pudessem gerir, sugerem Diamond e Mosbacher.

Eles acreditam que a parte da tributação é crítica porque restauraria a responsabilização que existe quando os governos dependem dos seus cidadãos para obter rendimentos. Esta abordagem de "petróleo-por-dinheiro" foi já desenhada por investigadores do Centro para o Desenvolvimento Global, que argumentam que, pagando impostos sobre o dinheiro recebido, os cidadãos passariam de uma posição passiva a terem um relacionamento ativo com os seus governos.

Diamond e Mosbacher não são os únicos a defender que a receita do petróleo deve ser diretamente canalizada para os cidadãos. Shanta Devarajan, diretora sénior de economia de desenvolvimento do Banco Mundial, apresentou argumentos semelhantes.

"Se, em vez de tomar decisões (irresponsáveis) de gastos públicos com as suas receitas do petróleo, os governos distribuírem essas receitas diretamente pelos cidadãos (em quantidades iguais para todos os cidadãos) e depois as tributarem para financiar bens públicos, haveria pelo menos dois efeitos. Primeiro, os cidadãos teriam uma ideia melhor de quantas receitas havia. Segundo, como as despesas são financiadas com os seus impostos, os cidadãos terão um incentivo maior para escrutinar essas despesas", escreveu ele em 2017. "Mesmo sem este escrutínio adicional, a simples transferência de apenas 20%

da receita do petróleo do governo para os cidadãos seria o suficiente para eliminar a pobreza extrema em Angola, na República do Congo, na Guiné Equatorial, no Gabão e na Nigéria."[301]

Para ser sincero, estou na dúvida em relação a esta estratégia. Concordo que há benefícios em serem os cidadãos a financiar o estado através dos impostos, mas os depósitos diretos dependeriam fortemente de um nível de transparência e de cooperação por parte dos governos centrais que raramente vemos. O que impediria os governos de "limar" parte da receita que recebiam antes de partilharem as percentagens dos cidadãos?

Gosto de vários pontos levantados por Diamond e Mosbacher, começando com a ideia de que os africanos não precisam que os seus governos decidam o que é melhor para eles quando se trata de gastar rendimentos.

"O argumento de que as pessoas pobres não compreendem o que é melhor para elas tão bem como os burocratas e os funcionários públicos é um mito paternalista", escreveram eles. Excelente ponto, senhores.

Em vez de depositar as receitas diretamente nas contas dos indivíduos ou de canalizar quase toda a receita para um fundo soberano como a Noruega, acho que há um potencial real para a ideia de que as receitas provenientes dos recursos naturais sejam investidas em fundos fiduciários que seriam estabelecidos para as — e geridos pelas — comunidades africanas.

Uma percentagem predefinida da receita seria adicionada regularmente ao fundo. Os depósitos não seriam feitos por governos centrais, mas por empresas de petróleo e gás. Os membros da comunidade formariam um conselho de administração para administrar o fundo e investir os depósitos, acompanhados por conselheiros ou consultores estrangeiros que possam oferecer uma orientação técnica imparcial sobre a gestão do fundo. Os rendimentos gerados pelo fundo fiduciário seriam usados para o benefício da população local, e os membros da comunidade teriam o poder de decidir como este dinheiro é usado. Quaisquer transações de capital para dentro e para fora da conta seriam tornados público, possivelmente num *site*. Evidentemente, estabelecer este tipo de sistema exigiria legislação ou medidas políticas, e fazer com que isso aconteça exigiria cooperação ao nível federal.

Num artigo de 2004 sobre fundos fiduciários comunitários para o *North Carolina Journal of International Law and Commercial Regulation*, Emeka

Duruigbo salienta que os fundos fiduciários estão longe de ser um conceito desconhecido na África Subsaariana:

"Em Amodu Tjani v. Secretário do sul da Nigéria, o visconde Haldane declarou: 'A noção de propriedade individual é bastante estranha às ideias nativas", escreveu Duruigbo. "A terra pertence à comunidade, à vila ou à família, nunca ao indivíduo. Todos os membros da comunidade, vila ou família têm o mesmo direito à terra, mas, em todos os casos, o chefe ou líder da comunidade ou vila, ou chefe da família, é responsável pela terra, e de uma forma coloquial poderá ser por vezes chamado de proprietário. Ele está em certa medida na posição de administrador e, como tal, detém a terra para uso da comunidade ou da família.'"[302]

O estudo cita o exemplo do Fundo Permanente do Alasca (*Alaska Permanent Fund* – APF), criado através de uma emenda à Constituição do Alasca em 1976. Hoje, 25% a 50% das receitas de minérios pagas ao estado são depositadas num fundo para os atuais e futuros alasquianos. O fundo é administrado pela Alaska Permanent Fund Corporation, que recebe orientação de um conselho de administração independente. O Alasca estabeleceu uma supervisão adicional, dando ao seu braço legislativo direitos de aprovação final sobre os investimentos do fundo. E o público também está envolvido na supervisão, porque a remoção dos membros do conselho só se torna efetiva quando acompanhada de uma declaração divulgada ao público explicando os motivos da remoção. Os cidadãos também têm acesso a informações sobre quanto o fundo ganha e como as receitas são distribuídas.

Em 1982, o fundo começou a fazer pagamentos anuais de dividendos aos residentes. Entre essa altura e 2015, o fundo emitiu um total de 22,4 mil milhões de dólares distribuídos pelos cidadãos elegíveis, em pagamentos que variam de 330 dólares a 2.000 dólares por pessoa. Observe-se que o fundo distribui dividendos; isto não implica termos um governo a transferir uma parte das suas receitas do petróleo diretamente para os cidadãos.

A abordagem do Alasca seria uma boa opção para África, escreve Landry Signé, um *fellow* David M. Rubenstein com a Brookings Institution. "O sucesso deste fundo não é apenas a redistribuição dos lucros dos recursos naturais, mas também a transparência que essa distribuição exigirá e a melhoria dos processos de governança associados. De fato, reduzir o poder discricionário dos líderes políticos para determinar a utilização da receita dos recursos naturais irá reduzir a governança irresponsável, as práticas rentistas e a corrupção ", escreveu.[303]

Os africanos também devem olhar para o Nunavut Trust of Canada, um fundo administrado pela comunidade estabelecido como parte do acordo de reivindicação de terras de Nunavut em 1999. O acordo levou à criação do território de Nunavut e exigiu que o povo indígena de Nunavut recebesse 1,2 mil milhões de dólares em compensações durante um período de 14 anos. O dinheiro foi canalizado através do Nunavut Trust, encarregue de proteger e expandir os fundos para o benefício do povo.

No seu relatório, "Lucros Inesperados do Petróleo no Cáspio: Quem Irá Beneficiar?", a diretora do Observatório de Receitas do Cáspio Svetlana Tsalik descreveu o fundo como um exemplo promissor para outros países em desenvolvimento que sejam produtores de petróleo: "Ao contrário dos fundos de petróleo administrados pelo governo, o Nunavut Trust é um fundo gerido pela comunidade. Tem obtido retornos fortes, ao mesmo tempo que continua a demonstrar responsabilidade para com os seus constituintes. O fundo também demonstra como estas comunidades podem ser compensadas pelas consequências externas negativas do desenvolvimento do petróleo e como podem transformar esta compensação numa fonte de receita sustentável a longo prazo."[304]

Tenho confiança de que estabelecer fundos fiduciários para as comunidades nos ajudaria a superar uma infinidade de problemas de má gestão das receitas do petróleo.

- Em vez de ficarem a assistir a uma pequena elite a desviar as receitas do petróleo para os seus bolsos, enquanto continuam a lidar com as consequências da extração, os africanos comuns poderão ver benefícios tangíveis nas suas próprias comunidades;
- Finalmente, os indivíduos teriam uma palavra a dizer sobre como as receitas do petróleo são investidas e como é que os lucros são gastos. Iria-se valorizar e tirar partido das suas vozes e ideias;
- As comunidades não precisariam de confiar nos governos para serem os seus "intermediários". As empresas fariam os pagamentos diretamente para o fundo;
- As comunidades poderiam investir os retornos dos fundos em programas que se traduzissem numa melhor qualidade de vida e maiores oportunidades de emprego. Como resultado, a alienação individual e comunitária, o desespero e a violência diminuiriam;
- As comunidades, se quisessem, poderiam investir em projetos que ajudassem a proteger o seu meio ambiente, o que poderia reduzir o

número de ocorrências de grupos militantes que tentam encerrar atividades de E&P.

Lições Aprendidas: O Projeto do Oleoduto Chade-Camarões

À primeira vista, o programa de gestão de receita proposto para o oleoduto Chade-Camarões tinha tudo a seu favor: a adesão das partes interessadas, os mecanismos de supervisão e o potencial para mudar a vida dos africanos para melhor. Uma vez colocado em prática, no entanto, simplesmente não funcionou.

Um pouco de contexto histórico: em 1988, mais de uma década após a descoberta de petróleo no Chade, os governos do Chade e dos Camarões e um consórcio de empresas estrangeiras concordaram em perfurar 300 poços de petróleo e em construir um oleoduto de 1.070 quilómetros que se estenderia a partir da costa dos Camarões a nordeste dos campos petrolíferos de Doba, no sul do Chade.[305]

Como o Chade era um país com rendimentos médios baixos e com uma longa história de guerra civil, os bancos comerciais e os membros do consórcio insistiram na participação de uma agência multilateral de desenvolvimento como parceira para ajudar a mitigar os riscos. O Banco Mundial concordou em cumprir esse papel e em servir como principal garante do projeto. Além disso, decidiram usar o projeto como uma oportunidade para promover mudanças positivas no Chade. O Banco Mundial convenceu o presidente do Chade, Idriss Deby, a pôr de lado 85% das receitas vindas dos campos de petróleo do país para programas socioeconómicos como a educação, a saúde e o desenvolvimento rural. Pressionaram também o parlamento do país a aprovar uma lei sobre a gestão da receita, que exigia uma monitorização consistente e a criação de um comité de supervisão com quatro representantes da sociedade civil.

Em 2003, o oleoduto foi concluído e o Chade começou a exportar petróleo. Até ao final de 2006, mais de 440 milhões de dólares foram transferidos para uma conta caucionada em Londres detida pelo governo do Chade.[306]

Infelizmente, os problemas começaram a surgir logo em 2004,

quando o governo do Chade falhou no cumprimento de alguns dos aspetos do acordo. Em 2005, Deby anunciou que planeava candidatar-se à reeleição, o que deu início a uma revolta por parte dos seus possíveis sucessores. No final daquele ano, o parlamento do Chade aprovou reformas ao acordo propostas por Deby. O governo tinha agora maior acesso às receitas do petróleo, das quais poderia fazer um uso discricionário, e a segurança era agora considerada prioritária, o que abriu a porta a maiores gastos com defesa. O Banco Mundial suspendeu todos os pagamentos e congelou a conta que detinha as receitas do petróleo.

Depois de um ataque rebelde em 2006 quase ter retirado Deby do cargo, e com o colapso do estado a parecer cada vez mais provável, o Banco Mundial cedeu e concordou com a maioria das mudanças ao programa de gestão de receita feitas pelo governo. Mas em 2008, após outro ataque rebelde, o Banco Mundial determinou que o modelo que tinha em mente para a gestão das receitas simplesmente nunca se iria concretizar e pôs um fim ao seu envolvimento.[307]

O que podemos aprender com isto? Por um lado, as atividades de produção e exportação do Chade entraram em operação com demasiada rapidez, antes que o país tivesse tempo para desenvolver o tipo de capacidades institucionais necessárias para absorver, gerir e distribuir grandes volumes de capital vindo do petróleo.

Mas a maior fraqueza do programa foi o facto de ter sido criado e gerido por uma organização externa. Já afirmei antes: cabe aos africanos responder aos desafios de África. O Banco Mundial foi bem-intencionado, mas o programa implementado não se adequava às realidades do Chade.

Em última análise, a ideia do Banco Mundial de colocar as receitas do petróleo num fundo que ajudaria o povo do Chade era boa. Agora, só precisamos de ver os agentes africanos lançarem uma iniciativa própria.

17

O Engenho Americano e o Potencial Petrolífero de África

Shawn Simmons era uma aluna de liceu em Houston, Texas, quando foi incentivada pela primeira vez a considerar uma carreira em engenharia.

"A nossa incrível professora, a Sra. Moore, sugeriu que eu estudasse engenharia, durante uma das nossas frequentes conversas fora das aulas", escreveu Simmons num artigo de 2016 sobre a mentoria para a revista *STEAM*. "Como eu tinha admiração e respeito pela Sra. Moore, prestei atenção ao que ela tinha para me dizer e então decidi inscrever-me na Escola Secundária Booker T. Washington para as Profissões de Engenharia, uma escola em Houston especializada em formação em engenharia."[308]

Avançamos um par de décadas, e Simmons vive e trabalha em Lagos, na Nigéria, como supervisora ambiental e regulatória para a ExxonMobil Development Company.

"Tive a sorte de fazer parte da equipa que criou uma rede de contactos de mulheres, assim como da sua primeira iniciativa 'Introduza uma rapariga à engenharia e à ciência na Nigéria'", escreveu Simmons, uma engenheira de petróleo e meio ambiente com um doutoramento em toxicologia ambiental.

Por estes dias, Simmons está de volta a Houston, onde continua a incentivar raparigas e a dar mentoria a mulheres. Continua a ir à Nigéria três ou quatro vezes por ano, agora na posição de gerente ambiental e de licenciamento para a Gulf Coast Growth Ventures da ExxonMobil. Uma das suas muitas responsabilidades é ajudar a ExxonMobil a estar em conformidade com os regulamentos ambientais da Nigéria.[309]

"Estou a gostar de África e dos projetos que lá desenvolvemos", disse Simmons recentemente à *Diversity/Careers in Engineering & Information Technology*. "É tudo tão grande e emocionante, e eu gosto disso."[310]

Poderíamos dizer que Simmons é uma espécie de embaixadora: para os nigerianos que conheceu, ela ofereceu um vislumbre da cultura e do ponto de vista americanos, ao mesmo tempo que teve um impacto positivo na vida dos membros da comunidade. Além disso, tem tido um papel importante a ajudar uma grande multinacional de petróleo e gás a operar com sucesso na Nigéria.

Esta dinâmica é uma pequena ilustração das relações positivas que os profissionais americanos de petróleo e gás — e as empresas — estão a formar em todo o continente africano. É uma imagem de respeito e cooperação mútuos, e é algo que precisamos de ver mais.

Sinto-me muito abençoado por ter trabalhado com grandes homens americanos do petróleo, que se interessaram muito por mim e me guiaram, incluindo:

- Jeff Mitchell, Vice-Presidente Sénior e COO na Vanco Energy Company
- Gilbert Yougoubare, Vice-Presidente para África na Vanco Energy Company
- Bob Erlich, Sócio e Diretor Executivo de *Upstream* na Cayo Energy LP
- Mark Romanchock, atual Geólogo Principal na Samsara Geosciences
- Todd Mullen, CEO Interino, Vice-Presidente Executivo e Conselheiro Geral na PanAtlantic Exploration Company
- Bill Drennen, Presidente e CEO na WTD Resources, LLC
- H. Daniel (Danny) Hogan, Diretor Geral na LUKOIL International Upstream West
- Ronald Wallace, Especialista em Exploração e Desenvolvimento
- Bruce Falkenstein. Gestor, Gestão de Licenças – Operações Conjuntas e Conformidade na LUKOIL Overseas Offshore
- E o insubstituível Gene van Dyke. Um verdadeiro precursor e pioneiro.

Mesmo quando me revoltava, eles sabiam sempre como me controlar e me orientar para que encontrasse a melhor versão de mim próprio. Moldaram o meu pensamento sobre o petróleo e o gás. Espero que muitos jovens africanos tenham o privilégio de trabalhar com homens assim. Pessoas sem paciência para disparates, difíceis de agradar, que nunca tiveram problemas com o facto de eu usar botas de *cowboy* ou de ter uma atitude mais rural. Protegeram-me e estavam sempre lá para me apoiar nos momentos mais difíceis.

Precisamos que as empresas de petróleo e gás americanas continuem a operar nas comunidades africanas e que continuem a contratar pessoas africanas, a comprar a fornecedores africanos e a fazer parcerias com empresas africanas. E precisamos de empresas dispostas a partilhar conhecimentos, tecnologias e as melhores práticas, empresas que estejam dispostas a ser bons agentes no setor e a formar parcerias construtivas nas áreas em que trabalham.

As empresas americanas continuam a ter todo o interesse em fazer isto. Aqui, elas podem colher enormes recompensas financeiras.

Cabe-nos a nós, enquanto membros da comunidade africana, líderes e representantes empresariais, fazer o máximo possível para incentivar as empresas americanas de petróleo e gás a lançar, a dar continuidade e a aumentar as suas operações africanas.

A Revolução do Xisto e o Novo Normal

Em 2005, a produção de petróleo dos EUA estava em declínio há três décadas e totalizava apenas cerca de 5,2 mbo/d. Ao mesmo tempo, as importações chegavam a cerca de 10,1 mbo/dia. A produção de gás natural do país atingiu um pico de 22,6 tcf em 1973 e de 18,1 tcf em 2005. Nessa altura, todos os alarmes tocavam a sugerir que uma "crise de gás natural" estaria ao virar da esquina.

E de repente entra o fraturamento hidráulico. Durante aproximadamente 15 anos, o texano do petróleo George Mitchell tentou fazer dinheiro com este processo, uma técnica com décadas de existência conhecida como "fracing". O processo envolve uma injeção de água, produtos químicos e areia a alta pressão em depósitos de xisto para libertar petróleo e gás presos na rocha. No final dos anos 90, a sua empresa, Mitchell Energy, começou a ter algum sucesso com o fraturamento hidráulico de gás natural. Gradualmente, outras empresas começaram a ir atrás destes sucessos. O *fracing*, combinado com a perfuração direcional horizontal (*horizontal directional drilling* – HDD) e outras tecnologias, estava a possibilitar aos produtores aceder a recursos de petróleo e gás que antes eram considerados impraticáveis de explorar.[311]

Foi um momento de mudança decisivo. Entre 2005 e 2015, a produção de gás natural dos EUA cresceu 50%, tornando os EUA no maior produtor mundial de gás natural.[312]

A produção de petróleo dos EUA subiu rapidamente durante o mesmo período, atingindo 9,43 mbo/d em 2015. Chegou a atingir uma alta histórica de 11 mbo/d em 2018.[313][314]

A indústria do petróleo e do gás dos EUA sofreu em 2014, quando os preços do petróleo começaram a cair; no entanto, os produtores de petróleo e gás de xisto permaneceram resilientes. Tendo ultrapassado a Rússia em outubro de 2018 como o maior produtor mundial de petróleo, os EUA são hoje exportadores de energia pela primeira vez em 65 anos.

Se por um lado fico feliz pelos meus amigos americanos na indústria do petróleo, o *boom* do xisto não é necessariamente uma boa notícia para os exportadores de petróleo africanos. Nos anos que antecederam o *boom* do xisto, os EUA foram um dos três principais mercados de compra de petróleo africano, em conjunto com a China e a Índia. As refinarias americanas ao longo da costa leste foram configuradas para processar o petróleo Bonny Light da África Ocidental, que é particularmente bom para produzir gasolina, o que o torna importante num mercado americano tão centrado à volta do automóvel. Mas entre 2004 e 2013, o volume de petróleo bruto africano enviado para os EUA caiu quase 70%. Se o petróleo dos EUA continuar a inundar o mercado, as exportações de petróleo de África para os EUA poderão parar completamente. Isto seria causa para sérias preocupações para países africanos como Angola ou a Nigéria, que dependem fortemente das exportações de petróleo para financiar o orçamento de estado. Esta tendência destaca a importância crítica de fazer uso das receitas de petróleo e gás, em toda a cadeia de fornecedores, para diversificar as economias dos países africanos.

O *boom* do xisto também afetou a presença de empresas americanas de petróleo e gás em África: muitos dos principais agentes empresariais dos EUA, incluindo a Hess, a Conoco, a Anadarko, a Apache, a Devon e a Pioneer, saíram ou reduziram drasticamente a sua presença em África para se tornarem produtores de relevo no setor do xisto nos EUA. Houve um fator de atração e de afastamento para as empresas de energia dos EUA que saíram de África: uma combinação de oportunidades cada vez mais atraentes no xisto *onshore* dos EUA e a perceção de maior risco em África. O mercado doméstico de xisto nos EUA é visto como um recurso enorme comprovado, com menor risco geológico e menor risco político.

Enquanto isso, em África, as taxas de sucesso de exploração flutuavam e a grande promessa de campos de petróleo africanos, como o Jubilee no Gana, não foi totalmente concretizada. Vários desenvolvimentos, incluindo as centrais de GNL em Angola, em Moçambique e na Tanzânia, e o campo de petróleo *offshore* de Egina na Nigéria, viram grandes excedentes de custos e atrasos nos calendários dos projetos. Alguns países, incluindo o Uganda e Moçambique, impuseram impostos sobre mais valias em transações de capital. Também houve agitação na Líbia, o que teve um impacto em alguns dos produtores na região, e os operadores de petróleo do Sudão do Sul estão a sentir o aperto das sanções dos EUA. A queda do preço do petróleo e as limitações ao acesso ao crédito também tiveram um impacto negativo.

As empresas petrolíferas americanas têm uma longa história em África, principalmente as duas maiores, a ExxonMobil e a Chevron. Enquanto estes dois agentes permaneceram no continente, nos últimos 5 a 10 anos, várias empresas americanas independentes de E&P foram saindo de África e voltaram as suas atenções para as oportunidades domésticas da exploração dos campos de xisto. Neste período, várias empresas independentes e IOCs americanas optaram por investir em locais como o Brasil, a Guiana, o Golfo do México americano, e no México — regiões com políticas mais transparentes, melhores termos fiscais, melhor qualidade geológica, ou melhores volumes de recuperação por poço.

Os exploradores mais pequenos também desapareceram, ou porque não tiveram sucesso com a exploração ou porque tiveram dificuldades em obter financiamento. Alguns exemplos incluem a Erin Energy (que mudou de nome para Camac Energy em 2015) e a PanAtlantic (anteriormente Vanco). Por outro lado, a VAALCO Energy continuou a apostar nas suas operações em África através da contratação de Thor Pruckl, vice-presidente executivo de operações internacionais. A empresa, que se concentra no Etame Marin no Gabão e no Bloco P na Guiné Equatorial, ainda tem um forte apetite por África e um talento especial para bons ativos marginais. A Noble e a Marathon são atualmente as únicas empresas americanas de E&P de porte médio ainda com presença em África.

Porém, esta tendência de abandonar projetos estrangeiros de E&P não se limita a África.

As empresas americanas têm-se retirado de outras regiões onde historicamente eram agentes dominantes, principalmente no Mar do Norte. A Conoco, a Marathon, a Chevron, a ExxonMobil, a EOG Resources e a Hess venderam parte ou a totalidade dos seus ativos na região nos últimos anos.

Como mencionei anteriormente, a perceção generalizada é de que o xisto dos EUA é menos arriscado e tem vantagens económicas em relação a desenvolvimentos de petróleo e gás em África. No entanto, como em qualquer comparação, muitas vezes não é assim tão simples.

Fundamentalmente, é mais caro extrair petróleo de xisto do que de reservatórios convencionais, principalmente porque é necessário estimular o reservatório de xisto através de *fracing* para permitir que o petróleo flua. Portanto, a produção *onshore* convencional em reservatórios de alta qualidade deveria ter uma produção mais económica. A produção *offshore*, por outro lado, é uma história diferente. O custo da perfuração de um poço *offshore* é várias vezes maior que o de um poço *onshore*, mesmo incluindo o *fracing*. Claramente, então, a produtividade do poço *offshore* deve ser mais elevada para poder competir economicamente.

Isto sugere que, se o xisto dos EUA fosse o santo graal, as empresas de xisto dos EUA deveriam ter um desempenho consistentemente bom, principalmente com a recuperação do preço do petróleo. Este nem sempre foi o caso. Embora fundamentalmente o perfil económico dos projetos de produção petrolífera americana seja forte, o xisto tem sido afetado por problemas de congestão de mercado devido aos altos níveis de produção, além de alguns problemas de qualidade e de algumas deceções relacionadas com a produtividade dos campos.

Embora a produção nos EUA tenha ressurgido nos últimos anos, nem todas as empresas focadas no xisto tiveram um bom desempenho, e os investidores levantaram problemas devido à falta de geração de capital. Também houve aumento da pressão sobre a remuneração e as metas dos executivos, com altos custos gerais e administrativos registados em muitas destas empresas. Desde 2007, as empresas de energia gastaram 280 mil milhões de dólares a mais do que geraram nas operações de investimentos em xisto, de acordo com um estudo. Várias empresas entraram em falência, mas depois ressurgiram. As empresas perfuram primeiro os ativos que lhes oferecem um menor custo/ melhor retorno, o que significa que esperam uma deterioração na qualidade dos resultados dos poços ao longo do tempo, bem como um declínio na eficiência económica a longo prazo. Também há a perceção de que o fraturamento é destrutivo, usa muita água, contamina as águas subterrâneas, emite produtos químicos cancerígenos e causa terramotos.

Os Riscos

Não há como negar que operar em África representa uma série de riscos muito reais para as empresas americanas. Precisamos de estar cientes desses riscos para estarmos melhor posicionados para os mitigar (quando possível) e melhor preparados para ter conversas honestas com empresas americanas interessadas em operar aqui.

Em geral, as empresas de E&P podem esperar enfrentar riscos geológicos, fiscais, governamentais, operacionais, económicos e políticos, de infraestrutura, de monetização de gás, de financiamento e de empresas de serviços, entre outros.

Vamos examinar detalhadamente a questão do risco geológico, que pode ser dividido nas categorias de exploração, avaliação, desenvolvimento e produção.

Risco de exploração: Para ativos de xisto, não há muito risco de exploração: a maioria deles já foi descoberto. Muitos poços convencionais têm informação histórica disponível que mitiga o risco.

O risco de exploração é um fator muito mais importante em regiões de fronteira mais recentes ou regiões subperfuradas: por outras palavras, na maior parte de África. Se compararmos as probabilidades de sucesso em pré-perfuração com as taxas de sucesso de exploração nos últimos anos, vemos que as empresas, em geral, exageraram na avaliação do seu potencial de sucesso por não analisarem corretamente o risco de perfuração.

As empresas também parecem sobrestimar as probabilidades de encontrar petróleo, encontrando gás em vez disso, o que já é uma outra questão muito diferente. Com um maior escrutínio dos investidores e do setor, e com maiores restrições orçamentais, esperamos que as taxas de sucesso aumentem à medida que as empresas perfuram apenas os seus melhores ativos.

Risco de avaliação: Mais uma vez, o risco de avaliação é mais um problema para as novas descobertas do que para ativos de xisto. E os investidores tendem a concentrar-se mais no risco de exploração do que nesta importante área.

Há que ter em conta dois problemas:

Primeiro, uma vez que uma descoberta tenha sido feita, tem de ser avaliada. E essa avaliação tem de ser financiada. Algumas empresas podem não ter pensado tão longe. Se o tamanho da descoberta exigir perfuração de, digamos, cinco poços de teste, a empresa enfrentará imediatamente uma grande necessidade de financiamento.

Um exemplo da resposta do mercado a isto foi quando a LEKOIL fez uma descoberta potencial de mais de 500 mmboe chamada Ogo, na Nigéria. As ações da empresa caíram no dia do anúncio, pois a empresa precisaria de encontrar capital para a necessária avaliação da descoberta.

Segundo, um nível substancial de risco pode existir mesmo após a descoberta inicial. Já houve descobertas que pareciam comercialmente viáveis após o primeiro poço, mas que acabaram por ser questionáveis depois de centenas de milhões de dólares terem sido gastos. Alguns exemplos incluem o campo Paon/Saphir, nas águas da Costa do Marfim e o Chissonga, em Angola.

Risco de desenvolvimento: Isto afeta os projetos convencionais e de xisto.

Nos EUA, é mais provável que o risco de desenvolvimento esteja relacionado com congestões no mercado e com inflações não previstas nos custos. Durante a última década foram inúmeros os projectos *offshore* que começaram a produzir mais tarde e que foram mais caros do que o esperado. As empresas podem colocar contingências mas na maioria dos casos os seus custos de desenvolvimento ficaram, mesmo assim,muito acima dos valores para os quais se tinham preparado.

No entanto, desenvolvimentos mais recentes resultaram em melhores desempenhos, à medida que as empresas compreenderam e encontraram respostas para alguns dos problemas que enfrentaram no passado, e o mercado de serviços flexibilizou-se. Muitos desenvolvimentos mais recentes entraram em funcionamento antes do tempo e abaixo do orçamento.

Risco de produção: Outro risco muitas vezes subestimado é o de, uma vez que um campo inicia a produção, não produzir às taxas esperadas. Esta deceção na produção é uma questão que tem afetado bastante os projetos *offshore*. O risco é considerado mais baixo para o xisto, mas houve vários casos em que a produção também não correspondeu às expetativas.

De acordo com um estudo da Westwood Energy, metade dos campos de petróleo e gás em funcionamento não está a atingir as expetativas; cerca de 70% dos campos que tiveram apenas uma avaliação limitada, tiveram um desempenho abaixo do esperado no seu plano de desenvolvimento.

Também há risco geológico com o xisto: a produção pode ficar abaixo do esperado com o aumento da proporção de gás/petróleo (a produção de gás aumenta em relação à produção de petróleo ao longo do tempo) e com a interferência causada por poços que foram perfurados muito próximos uns dos outros, o que significa que menos petróleo é recuperado por poço. Combinado com muitas situações de congestões potenciais no mercado, o aumento dos custos significa que — apesar de todo o *hype* à volta do xisto — os lucros necessários para justificar os investimentos não estão forçosamente a ser gerados, e parece que várias regiões de xisto estão a atingir um *plateau* a nível de ganhos de produtividade e eficiência.

Talvez mais do que o risco geológico, é o risco político que mantém os investidores e as empresas de petróleo e gás fora de muitos países africanos. Isto pode incluir riscos de expropriação, desordem civil, revolução, imposição unilateral de novos impostos e *royalties*, imposição de controlos de exportação ou retirada de licenças para exportação ou importação, restrições de controlo cambial, e outros fatores que reduzem o valor do projeto petrolífero. Os investidores preocupam-se muito com o risco político, que, francamente, é um dos mais difíceis de quantificar, porque geralmente é imprevisível.

Em muitos países, existe o risco de um evento de "cisne negro", como um golpe de estado, mudar completamente o cenário do país. Isto, por sua vez, poderia afetar o contrato de uma empresa — ou criar a necessidade de fazer um novo. Embora as empresas possam sentir algum conforto no facto de que a maioria dos contratos estão abrangidos pelo direito internacional e a arbitragem ser uma opção, os anos necessários para concluir uma arbitragem podem acabar com o valor patrimonial da empresa (como foi o caso da empresa de E&P de Houston Cobalt International Energy Inc., em Angola).[315]

As empresas também enfrentam o risco de lidar com a burocracia, especialmente em regiões de fronteira, o que geralmente leva as coisas a demorar muito mais tempo do que o esperado, incluindo na obtenção de aprovações oficiais para prosseguir com os projetos. Na maioria dos casos, é também necessária a aprovação do governo para uma transferência de ativos. Foi o veto do governo à venda de ativos que impediu a ExxonMobil de comprar os ativos da Kosmos no Gana.

Outro risco que surgiu recentemente é o de países que estabelecem arbitrariamente impostos sobre mais-valias na venda de ativos, eliminando a capacidade das empresas de lucrar com a transação. Com um contrato de partilha de produção, os termos são definidos e geralmente possíveis de impor por meio de arbitragem internacional; portanto, estes contratos são raramente desrespeitados pelos governos nacionais. Os contratos de impostos e *royalties* podem estar sujeitos a alterações nas taxas de imposto sobre as empresas.

Uma particular preocupação para as empresas americanas é o risco de se envolverem em questões de corrupção, direta ou indiretamente. Os danos à reputação e as potenciais multas podem significar que as empresas simplesmente não querem correr o risco, seja qual for a recompensa. Várias empresas que operam em África, incluindo a Cobalt e a Weatherford International, foram investigadas sob a FCPA.[316] O Och-Ziff Capital Management Group, sediado nos EUA, e dois dos seus administradores pagaram taxas em 2018 relacionadas com o uso de intermediários, agentes e parceiros de negócios para pagar subornos a altos funcionários governamentais em África para investimentos em energia. Och-Ziff acordou pagar 412 milhões de dólares em questões civis e criminais, e o CEO Daniel Och acordou pagar 2,2 milhões de dólares para que as acusações contra ele ficassem resolvidas.[317] A BP foi recentemente tema de um documentário da BBC sobre "pagamentos suspeitos" ao irmão do presidente senegalês.[318]

Outros fatores importantes para a equação do risco são os sentimentos dos investidores em relação a uma determinada região ou país. Também pode haver razões específicas para os investidores estarem céticos em relação a algum país em particular, desde fracassos recentes em exploração até fusões e aquisições falhadas.

Os riscos da produção de xisto são muito diferentes dos desafios enfrentados pelos desenvolvimentos em águas profundas. Embora ainda exista risco de exploração e avaliação, como referi, a maioria das principais regiões petrolíferas dos EUA já foram descobertas e o trabalho necessário está mais focado no delineamento e produção das reservas existentes. O custo de avaliação é muito menor, o que permite que as empresas tenham um risco geológico menor em comparação com desenvolvimentos *offshore*. Existe sempre o risco de que os níveis de produção sejam desapontantes, mas este advém de questões diferentes: o risco de interferência entre os poços devido a espaçamentos muito pequenos, subestimar as taxas de declínio (fator b) ou subestimar o aumento da proporção de gás em relação a petróleo ao longo do tempo.

Obviamente, o risco político ainda existe nos EUA, mas é um problema muito menor do ponto de vista dos investidores americanos. Os derrames são um risco, especialmente devido às sanções dos EUA, mas o risco de um grande incidente é menor em desenvolvimentos *onshore*. Há um grande número de serviços e de consumíveis que são necessários para a produção em xisto e, com uma grande quantidade de produção concentrada numa área relativamente limitada, existe o risco de limitações de mercado que podem inibir a produção ou aumentar os custos. As áreas de preocupação incluem:

- Gestão de águas;
- Capacidade de processamento de líquidos de gás natural;
- Disponibilidade de plataformas de exploração;
- Equipamento para conclusão de poços;
- Areia;
- Pessoas.

Encorajadas pelo *boom* da parceria mestre limitada (*Master Limited Partnership* – MLP), a maioria das empresas terceiriza as suas necessidades de *midstream*, o que significa que os ativos deste setor são negociados a valores muito mais altos. Existem dois riscos principais associados a isto. Primeiro, se as empresas se comprometerem com acordos de transporte numa altura de preços baixos e a produção for limitada, podem ficar obrigadas a pagar as taxas de uso dos oleodutos ainda que a sua produção não o justifique. Segundo, as empresas que fazem estes acordos num ambiente de altos preços podem ter dificuldades em aceder a espaço de transporte nos oleodutos devido à elevada procura.

Realidades do Campo Petrolífero

África possui uma enorme quantidade de recursos de petróleo e gás já descobertos. Na última década, houve um volume fenomenal de gás descoberto em Moçambique, na Tanzânia, no Senegal, na Mauritânia e no Egito.

Porém, novas descobertas de petróleo têm sido muito mais difíceis de encontrar. Desde a descoberta do campo de petróleo Jubilee em 2007, tem havido uma clara falta de descobertas de petróleo na África Ocidental. Estima-se que o Jubilee, a primeira descoberta comercial de petróleo do Gana, contenha 3 bbo, o que representou 400 milhões de dólares em receita durante o seu primeiro ano de produção e 1000 milhões de dólares por ano desde então. Com esta descoberta, as empresas entraram na onda, tendo explorado dezenas de campos "parecidos com o Jubilee", desde Marrocos até a África do Sul. Pelo menos 50 poços de exploração foram perfurados desde então, com o único sucesso que merece menção a vir do SNE Deepwater Oilfield no Senegal (no entanto, a ConocoPhillips, a empresa americana envolvida nessa descoberta, optou por não lhe dar continuidade). Este não é apenas um fenómeno africano: as taxas de sucesso de exploração, especialmente para o petróleo, têm sido muito baixas nos últimos cinco anos, com uma baixa taxa de sucesso mercial de regiões de fronteira, o que resulta em altos custos por barril descoberto.

Campo Petrolífero de Águas Profundas SNE

O projeto SNE no Senegal tem tudo que ver com potencial. Quanto aos lucros, ainda vão demorar.

Estima-se que o campo contenha petróleo e gás natural — com um volume estimado de 2,7 mil milhões de barris de reservas recuperáveis de petróleo. No entanto, a capacidade efetiva de criação de valor tem sido dececionante até agora.[319]

A Senegal Hunt Oil obteve a licença de exploração do SNE em 2005. A FAR Limited começou a desenvolver estudos sísmicos em 2007 e, em 2009, já se tinham gasto 21 milhões de dólares. A Cairn e a Conoco compraram parte da licença e o campo foi finalmente descoberto em 2014.

No final de 2018, a Cairn, que possui uma participação de 40% no campo, tinha acumulado o equivalente a 460 milhões de dólares em gastos brutos; com as despesas de capital de 2019, a empresa terá gasto 500 milhões de dólares para chegar a uma decisão final de investimento sobre 200 mmboe líquidos 2C ou 2,5 dólares/boe (sem descontos). O início da produção de petróleo é esperada para 2022 e o pico de produção está estimado em 100.000 barris/dia.[320]

A Woodside pagou à Conoco 430 milhões de dólares por uma participação de 35% no campo em 2016, ou cerca de 2,2 dólares/bbl com base nos 560 mmbbl anunciados na época pela Woodside. A Conoco obteve assim apenas um lucro de 138 milhões de dólares na venda. Outra maneira de encarar isto, assumindo uma taxa de sucesso otimista de 1/5 para as operações de exploração da Conoco em todo o mundo, a Conoco terá investido 1,4 mil milhões de dólares em exploração para obter um ganho de 138 milhões de dólares — um lucro de apenas 10%. Por outro lado, isto passou-se numa altura de baixos preços de petróleo, onde quem compra tem todo o poder.[321]

Ainda assim, estas empresas estão a perceber que precisam de reabastecer o seu inventário, o que significa que o número de transações irá provavelmente aumentar. E as taxas de sucesso na exploração devem melhorar também, já que as operadoras agora têm mais disciplina de capital e maior probabilidade de perfurar apenas os seus melhores poços.

Além disso, os custos de exploração caíram drasticamente nos últimos anos, à medida que o custo da prestação de serviços, como os preços de equipamento de perfuração, foi diminuindo, a eficiência da perfuração melhorou (plataformas mais avançadas e equipas mais capazes), e esta mesma perfuração está a ser realizada em condições mais favoráveis (por exemplo, evitando regiões de alta pressão, alta temperatura ou águas ultraprofundas). Onde, há alguns anos, não era incomum um poço de exploração em Angola custar mais de 250 milhões de dólares, agora estão a ser perfurados poços de exploração em águas profundas na África Ocidental por menos de 50 milhões de dólares. Por exemplo, o poço Ayame da Ophir na Costa do Marfim custou apenas 20 milhões de dólares.

Ainda é possível, com base em acordos/avaliações do mercado de capitais recentes, comprar recursos petrolíferos a preço de saldo, em comparação com os custos dos últimos anos.

De acordo com a *Everus.com*, em África, em 2018 foram iniciados 247 poços de exploração, representando 19% do total mundial do ano, o mesmo que no ano anterior.[322] No entanto, a perfuração *onshore* na Argélia e no Egito foi responsável por 78% dessa atividade, com a petrolífera nacional da Argélia, a Sonatrach, a dar início a 76 desses poços.

Em 2014, foram perfurados 67 poços de exploração em águas profundas na costa africana, representando 33% do total mundial. Em 2016, no entanto, o número caiu para apenas 12, ou 14%, números que se mantiveram praticamente inalterados em 2017 e 2018.

No entanto, as notícias começam a parecer mais promissoras: Foram feitas nove descobertas em águas profundas desde o início de 2018. Estas incluíram descobertas da Eni em Angola (Kalimba, Afoxé e Agogo)[323] e da Total no Congo (Ndouma) e na região *offshore* da África do Sul (Brulpadda).[324] Também durante esse período, de acordo com a Westwood Global Energy Group, houve alguns projetos falhados que se destacaram na África Ocidental, incluindo o Requin Tigre-1 da Kosmos no mar da Mauritânia, o Samo-1 da FAR no *offshore* da Gâmbia e duas descobertas de pré-sal no mar do Gabão em Boudji-1 (Petronas) e Ivela-1 (Repsol) que provavelmente não serão comercialmente viáveis.[325]

A perfuração em regiões de fronteira deve aumentar em 2019 e 2020, e a Total deverá perfurar os seus primeiros poços na Mauritânia/Senegal, os poços Jamm-1 e Yaboy-1 no mar do Senegal e da Mauritânia, respetivamente. A Kosmos, levada pela BP, irá perfurar o grande campo Orca, que se estima conter 13 tcf de potencial de reservas de gás natural. Noutras partes da costa africana, a Svenska deve perfurar o campo Atum-1 no *offshore* da Guiné-Bissau e a Eni deve continuar com a sua campanha de exploração no bloco 15/06 no *offshore* de Angola.[326]

As projeções para investimentos em exploração em África também estão em alta, após uma queda de 71% entre 2014 e 2017, segundo a Rystad. É projetada uma recuperação inicialmente lenta e depois robusta, a uma taxa composta de crescimento anual (CAGR) de 18% nos próximos 12 anos.

O número de áreas de exploração africana atribuídas a empresas aumentou significativamente nos últimos anos. Em 2017, foram atribuídos 840.000 quilómetros quadrados, seguidos por 490.000 quilómetros quadrados em 2018 e 340.000 quilómetros quadrados no primeiro trimestre de 2019. Isso faz de África a região mais popular do mundo entre os operadores para aquisição de novas áreas de exploração.[327]

Perspetivas de Exploração em África

- Até recentemente, Angola era vista como um destino de investimento relativamente pouco atraente. Os seus termos fiscais eram dos mais severos de África e os custos operacionais são elevados devido aos requisitos de conteúdo local. A exploração na tão entusiasmante bacia do pré-sal acabou por ser um fracasso dispendioso, e os novos desenvolvimentos pararam. No entanto, as reformas do presidente João Lourenço — destinadas a aumentar a transparência e a facilitar a exploração — conquistaram o interesse das empresas de E&P em todo o mundo;

- Os Camarões são uma província petrolífera estabelecida, ainda pouco explorada. A perceção é de que os Camarões têm um grande potencial para E&P de gás natural, já que a exploração por petróleo mais recente tem tido resultados negativos. Tem havido alguma exploração *offshore* nos últimos cinco anos, mas os resultados foram relativamente dececionantes e, quando bem-sucedidos, geralmente encontraram gás húmido;

- A República do Congo é uma província madura, por isso não oferece muito em termos de potencial de exploração. No entanto, a descoberta do campo *offshore* Nene pela Eni foi uma das maiores na África Ocidental nos últimos anos. O Congo é agora um produtor bem estabelecido, com uma produção de mais de 300.000 bbl/d, vindo tanto do *onshore* como do *offshore*. Em outubro de 2016, o Congo ratificou um novo código de hidrocarbonetos, reestruturando a sua indústria de petróleo e gás;

- O Gana é um exemplo a seguir no que toca ao sucesso na exploração e desenvolvimento em zona de fronteira, com a produção atual atingindo cerca de 214.000 bbl/d.[328] A Kosmos Energy descobriu quantidades comerciais de petróleo e gás no Gana em 2007. O campo Jubilee foi desenvolvido em menos de três anos e meio, começando a produzir em dezembro de 2010. O Gana também desenvolveu com sucesso os seus recursos de gás para alimentar o mercado doméstico. Embora as atividades de exploração tenham diminuído durante a disputa marítima de três anos entre o Gana e a Costa do Marfim — que ficou resolvida em 2017[329] — há muito potencial. Empresas como a Tullow e a Kosmos ainda veem potencial na exploração e na expansão de campos existentes para ampliar os *plateaus* de produção e aumentar as reservas, e novas empresas também estão a entrar no mercado para explorar. O Gana é uma das nações mais estáveis da região, com um histórico de transferências pacíficas de poder político;

• Dado o grande número de poços falhados e o fracasso no desenvolvimento da descoberta de Paon, o sentimento do mercado sobre o potencial de exploração da Costa do Marfim não é favorável. A Costa do Marfim possui uma pequena indústria de petróleo com uma produção de cerca de 33.000 bbl/d.[330] A falta de sucesso na exploração em águas profundas, representada por várias descobertas não comerciais, viu agentes de relevo como a Anadarko, a African Petroleum, a Exxon, a Ophir, a Lukoil e a Oranto sair, mas é encorajador ver entradas recentes da Eni e da BP/Kosmos e a reentrada da Tullow;

• Na Mauritânia, o potencial terciário do país ficou marcado pela descoberta de Chinguetti, um ativo compartimentalizado do período do Mioceno, onde a produção já cessou. A Kosmos tem tido grandes descobertas de gás, apesar dos seus objetivos se concentrarem em encontrar petróleo, o que tem consolidado a visão do mercado de que a Mauritânia é uma província mais rica em gás. Dada a quantidade de gás encontrada até agora, é pouco provável que mais gás seja comercializado, portanto tem de haver um esforço para recuperar o interesse na procura de petróleo no país;

• Marrocos era visto como uma área com grande promessa por várias empresas e investidores, mas depois de uma série de poços secos (mais recentemente, pela Eni/Chariot), e com poucos incentivos a expandir a atividade, os níveis de interesse caíram e muitas empresas deixaram o país. Marrocos ainda tem alguns dos melhores termos fiscais do mundo. O potencial de um mercado doméstico de gás ou de facilmente levar gás para a Europa são os principais pontos positivos. Existem diversos tipos de ativos a explorar, desde campos *offshore* do período cretáceo, a carbonatos jurássicos, e a reservatórios do tipo de diápiro de sal que se encontram na zona americana do golfo do México;

- A Nigéria é o maior produtor de petróleo de África. A incapacidade do governo nigeriano de aprovar uma nova lei de hidrocarbonetos e a incerteza regulatória resultante continuam a limitar investimentos em novos projetos de desenvolvimento de capital-intensivo e reduziram o interesse do mercado pela exploração em águas profundas. Outros problemas são os ataques aos oleodutos/*bunkering*, atrasos e ineficiências do operador estatal, atrasos nos levantamentos/pagamentos, e riscos relacionados com as parcerias nos desenvolvimentos de projetos. Os esforços de exploração *onshore e offshore* na Nigéria foram direcionados ao sistema petrolífero terciário do Delta do Níger;

- Embora os maus resultados obtidos em projetos de exploração há alguns anos tenham manchado a forma como os investidores olham para a Namíbia, foi interessante ver alguns céticos em relação a esta região (pela falta de descobertas, reservatórios e armadilhas geológicas comprovadas; para além daqueles que diziam que era uma província de gás) a mostrarem interesse em explorar este mercado. Em abril de 2019, a ExxonMobil anunciou planos para aumentar a sua área de exploração no país. A Namíbia possui um bom ambiente operacional e boa infraestrutura (um porto de águas profundas/um centro de logística) em Walvis Bay. Juntamente com um regime regulatório bem estabelecido dentro de um ambiente politicamente estável, a estrutura legal da Namíbia e o código petrolífero são, em geral, considerados favoráveis aos investidores. Até ao momento, foram perfurados apenas 15 poços nesta região. Tem um regime fiscal atraente;

- O Senegal tem sido uma rara história de sucesso de exploração nos últimos anos, dadas as descobertas dos campos SNE e Tortue, que devem começar a produzir no início dos anos 2020. O Senegal juntou-se à Iniciativa para a Transparência das Indústrias Extrativas (*Extractive Industries Transparency Initiative* – EITI) em 2013. O Código Petrolífero foi reformulado em 2016 para apoiar um desenvolvimento transparente da indústria de petróleo e gás e o país apresentou um novo código do petróleo em 2019. É um dos países mais política e economicamente estáveis da África Ocidental e funciona em democracia desde que se tornou independente de França em 1960. O presidente Macky Sall, geólogo e geofísico, chegou ao poder em 2012 e foi eleito para um novo mandato de cinco anos em 2019. O Senegal possui um regime fiscal atraente baseado em contratos de partilha de produção.

Termos Fiscais

Os termos fiscais têm um grande impacto na avaliação económica de qualquer projeto. O tipo de contrato que as empresas escolhem assinar é importante. Vejamos os contratos de partilha de produção, comparados aos contratos baseados em impostos e *royalties*.

Contratos de partilha de produção:

- Geralmente, são menos sensíveis às despesas de capital e aos preços do petróleo do que os contratos de impostos e *royalties*;
- Os termos fiscais dos EUA são atraentes, mas os *royalties* podem ser altos;
- Os termos fiscais variam de acordo com o país;
- Os termos geralmente são implementáveis através de arbitragem internacional; estes contratos raramente são desrespeitados pelos governos dos países anfitriões.

Para examinar o impacto dos termos fiscais no desenvolvimento de campos de águas profundas em África, podemos usar as premissas acima e variar apenas os termos fiscais para ver como os países se comparam do ponto de vista da rentabilidade.

Por exemplo, digamos que uma empresa está a desenvolver um campo de 500 mboe (dos quais 90% é petróleo) na África Ocidental a 60 dólares por barril de Brent, com um ajuste de 10 dólares/boe para despesas de capital e 10 dólares/boe para despesas operacionais. Comparemos este cenário com um projeto de petróleo de xisto nos EUA de tamanho semelhante na prolífica Bacia do Permiano. A Bacia do Permiano é considerada uma das principais impulsionadoras das receitas obtidas nos setores de *upstream* e *midstream* nos EUA (e na América do Norte).

Ainda que sejam do mesmo tamanho, o projeto na Bacia do Permiano provavelmente possui menos petróleo do que o do projeto africano, e assumimos um ajuste de 7 dólares/boe para despesas de capital e um ajuste de 8 dólares/boe para despesas operacionais.

Numa base sem risco, o presente valor líquido por barril num projeto de águas profundas na África Ocidental é melhor do que um projeto de xisto nos EUA.

Dito de outra forma, se não houvesse diferença de risco, seria mais provável uma empresa investir num projeto de águas profundas na África Ocidental do que num projeto de xisto nos EUA.

O valor realizado é mais elevado na África Ocidental, porque nos EUA, a quantidade de petróleo produzido é menor (há mais gás e líquidos de gás natural associados ao xisto). O projeto africano também obtém um desconto maior (com base no fornecimento de petróleo bruto de xisto), apesar de assumirmos que o gás tem um valor zero na África Ocidental para os termos desta comparação. Os custos operacionais são um pouco mais baixos no Permiano, assim como os custos de desenvolvimento — embora seja necessário perfurar muitos mais poços. O fluxo de caixa total numa base não descontada é muito maior na África Ocidental, mas também com distâncias mais longas, e é por isso que quanto maior a taxa de desconto, mais punitiva é a exploração em águas profundas. A participação do governo é um pouco menor para um projeto médio na África Ocidental, já que assumimos *royalties* de 32,5% para os projetos no Permiano. O nível de preço do petróleo necessário para atingir um *break-even* à boca do poço é semelhante em ambos os projetos, mas, considerando o desconto de 8 dólares/bbl que assumimos para o Permiano, o ponto de *break-even* final é mais elevado.

Houve muitos projetos de águas profundas que levaram mais de cinco anos para progredir desde a decisão final de investimento até ao início da produção. No entanto, agora as empresas estão a optar por projetos de campos petrolíferos *offshore* mais simples e baratos, mais rápidos de implementar do que as soluções anteriores e mais económicos. As empresas também têm a opção de dividir os seus investimentos em fases, para que as fases posteriores possam ser financiadas com base no fluxo de caixa das fases anteriores, mitigando o risco nos novos desenvolvimentos. Se cortarmos o ciclo de desenvolvimento em um ano, cortamos o valor de *break-even* em 10%, em média.

Uma das vantagens percecionadas como mais significativas que um desenvolvimento de xisto tem sobre um desenvolvimento em águas profundas é que o ritmo desse desenvolvimento pode ser alterado para se adequar ao ambiente de preços das *commodities*. Em teoria, as plataformas podem ser adicionadas e removidas numa questão de meses (embora isso possa representar desafios logísticos e financeiros). No entanto, a capacidade de reduzir as despesas de capital para corresponder ao fluxo de caixa tem um valor limitado para as empresas que precisam de garantir um retorno sobre os enormes investimentos que fizeram na aquisição inicial dos direitos de exploração da área.

A qualidade dos recursos ainda é um fator importante na determinação dos custos. Os custos de desenvolvimento diminuíram através de uma combinação de custos mais baixos de serviço, desenvolvimentos mais simples/ em fases, e pela estandardização. É improvável que a inflação destes custos tenha um grande efeito nos projetos *offshore*, mas vimos que teve impacto nos desenvolvimentos *onshore* nos EUA.

A 60 dólares por barril de Brent, a realização de valor por boe de um desenvolvimento *offshore* típico na África Ocidental é cerca de 30% superior ao desenvolvimento de petróleo de xisto nos EUA. Historicamente, os petróleos mais pesados são comercializados com amplos desconto, mas, devido ao aumento da oferta de petróleos leves nos EUA (WTI) e ao declínio dos pesados (de fontes como a Venezuela e o México), o petróleo americano deverá continuar a ser negociado com desconto. O lucro por boe é muito maior para um desenvolvimento *offshore* médio, mesmo em comparação com os campos de xisto nos EUA com altas produções de petróleo, como as das Formações do Permiano e de Bakken.

Vamos assumir um preço de 60 dólares/bbl de Brent com um spread de 5 dólares/bbl entre o Brent e o WTI, um preço de 3 dólares por mil pés cúbicos (mcf) de Henry Hub (HH) e líquidos de gás natural negociados a 35% do WTI (ou seja, 19 dólares/bbl). Para um desenvolvimento de xisto que é composto por aproximadamente 70% de petróleo, a realização de valor é de apenas 42 dólares/boe.

Enquanto isso, um desenvolvimento *offshore* em África alcançaria 54 dólares/boe se assumirmos que continha 90% de petróleo e que todo o gás produzido foi reinjetado ou produzido sem ganhos. Os preços do petróleo dependem da qualidade do petróleo bruto (por exemplo, API/enxofre), mas a localização também é importante — e, em geral, os petróleos da África Ocidental de qualidade semelhante são comercializados a um valor próximo do Brent ou mesmo a um preço mais elevado.

Nos EUA, devido ao relativo excesso de oferta do WTI, este tipo de petróleo é transacionado com um desconto em relação ao Brent, apesar de ser de qualidade superior. Existem outros diferenciais ao nível da bacia petrolífera, que é o custo de levar o petróleo em bruto ao ponto de entrega de WTI em Cushing. A maioria dos campos de xisto possui uma grande quantidade de líquidos/condensados de gás natural, para os quais os preços são muito baixos nos EUA (aproximadamente 35% do WTI), pois há excesso de oferta e, em muitos casos, o etano é "rejeitado" e vendido como gás natural. O preço do gás nos EUA também é relativamente fraco (cerca de 3 dólares/MMBtu) e provavelmente não aumentará muito no futuro, dada a grande quantidade de gás associado que pode ser produzido, quase independentemente do preço, e portanto o incentivo económico à produção vem todo do petróleo.

Na África Ocidental, a monetização do gás varia de acordo com o país — e mesmo de região para região dentro de um país. Na maioria dos casos, a descoberta de gás é vista como um obstáculo, e não como algo positivo. As várias opções são geralmente a queima (*flaring*), a reinjeção, ou enviar a produção para terra diretamente para uma rede de transporte de gás ou para uma central dedicada (central elétrica/fábrica de petroquímicos), ou transformando-o em GNL em terra ou com uma plataforma de GNL flutuante.

Obter financiamento para desenvolvimentos *offshore* fora dos EUA é mais difícil e mais caro do que para empresas de *onshore* nos EUA, dada a perceção de um nível mais alto de risco e a maior liquidez do mercado americano. Para muitas empresas, nos últimos anos, a fonte de fundos para desenvolver projetos tem vindo dos mercados de *private equity*, mas com isso vem uma expetativa de altos retornos (cerca de 20%), o que faz com que financiar projetos se torne mais caro. A sustentação dos preços do petróleo a um nível mais elevado deve contribuir para reduzir o custo do financiamento e abrir novamente os mercados de *private equity*.

Nos últimos anos, tem sido difícil para as empresas alienar ativos antes de haver uma decisão final de investimentos sobre os recursos encontrados num campo, e os acordos feitos nesta situação ocorreram geralmente a preços baixos e certamente com um desconto sobre o valor justo. A liquidez dos ativos é muito mais baixa fora dos EUA: um grupo menor de compradores significa que as empresas que operam em África geralmente precisam de aceitar menos do que o valor justo. Embora os EUA possuam um acesso facilitado a liquidez para angariar capital ou para vender dívida, o mercado tem estado relutante no que toca a financiar empresas de petróleo durante o último ano, o que fez com que tivesse havido muito poucas ofertas públicas de aquisição ou venda de ações para reunir capital neste período, o que tem forçado as empresas a viver dentro do seu próprio fluxo de caixa.

Um Olhar Sobre os Lucros

Apresentei uma visão franca dos riscos que as empresas americanas enfrentam, tanto em África como nos EUA.

Mas estes riscos não negam as oportunidades que África oferece às empresas americanas para obterem lucros significativos sobre os seus investimentos.

Os fatores que ajudam a determinar este lucro podem ser categorizados em três elementos básicos:

1. O custo de comprar um ativo (direitos minerais de petróleo e gás, licença de campos petrolíferos, etc.);
2. A receita que se poderá obter a partir do petróleo e do gás produzidos;
3. O custo de produção.

Em termos destes elementos, os ativos africanos têm uma vantagem sobre os ativos dos EUA, porque geralmente é mais barato obter ativos em África.

Além disso, a receita que pode ser obtida com os ativos, em muitos casos, é mais alta e o custo de produção (em custos e impostos), em muitos casos, é mais baixo.

Existem custos associados à obtenção de acesso a um ativo, que é um componente importante e muitas vezes esquecido na sua avaliação. Nos EUA, para se poder ganhar acesso a um ativo ou a um recurso, teremos de pagar o preço total, considerando que estamos num grande universo de compradores. Os recursos em África geralmente podem ser obtidos por um valor menor do que o justo, certamente no mercado atual, o que se deve principalmente à falta de compradores e a um mercado muito menos competitivo do que os EUA (embora o risco, é claro, faça parte disto).

A geração de receita de um ativo é determinada dependendo de se tratar de um ativo maioritariamente de petróleo ou de gás. É muito mais fácil monetizar o petróleo, dada a maior facilidade de transporte e da existência de um mercado global com liquidez. Os ativos de petróleo em África geram habitualmente um preço significativamente mais alto do que ativos com reservas de petróleo equivalente nos EUA, pois os EUA sofrem hoje com restrições logísticas e excesso de oferta de petróleo de xisto.

Portanto, existe o potencial de obter um preço 10 a 15% maior pelo petróleo produzido em África — o que poderia resultar numa grande diferença nos lucros da empresa.

O gás é mais difícil de monetizar e depende da localização e do mercado. Existe o potencial em África para obter melhores preços para o gás do que nos EUA, onde, mais uma vez, o excesso de oferta impede a subida dos preços (menos de 3 dólares/MMBtu). Em África, existe em muitos países a possibilidade de usar o gás para substituir combustíveis mais caros, como o *diesel*, para geração de energia e para produção de GNL.

O custo de produção envolve o custo de colocar o ativo *on-line* (despesas de capital), o custo para operar o ativo (conhecido como custos operacionais ou custos de *lifting*) e o pagamento de impostos (*royalties*, impostos, etc.). Os custos estão largamente dependentes do tipo de ativo e da sua geologia. Parte da produção de petróleo *onshore* da Nigéria, por exemplo, tem um custo por barril muito baixo em relação aos EUA, devido aos custos mais baixos associados à produção em terra, à natureza prolífica dos poços e ao menor custo de transporte. As taxas de imposto variam drasticamente em toda a

África e até variam dentro dos próprios países. Existem vários países com condições tributárias muito favoráveis, que, sem surpresa, são os países com pouca ou nenhuma produção de petróleo, como a África do Sul e Marrocos.

Há cerca de cinco anos, se uma empresa fizesse uma descoberta, o mercado não apenas daria crédito à empresa pela descoberta, mas também daria crédito às outras zonas potenciais identificadas e análogas cujo risco se vê mitigado por ter existido uma descoberta numa estrutura geológica semelhante (a Tullow é um bom exemplo disto). Isto é perfeitamente válido e, se a exploração voltar à moda, devemos vê-lo acontecer novamente. Por outro lado, a razão pela qual o mercado parou de atribuir valor de futuro a algumas destas regiões tem que ver com o facto de que a promessa de grandes descobertas subsequentes feitas pelas empresas de E&P ("parecidas com a do Jubilee"), que nunca se materializou (por exemplo, o chamado "fio-de-pérolas" de descobertas a sul e a norte do Golfo da Guiné que se esperava da parte da Anadarko). Para beneficiar totalmente disto, as empresas têm de conseguir bloquear uma vasta área contígua, o que é muito mais fácil de fazer em regiões de fronteira.

O Que Nós Podemos Fazer

Obviamente, reconhecer honestamente os nossos riscos é uma coisa. Também é de vital importância minimizá-los o máximo possível. Andrew Skipper, chefe da divisão africana da firma Hogan Lovells, resumiu bem isso num artigo de 2018 para a *African Law & Business*.

"Compreendemos a necessidade de o governo trabalhar com o setor privado em África para atrair mais investimento direto estrangeiro (IDE). Sabemos que, para fazer isso, precisamos de criar políticas e regular consistentemente de uma forma moderna (por exemplo, para lidar com o número crescente de empresas de *fintech* e *start-ups*). Também é preciso focarmo-nos na construção e no fortalecimento das nossas instituições, eliminar a corrupção e tornarmo-nos uma nação mais transparente e educada."[331]

Estes fatores — transparência, estabilidade e boa governança em particular — são de grande importância para as empresas americanas. Um amigo meu americano, e há muito um executivo da indústria, com vasta experiência em África, disse-me uma vez que facilmente deixaria passar um campo de petróleo de um milhão de dólares se sentisse que o governo local era instável ou pouco fiável. A estabilidade do governo, descobriu, desempenha um papel fundamental para determinar qual é a probabilidade das instituições de poder do país honrarem os contratos se e quando novos líderes assumirem o poder.

Basicamente, os governos africanos que desejam promover a atividade de petróleo e gás com empresas americanas precisam de olhar para o seu país da perspetiva dos investidores americanos. Quando as empresas fazem a sua *due diligence*, o que é que vão encontrar? O governo tem um histórico comprovado de estabilidade? De honrar os contratos estrangeiros? As empresas americanas têm muitos outros destinos de investimento em todo o mundo, e mesmo no seu mercado doméstico. Para competir por esses investimentos, os governos precisam de garantir que os seus termos fiscais são atraentes e que a santidade dos contratos é forte.

Alguns outros pontos:

- A partilha de riscos é outra maneira de incentivar o investimento. Veja-se o modelo da Noruega que paga por quase 80% dos custos de exploração;
- Também importante, e muitas vezes esquecida, é a facilidade de operar e investir nos países africanos. Mesmo que os termos fiscais sejam bons, a batalha para ultrapassar os processos burocráticos e de aprovação excessivos do governo afasta as empresas;
- A capacidade de transferir ativos também é importante. As empresas querem saber que vão poder monetizar os seus ativos no futuro sem pagar impostos sobre mais-valias.

Os países que puseram em prática um quadro de investimentos atrativo precisam de promover ativamente o seu país como destino de investimento e especificar porque é que o seu setor petrolífero é um local atraente para investir. Países como a Guiné Equatorial fizeram um bom trabalho na divulgação das oportunidades disponíveis no seu mercado.

Claro que alguns fatores estão fora do controlo dos governos. Eles precisam que os catalisadores também sejam positivos. Os catalisadores podem incluir preços mais altos do petróleo (que já se estão a materializar no momento em que escrevo), alguns grandes sucessos de exploração e o retorno de alguma atividade de M&A. Por exemplo, um grande sucesso de exploração na Guiana levou a maiores investimentos no país e na região circundante. As descobertas foram feitas pela ExxonMobil e pela Hess, e agora outras empresas norte-americanas, incluindo a Kosmos, a Apache, a Eco Atlantic

Oil & Gas, a JHI Associates e a CGX Energy, estão a mover-se no sentido de investir neste mercado.

Uma Relação de Longo Prazo

Durante o Fórum Empresarial EUA-África em 2014, o presidente Barack Obama defendeu que os Estados Unidos deveriam desenvolver fortes laços económicos com África. Promover essas conexões, disse ele, seria bom para todos os envolvidos.

"Não olhamos para África simplesmente pelos seus recursos naturais; reconhecemos África pelo seu maior recurso, que são as suas pessoas, os seus talentos e o seu potencial", disse Obama aos líderes africanos que aí se reuniram. "Não queremos simplesmente extrair minerais do solo para o nosso crescimento; queremos construir parcerias genuínas que criem empregos e oportunidades para todos os nossos povos e que desencadeiem a próxima era do crescimento africano."[332]

Entre as iniciativas descritas por Obama durante o fórum em Washington, DC, estava a sua campanha "Fazer Negócios em África" ("*Doing Business in Africa*") desenhada para promover as exportações americanas para África, e a iniciativa "Eletrificar Africa" ("*Power Africa*") para ajudar a levar eletricidade a um maior número de africanos.

Sob o presidente Trump, o entusiasmo por África demonstra-se no seu secretário de estado assistente para os Assuntos Africanos, Tibor Nagy, que já trabalhou na Etiópia, na Guiné, na Nigéria, nos Camarões, no Togo, na Zâmbia e nas Seychelles durante os seus 32 anos como diplomata. Nagy é conhecido por ser um defensor dos valores americanos e tem feito pressão para construir parcerias com África que promovam melhor saúde, empregos, capacidades, educação, oportunidades e segurança.

Durante um discurso na Universidade de Witwatersrand, em Joanesburgo, em junho de 2019, Nagy anunciou a Lei BUILD, aprovada recentemente, que duplica o capital de investimento do governo dos EUA de 29 mil milhões de dólares para 60 mil milhões de dólares e permitirá a Washington fazer investimentos em *equity* de empresas africanas.

Washington também apresentou a iniciativa "África Próspera" ("*Prosper Africa*") para aumentar o comércio e o investimento multilateral entre os EUA e África, disse Nagy. "A África Próspera vai ajudar-nos a expandir o número de acordos comerciais entre parceiros americanos e africanos e vai promover melhores climas empresariais e mercados financeiros no continente".[333]

No momento em que escrevo, Washington continua a apoiar as iniciativas relacionadas com África estabelecidas pelas administrações de George W. Bush e Obama. Estas incluem a Power Africa, a "Alimentar o Futuro" (*"Feed the Future"*) e a PEPFAR, a bem-sucedida iniciativa dos EUA para combater o HIV/SIDA.

Seria justo dizer que Washington está hoje mais focada do que nunca em políticas que "põem a América em primeiro lugar". Mas vemos sinais de que os líderes americanos, políticos e militares, ainda compreendem que promover boas relações com África interessa muito aos Estados Unidos. Ter boas relações com países africanos promove a segurança americana. Os laços económicos com países africanos contribuem para o crescimento económico dos EUA.

Acredito que o esforço para fortalecer e aproveitar plenamente os recursos petrolíferos de África vai durar muitos anos e que vamos ver muitos líderes e posições políticas a orientar as ações dos Estados Unidos. Como africanos, seria sensato encorajar e dar as boas-vindas a relacionamentos positivos, tanto quanto possível, enquanto, tal como faz Washington, permanecemos conscientes de quais são as necessidades e as melhores decisões para os nossos países.

Juntos Somos Mais Fortes: A Energia Africana e o Engenho Americano

África é um líder potencial em energia, sem dúvida — mas muitas partes do continente carecem da infraestrutura e dos recursos necessários para realizar esse potencial. Através de parcerias inovadoras com empresas americanas, podemos resolver os problemas de energia em África e fazer coisas realmente surpreendentes.

Aqui ficam apenas alguns exemplos do que pode acontecer quando a energia africana e o engenho americano juntam forças:

- A Pioneer Energy, com sede em Denver, está a trabalhar em soluções para ajudar a diminuir a queima de gás na Nigéria e na

Guiné Equatorial. Estes esforços foram amplamente liderados por Ann Norman, diretor geral da Pioneer para a África Subsaariana. Norman tem sido uma grande defensora do setor energético africano, e mudou-se mesmo para a Nigéria para ter um papel mais ativo na indústria energética do país;[334]

- Em junho de 2019, duas empresas com sede nos EUA, a Symbion Power de Nova York e a Natel Energy da Califórnia, anunciaram uma colaboração que traria energia hidroelétrica a comunidades africanas que careciam de acesso adequado a eletricidade. A Symbion Power também está a investir numa central geotérmica no Quénia;[335]

Além disso, programas como a iniciativa "Eletrificar África", patrocinada pelo governo dos EUA, incentivam empresas do setor privado a ajudar a desenvolver a energia africana, a construir a rede de transmissão elétrica africana e a melhorar a infraestrutura nas comunidades rurais africanas. Aqui estão apenas alguns dos muitos participantes:

- O Citi, uma instituição financeira global, sediada nos EUA, prometeu fornecer capital, conhecimentos e consultoria sobre o setor, e até sistemas de pagamento para facilitar os negócios em África;
- A General Electric "pretende fornecer tecnologia baseada numa variedade de fontes de combustível, conforme apropriado para cada projeto, incluindo energia solar, eólica e gás natural, para fornecer energia e apoiar os seus parceiros a conseguirem financiamento para estes projetos";
- A Associação de Energia dos Estados Unidos (United States Energy Association) está a promover o crescimento da indústria energética africana, patrocinando eventos e promovendo oportunidades de comércio e investimento para empresas americanas interessadas no setor energético africano;
- Empresas de energia alternativa com sede nos EUA, como a NextGen Solar, a dVentus Technologies e a NOVI Energy estão a trabalhar para desenvolver fontes de energia sustentável em África.[336]

18

De Luzes Apagadas: Reformar os Monopólios Africanos de Geração de Energia e Transitar para o Futuro

É quase impossível sobrestimar o impacto da fiabilidade da energia elétrica no desenvolvimento económico, industrial, social e até cultural na vida moderna. A eletricidade põe tudo em movimento: ilumina as nossas noites; alimenta todas as atividades económicas; conecta-nos com o mundo. É muito possível que esteja a ler a versão eletrónica deste livro num *tablet* que funciona a eletricidade.

Infelizmente, para muitos africanos, a eletricidade não é algo que se possa ter por garantido. Centenas de milhões de pessoas em África, particularmente aquelas que vivem em locais rurais e remotos um pouco por todo o continente, estão desconectadas das redes elétricas nacionais. Mas o problema da fiabilidade da energia não é apenas de natureza geográfica. Mesmo para os africanos ligados às redes de energia nacionais, viver sem energia é uma constante. Muitas das redes de África estão envelhecidas, delapidadas e mal mantidas. As avarias são comuns. A confiança nos fornecedores de energia elétrica é baixa: em alguns sítios, as pessoas simplesmente não assinam contratos de serviços elétricos ou recusam-se a pagar. Muitos optam por fazer conexões ilegais, pondo ainda mais pressão na rede e reduzindo os rendimentos dos fornecedores, o que, por sua vez, dificulta ainda mais o financiamento de melhorias na infraestrutura.

A situação não é, definitivamente, ideal. O resultado disto pode ver-se claramente, por exemplo, na África do Sul, mesmo que seja a maior economia e possua uma das maiores taxas de acesso à eletricidade de África.

Em março de 2019, a empresa estatal de energia da África do Sul, a Eskom, foi forçada a implementar repetidamente reduções de carga na sua rede, o que deixou o país na escuridão. Vários fatores estiveram por detrás deste evento, incluindo avarias nas centrais de geração, falhas nas reservas de *diesel* e até danos causados pelo mau tempo à conexão de energia do país a Moçambique, a qual poderia ter ajudado a colmatar as falhas no fornecimento de energia se estivesse funcional. Foi uma combinação de eventos que o presidente sul-africano Cyril Ramaphosa descreveu como uma "tempestade perfeita", contra a qual havia pouco que pudesse ser feito.[337]

Embora todos possamos concordar que foi uma mistura de fatores particularmente desafiante, a verdade é que os apagões são comuns na África do Sul. Redes infraestruturais em ruínas, falta de investimento em manutenção, má administração, corrupção, excesso de pessoal — a lista de razões continua, mas as consequências são muito reais.

A situação na ponta sul do continente é particularmente má, já que a Eskom, responsável por 95% da produção de energia do país, está à beira de falir sob o peso da gigantesca dívida que contraiu — mas já vamos a essa questão.

As falhas de energia não são apenas inconveniências. Elas impedem efetivamente um país de produzir e comprometem uma enorme quantidade de riqueza. Hospitais sem energia põem vidas em risco; a indústria e os serviços ficam paralisados. O Banco Africano de Desenvolvimento estima que o fornecimento inadequado de eletricidade custa à África Subsaariana aproximadamente dois pontos percentuais no crescimento do PIB todos os anos.[338] Este pode ser um número frequentemente usado, mas vale a pena repetir. Para um continente que precisa tanto de desenvolvimento económico para melhorar a qualidade de vida dos seus povos, esta é uma terrível realidade.

Um relatório de 2019 do Banco Mundial coloca a média de acesso à eletricidade em todo o continente africano em 43%, menos de metade da média mundial de 88%. Isto equivale a cerca de 600 milhões de pessoas sem acesso a energia. Dizer que há espaço para melhorias será talvez o maior eufemismo do ano.[339]

Mas porque é que as redes elétricas de África são tão pouco fiáveis e têm um alcance tão limitado? Sugiro que não se trata apenas da quantidade de recursos investidos no desenvolvimento de infraestrutura, mas que terá algo que ver com a própria natureza das empresas nacionais de energia de África.

Tradicionalmente, a infraestrutura de geração, transmissão e distribuição de energia é propriedade do Estado. Esse foi o caso na Europa, na América do Norte e de praticamente todo o mundo, já que o tamanho e o custo da criação de uma rede fazem do orçamento estatal o único orçamento que se podia dar ao luxo de construir centrais, centenas de subestações e quilómetros de linhas de transmissão, e conectar tudo isto às casas das pessoas. Empresas monolíticas verticalmente integradas foram responsáveis por todos os aspetos da rede, incluindo os preços.

Mas agora já não é bem assim. Passo a passo, as elétricas estatais de todo o mundo foram desmembradas em operações menores e mais especializadas, mais fáceis de monitorizar, gerir e manter. Na maioria dos casos, a rede foi privatizada, o que promoveu a otimização dos serviços e reduziu custos. Na maioria dos casos, mas não no caso da África Subsaariana. Isto precisa de mudar.

Reestruturar As Elétricas Estatais da África Subsaariana

Em 38 dos 48 países subsaarianos, o setor de energia está completamente sob o controlo do estado. Na maioria dos outros 10, os estados permitiram algum espaço para a participação do setor privado, mas com bastantes limitações. A maioria destes países sofre com as mesmas ineficiências e com o mesmo envelhecimento da infraestrutura. O problema é que a maioria, senão todos, dos estados que controlam estas empresas de eletricidade não têm capital para investir na melhoria e expansão das suas redes.

Isto tem um grande custo para a economia de um país e para o seu povo. Os investimentos necessários são de longo prazo e extremamente dispendiosos, o que tende a colidir com as prioridades de curto prazo dos líderes políticos. Além disso, apesar da sua natureza monopolista, estas empresas perdem dinheiro consistentemente. De acordo com um estudo do Banco Mundial sobre 39 concessionárias estatais de energia elétrica em toda a África, só as do Uganda e das Seychelles é que conseguem recuperar os seus custos operacionais e de capital, e só 19 conseguem recuperar apenas os seus custos operacionais. Com esta configuração, estas empresas tendem inevitavelmente a acumular dívidas e nunca conseguem fornecer serviços fiáveis à população, permanecendo um fardo para o estado.

Grande parte do problema surge do facto de estas empresas serem grandes demais, opacas demais e trabalharem demasiado no limite para poderem corrigir ineficiências. Além disso, os países tornaram-se tão dependentes destas instituições monolíticas que são consideradas "grandes demais para falir", como o Presidente Ramaphosa descreveu a Eskom. Em fevereiro de 2019, o governo sul-africano anunciou um apoio orçamental de 1,55 mil milhões de dólares para a Eskom. Os problemas que têm emergido da empresa desde então garantem-nos que serão necessárias mais contribuições para salvar a empresa. Atualmente, a Eskom deve quase 30 mil milhões de dólares, o que representa cerca de 10% do PIB da África do Sul.[340]

Agora vejamos, a economia sul-africana contraiu 3,2% no primeiro trimestre de 2019. Isto ocorreu em parte devido a uma redução da atividade económica causada pelas reduções de carga que a Eskom implementou ao tentar impedir que a rede nacional colapsasse. Menos criação de riqueza significa menos receita fiscal para o estado, o que torna o custo de resgatar a Eskom ainda mais alto, mas não tão alto quanto o potencial colapso da rede elétrica nacional. O déficit orçamental nacional vai, quase de certeza, superar largamente as estimativas iniciais, o que põe em o risco o último *rating* de crédito de grau de investimento da África do Sul. Se o perder, veremos provavelmente um rápido fluxo de investimento estrangeiro sair do país.

Basicamente, o governo sul-africano está refém da sua empresa energética nacional. Esta é uma situação, no mínimo, insustentável. A resposta a este problema está na desagregação: separar a geração de energia da transmissão e distribuição facilita imediatamente a gestão e torna a identificação dos problemas na rede mais fácil. Isto também significa que, se uma empresa estiver à beira do colapso, seria uma empresa menor e muito mais fácil para o estado de ajudar a recuperar. Foi exatamente o que o Presidente Ramaphosa prometeu fazer em fevereiro. No entanto, considerando a forte oposição dos poderosos sindicatos de trabalhadores da África do Sul, que temem que isso leve a despedimentos, é incerto se ele será capaz de avançar com o processo.

Infelizmente, a Eskom é apenas uma de entre uma infinidade de empresas nacionais de energia de todo o continente que enfrentam sérios desafios. A SEGESA na Guiné Equatorial, a NEPA na Nigéria e muitas outras, também estão longe de prestar serviços adequados aos seus clientes. A Eneo, nos Camarões, anunciou em junho que seria forçada a fazer uma série de cortes de eletricidade e reduções no fornecimento de energia devido a problemas financeiros. No Gana, a crescente dívida do setor da energia, que está nos 2,2 mil milhões de dólares, impede a expansão da rede há anos.[341] Enquanto escrevo, São Tomé e Príncipe acabou de passar por um apagão de cinco dias depois de o país ter ficado sem reservas de combustível para abastecer a sua minúscula rede de geração elétrica. Felizmente, também existem exemplos no continente que oferecem lições positivas.

Lições do Uganda e do Quénia

Alguns países da região subsaariana já começaram a avançar com o processo de desagregação das suas empresas de energia. O Uganda representa um exemplo particularmente esclarecedor do que a desagregação e a privatização progressiva do setor de geração podem fazer pela extensão e pela fiabilidade da rede elétrica. Em 1999, a rede elétrica do Uganda estava à beira do colapso, com uma infraestrutura antiga e mal mantida que tinha dificuldades em servir até a pequena quantidade de pessoas que estavam conectadas à rede. O governo decidiu tomar uma posição, promulgando um dos esforços de liberalização mais abrangentes e complexos vistos em qualquer setor energético africano.

Como alguns países optaram por fazer antes e depois, o Uganda desagregou a sua empresa elétrica nacional em geração, transmissão e distribuição, optando por manter o controlo estatal sobre a rede de transmissão — um setor em que o interesse público supera a viabilidade comercial. O processo foi complexo e não sem a sua quota parte de falhas, mas agentes do setor privado começaram rapidamente a surgir, incluindo produtores independentes de energia (IPPs), que contribuíram ativamente para aliviar a rede nacional, maioritariamente hidroelétrica, que estava em grandes dificuldades devido a uma seca.

Uma estrutura regulatória abrangente foi estabelecida para gerir a transição do setor, com uma autoridade independente encarregada de supervisionar o licenciamento e os preços, enquanto uma entidade específica foi criada para lidar com a eletrificação rural. O resultado desta transformação foi um aumento considerável na capacidade de geração do país, melhorias na eficiência, redução de perdas e um aumento no acesso à rede.

Isto é particularmente evidente na Umeme, a rede de distribuição elétrica do Uganda que foi totalmente privatizada. Depois de ter sido adquirida pela Actis, um parceiro de *private equity*, em 2009, e de ter seguido uma estratégia de reestruturação e expansão baseada no fortalecimento da governança, nas melhorias operacionais, na relação com a comunidade e na facilitação do financiamento, a rede da Umeme, que estava praticamente em ruínas, sofreu uma mudança notável. A sua base de clientes aumentou de 292.000 em 2005 para mais de 1 milhão em 2017. A empresa expandiu a maior parte da sua base de clientes com serviços pré-pagos, o que ajudou a aumentar a cobrança de receitas de 80 para 99% no mesmo período. As perdas de energia, por meio de melhorias na rede, foram reduzidas de 38 para 17,5% e, ao garantir receitas consistentes e a confiança dos investidores, a empresa conseguiu investir 500 milhões de dólares na melhoria e expansão da rede.[342] Estes excelentes resultados no espaço de uma década são raros em todo o continente africano, mas são representativos do que pode ser alcançado através de uma regulamentação apertada, em conjunto com a liberalização do mercado e a promoção da concorrência e eficiência.

Isto de forma alguma implica que não há problemas de geração de energia no Uganda, que continua a ter uma das menores taxas de penetração de eletricidade do mundo. Além disso, processos de privatização como o que está a ocorrer na Nigéria, onde o governo também optou por manter o controlo sobre o setor de transmissão, servem como sérias advertências sobre a necessidade de *know-how*, de estruturas regulatórias e de uma implementação sólida para cumprir com os planos de reforma.

Apesar dos esforços para reformar e liberalizar a sua rede elétrica, os problemas da Nigéria com a avaliação de desempenho, as mudanças na liderança política e a falta de preparação geral para toda esta transição estão a minar a capacidade da privatização de melhorar o setor elétrico. Como resultado, o país continua mal servido pela sua rede elétrica, utilizando menos de metade da sua capacidade instalada, já de si insuficiente, e a sofrer perdas consideráveis na rede. As empresas e as pessoas que têm os recursos para isso acostumaram-se a direcionar uma parte considerável dos seus orçamentos para abastecer os seus próprios geradores a *diesel*, a um custo bastante elevado, apenas para poderem continuar a operar. Os processos de privatização no Uganda e na Nigéria ficaram aquém do que prometeram, mas o seu potencial para provocar mudanças positivas e significativas continua a existir.

Outro exemplo importante pode ser visto no Quénia. Nos anos 90, a rede elétrica do Quénia passou por um extenso processo de desagregação e liberalização. Também dominado pela geração hidroelétrica, anos de seca trouxeram à luz as limitações da envelhecida rede de energia do país e forçaram o governo a investir em geração térmica de emergência, a grande custo orçamental, para compensar a perda de produção. A fim de minimizar o investimento público e já sob um quadro legal liberalizado, produtores independentes de energia começaram a entrar no mercado queniano no início dos anos 2000, enquanto o governo continuava a investir por si próprio em nova infraestrutura de geração. O governo também segregou a geração, que é da responsabilidade da Companhia de Geração de Energia Elétrica do Quénia (*Kenya Electricity Generation Company – KenGen*) e de um número crescente de IPPs, e criou a Companhia de Transmissão de Energia Elétrica do Quénia (*Kenya Electricity Transmission Company* — KETRACO), que gere a transmissão e o desenvolvimento infraestrutural.

Se por um lado a semiprivatização do setor de geração trouxe um grande alívio à rede, a estrutura mais leve e eficiente da Ketraco permitiu-lhe construir 1.000 quilómetros de infraestrutura de transmissão nos primeiros seis anos de existência, uma melhoria considerável em comparação aos 3.200 quilómetros de linhas de transmissão construídos no Quénia entre 1956 e 2008. A extensão de rede permitiu que vários novos projetos de geração fossem conectados à infraestrutura nacional. Uma estrutura favorável de atração de investimentos, juntamente com um sistema de tarifa de alimentação (*feed-in-tariff* — FiT) que deu aos produtores contratos de longo prazo a preços fixos, trouxe ao setor privado a confiança necessária para continuar a investir na rede. Como resultado, o acesso à eletricidade no Quénia aumentou rapidamente de 32,1% em 2008 para 63,8% em 2017. Hoje, o país está a caminho de atingir o acesso universal à eletricidade, fazendo uso de investimentos do setor privado e de programas de ajuda internacional.[343]

Ao apresentar estes exemplos, não estou a fazer uma escolha seletiva que favoreça este argumento. Não é segredo nenhum que a África do Sul também abriu o seu mercado às IPPs, mas hoje estas representam menos de 5% da produção do país, e o controlo generalizado da Eskom sobre o mercado desincentivou amplamente o investimento. Em todo o continente, temos exemplos de esforços de desagregação e privatização que continuam a não ter sucesso. No entanto, isso tem que ver principalmente com a inexistência de um ambiente que promova o investimento e a transparência, o que por seu lado afasta os investidores.

Sejamos honestos, África nunca alcançará todo o seu potencial se não puder dar energia às suas indústrias, aos seus serviços ou mesmo às suas residências. Esta passagem do relatório "Energia Pessoas Planeta" (*Power People Planet*) de 2015, do Africa Progress Panel, dá uma imagem clara desse mesmo problema no setor da energia:

"Demasiado financiamento público é desperdiçado em ineficientes e injustos subsídios à energia. Os governos gastam 21 mil milhões de dólares por ano para cobrir as perdas das concessionárias públicas e a subsidiar produtos petrolíferos, o que desvia recursos de investimentos mais produtivos no setor energético. As famílias mais pobres de África são as vítimas involuntárias de uma das maiores falhas da economia de mercado no mundo. Estimamos que 138 milhões de lares, compostos por pessoas que vivem com menos de 2,50 dólares por dia, gastam 10 mil milhões de dólares por ano em produtos relacionados com a energia, como carvão, velas, querosene e lenha. Traduzidos em termos de custo equivalente, estas famílias gastam cerca de 10 dólares/kWh em iluminação, o que é cerca de 20 vezes o valor gasto por famílias com altos rendimentos que estão ligados à rede nacional para receberem eletricidade."

O relatório afirma ainda que: "Os atuais níveis de investimento no setor energético são de apenas 8 mil milhões de dólares por ano, ou 0,49% do PIB de África. Isto é inadequado. Estimamos que a lacuna no financiamento de investimentos para responder à procura e alcançar o acesso universal à eletricidade seja de cerca de 55 mil milhões de dólares, ou 3,4% do PIB de África em 2013."[344]

As estimativas sobre exatamente quanto capital é necessário para alcançar o acesso universal à eletricidade até 2030 variam entre 50 dólares e 90 mil milhões de dólares por ano. Por cada ano em que não se atinge a meta anual, a média para atingir o objetivo dentro do prazo final aumenta. O que parece extremamente claro é que os governos africanos não possuem o capital para fazer estes investimentos sozinhos, nem as empresas nacionais verticalmente integradas estão preparadas para maximizar os benefícios desses investimentos. O setor privado e a cooperação internacional terão um papel fundamental para que se atinja este potencial, enquanto os governos não terão apenas a responsabilidade de promover e facilitar o investimento no setor da energia, mas também de supervisionar, regular e fazer cumprir as leis sobre a performance, o investimento e os preços, para que sejam justos e sustentáveis.

A Transição para o Futuro

África é um continente rico em fontes de energia de todas as formas imagináveis, mas na sua grande parte, o nosso foco energético tem sido a exploração de petróleo e gás. O investimento estrangeiro no setor energético do continente é predominantemente dominado por grandes fluxos de capital direcionados à exploração e produção de hidrocarbonetos. A dependência deste tipo de energia resultou na geração de considerável riqueza para os países ricos em petróleo, mas também resultou em custos consideráveis para aqueles que não têm reservas de petróleo, gás ou carvão. Até um certo ponto, este quadro também ajudou a moldar a história de África nos últimos 100 anos.

Embora pessoalmente acredite que o setor do petróleo e do gás tem um potencial tremendo para alimentar o desenvolvimento económico e tirar centenas de milhões da pobreza, não devemos ignorar a mudança dos tempos e o que isso significa para o setor energético mundial.

Uma transição energética está a ocorrer em todo o mundo e também no continente africano. Preocupações com o uso de hidrocarbonetos, com as emissões de dióxido de carbono (CO_2) e a crescente evidência das alterações climáticas dominam os debates energéticos atuais e são refletidas nos crescentes investimentos feitos em energia renovável em todo o mundo. Não pretendo entrar num debate sobre se África deveria ou não preocupar-se com as emissões de CO_2, quando o continente foi responsável por uma parte tão pequena desta poluição ao longo das décadas em comparação com outras regiões do mundo. A minha preocupação é com a vida das pessoas do continente e com as economias em que elas vivem. Dentro desse contexto, existem vários argumentos que apoiam uma transição forte, consistente e progressiva para uma matriz energética mais verde.

Afinal de contas, a Nigéria, o maior produtor de petróleo do continente, é um importador de produtos petrolíferos e continua dramaticamente a não ser capaz de fornecer energia de forma fiável aos seus cidadãos — uma situação paradoxal que ocorre na maioria dos países produtores de petróleo do continente. Para aqueles que não possuem estes recursos, a importação de petróleo e gás para alimentar as suas economias acarreta custos enormes para os contribuintes e para o crescimento económico.

Portanto, proponho que vale a pena explorar outras opções.

Nos últimos anos, o colapso dos preços da energia solar e eólica, juntamente com melhorias nas capacidades de armazenamento e mudanças nos comportamentos dos consumidores, provocaram uma mudança de paradigma no setor energético global, que está progressivamente a passar da energia baseada em carbono para formas mais limpas de geração elétrica. Neste sentido, novamente, o Quénia representa um perfeito exemplo do potencial que estas tecnologias têm para fornecer energia a todos os africanos. Diante das dificuldades mencionadas acima, relacionadas com a sua dependência de energia hidroelétrica, e forçado a recorrer a centrais térmicas de emergência que queimavam petróleo pesado, os líderes do Quénia tomaram medidas sem paralelo. Dotado de amplos recursos geotérmicos na região dos Grandes Lagos, o Quénia investiu numa extensa rede de geração de energia geotérmica na última década, que hoje coloca o país entre os 10 maiores produtores do mundo deste tipo de energia. A geração de energia geotérmica representa hoje quase 50% da capacidade da rede elétrica do país, com a energia hidroelétrica a passar para o segundo lugar das maiores fontes de energia do país, correspondendo a 30%.

O parque eólico do Lago Turkana, a maior instalação deste tipo em África, entrou em funcionamento em outubro de 2018. Hoje, só por si, representa 11% da matriz energética do país. A produção de energia térmica representa 13%, e o governo está progressivamente a eliminar os contratos de compra de energia de longo prazo feitos durante os períodos de emergência. Vários projetos de energia solar devem entrar em operação nos próximos anos, uma adição de relevo que contribuirá para diversificar ainda mais as fontes verdes da rede. Além disso, o Quénia possui um dos maiores números de sistemas de micro-rede do continente, uma solução económica que utiliza energia renovável em locais remotos para alimentar comunidades sem a necessidade de financiar ligações dispendiosas à rede nacional. À medida que a rede se expande, o Quénia deve conseguir chegar a uma taxa de 80% de acesso à eletricidade até 2022 e uma impressionante auto-suficiência energética com 100% de energia renovável até 2020.[345]

Como é que o Quénia se tornou um líder global de energia renovável? Quando confrontado com secas severas que prejudicavam o crescimento económico, o país compreendeu que tinha uma necessidade extrema de segurança energética. O vasto plano diretor do governo para lidar com esta questão concentrou-se nos recursos locais disponíveis (energia geotérmica) e na sua viabilidade comercial, além de promover o envolvimento do setor privado através de políticas públicas. O sistema FiT que mencionei anteriormente dava estabilidade de preços, enquanto a Companhia de Desenvolvimento Geotérmico, criada especificamente para este desenvolvimento, era exclusivamente responsável pelo trabalho de exploração e perfuração de fontes geotérmicas, o que reduziu drasticamente o risco operacional das empresas privadas e facilitou o seu envolvimento no setor de produção e geração. Políticas discriminatórias, incluindo incentivos fiscais, foram estabelecidas para beneficiar investimentos em fontes de energia renovável; extensos programas de formação produziram uma força de trabalho vasta e altamente qualificada no setor das energias renováveis; entidades independentes fortes foram criadas para monitorizar o setor e implementar as leis; e foi feito um amplo uso de programas de financiamento internacional.

Em resumo, nenhuma destas oportunidades é exclusiva do Quénia. É verdade que os recursos geotérmicos não estão disponíveis em todo o lado, mas a maior parte de África possui uma exposição solar muito adequada à geração de energia, sem mencionar as energias eólica, hidroelétrica e outras formas de geração de energia limpa.

Lembremos-nos de que o Quénia é um país prestes a tornar-se exportador de petróleo e de gás, com extensas reservas de hidrocarbonetos descobertas no seu território nos últimos anos. Não estou a dizer que o petróleo e o gás devam ser ignorados, mas que dentro do processo de transição energética pelo qual o mundo está a passar, seria prudente que os países africanos procurassem diversificar as suas fontes de energia e fizessem uso das formas mais económicas e ambientalmente sustentáveis de geração elétrica que lhes estejam disponíveis.

Hoje, o Quénia está a aproximar-se da autossuficiência energética, com uma matriz diversificada que reduz o risco e mantém os preços da eletricidade relativamente baixos. E embora o exemplo do Quénia seja extremo, a maioria dos países africanos tem recursos para, pelo menos em parte, seguir este exemplo. Muitas nações já começaram a fazer esforços neste sentido, desde a central solar da Senergy no Senegal até à central solar de Mocuba em Moçambique e a central solar de Lusaka na Zâmbia.

Os países onde os recursos de energia renovável não são tão abundantes ou económicos, também podem desenvolver uma economia de baixas emissões de carbono baseada em recursos abundantes e menos poluentes, como o gás natural, que oferece excelentes oportunidades económicas, que já cobri largamente neste livro, para todo o continente.

Porém, uma coisa é certa: África nunca poderá alcançar o seu verdadeiro potencial até que o acesso à energia fiável seja generalizado, e isso só poderá ser alcançado quando tivermos empresas elétricas funcionais, transparentes e bem financiadas que utilizem novas tecnologias e soluções, e que criem sinergias com o setor privado para promover a capacidade do continente de produzir energia de forma sustentável. E o momento para isso é agora.

A Inovação é a Chave

- O "salto tecnológico" (*"Technological leapfrogging"*) não é um conceito novo, mas é muito relevante para o estado atual do setor elétrico africano. A ideia de que podemos tirar partido de tecnologias mais eficientes, desenvolvidas noutras partes do mundo, para "saltar" por cima de certos estágios de desenvolvimento em direção a um futuro mais eficiente é incrivelmente atraente.

- Testemunhámos esses avanços no processo de industrialização da China: apesar de ter começado muito mais tarde que a Europa ou os Estados Unidos, a indústria chinesa desenvolveu-se num período muito mais curto, já que beneficiou de tecnologias mais avançadas e eficientes que lhe permitiram saltar certos degraus de desenvolvimento. Outras soluções que se desenvolveram por necessidade, como a indústria do etanol no Brasil, desenvolvida após a crise do petróleo no início dos anos 1970, são ótimos exemplos de como a inovação em direção a soluções mais eficientes e limpas pode contribuir para saltos qualitativos em certos setores industriais.

- Nesse sentido, África está numa posição privilegiada para aproveitar as tecnologias emergentes e já testadas e provadas no setor de geração de energia. Assistimos a esse mesmo fenómeno noutros setores, como nas telecomunicações, onde a maioria dos países africanos passou ao lado de grandes investimentos numa rede telefónica nacional fixa, passando diretamente para os telefones móveis. Além de replicar simplesmente as tecnologias já existentes, algumas nações africanas podem também tirar partido das suas próprias idiossincrasias para avançar ainda mais do que o resto do mundo.

- Uma das aplicações potenciais mais interessantes de novas tecnologias no setor de energia pode ser a combinação de painéis fotovoltaicos (PV) conectados em rede e geridos através de um sistema de *blockchain*. Posto de uma forma simples, cada indivíduo não conectado à rede elétrica nacional poderia, por exemplo, ter um painel fotovoltaico no telhado e produzir a sua própria energia. Para superar a necessidade de soluções caras de armazenamento, estes indivíduos poderiam estar conectados a uma rede local de outros pequenos produtores de energia e comercializar essa energia, comprando e vendendo da rede quando necessário. As transações podem utilizar um sistema descentralizado de contabilidade (Decentralized Ledger Technology), que registaria os saldos de cada produtor individual de energia e os converteria em criptomoedas que poderiam ser utilizadas para pagar por serviços públicos ou outros tipos de bens. Este tipo de solução pode ter um impacto enorme no esforço de levar energia a áreas remotas, contornando a necessidade de investir em grandes linhas de transmissão ligadas a grandes centrais de geração elétrica.
- A verdade é que os países africanos com uma parcela considerável da sua população desconectada da rede elétrica nacional poderiam fazer a transição para os mercados descentralizados de microrredes de energia muito mais rapidamente do que países com mercados mais consolidados noutras partes do mundo.
- Este sistema poderia resultar na rápida eletrificação de vastas áreas rurais africanas e garantir um certo nível de segurança energética, sem a necessidade de esperar que as empresas elétricas nacionais tenham os recursos para investir na expansão da rede.
- Se o crescimento explosivo no número de telefones móveis

em toda a África é alguma indicação, com muitos países a registar mais consumidores com assinaturas de telemóveis do que pessoas ligadas à rede elétrica, os sistemas de energia descentralizados podem espalhar-se muito rapidamente pelo continente e responder às necessidades daqueles que vivem em zonas onde o acesso à rede nacional continua a ser economicamente inviável.

Este é apenas um exemplo de um vasto número de novas soluções que estão a ser desenvolvidas todos os dias no setor energético, as quais os líderes e empreendedores africanos deveriam considerar e avaliar, já que representam uma oportunidade única para impulsionar o continente.

Então e o Petróleo?

Para muitas economias africanas dependentes do petróleo, a transição para uma matriz energética de baixas emissões de carbono pode nem sempre parecer a opção mais óbvia. Em muitas regiões, mudar do petróleo pesado para o gás natural para produzir energia já seria uma opção muito mais funcional, económica e mais limpa. Mas será que esta transição afeta o futuro da própria indústria do petróleo, que sustenta tantas economias em todo o continente?

Pelo menos durante as próximas décadas, o petróleo não vai a lado nenhum. Embora estejamos a assistir a uma notável desaceleração no crescimento da procura nos últimos anos, o petróleo vai continuar a sustentar o desenvolvimento económico durante muitas décadas. Por outro lado, não podemos ignorar as transformações que estão a ocorrer à nossa volta, e é claro que as empresas de petróleo estão muito conscientes da maré que parece estar a aproximar-se, um momento de transformação a que se dá o nome de "pico do petróleo" (*"peak oil"*), quando se espera que a procura global comece efetivamente a diminuir.

Por enquanto, a mudança ocorreu principalmente no setor da geração de energia. O transporte permanece extremamente dependente de produtos petrolíferos e, mesmo que os veículos elétricos de consumo estejam a ganhar popularidade, ainda não existe uma solução viável para substituir produtos à base de petróleo para camiões pesados ou para o transporte marítimo e aéreo. Além disso, a procura por plásticos, fertilizantes e outros produtos à base de petróleo e gás deverá continuar a aumentar nos próximos anos. Existem várias oportunidades para adaptações e ajustamentos às realidades do futuro, e as empresas de petróleo e gás têm estado a reagir a este cenário em mudança.

Nas últimas duas décadas, a maioria dos operadores de petróleo e gás tem estado progressivamente a investir em pesquisa e desenvolvimento de novas formas de energia. A maioria das principais empresas têm vindo diligentemente a diversificar o seu portefólio de ativos, até agora maioritariamente petrolíferos, para uma carteira com uma maior representação de ativos de gás natural, que é visto como tendo uma procura crescente muito mais sustentada no futuro do que o petróleo. Mais recentemente, algumas também começaram a investir em capacidade de geração elétrica a partir de fontes de energia renováveis, principalmente solar e eólica. Algumas até mudaram os de nome para projetar o que é uma mudança no seu perfil empresarial, de "empresas de petróleo e gás" (IOCs) para "empresas de energia". O *rebranding* da norueguesa Statoil, que agora se chama Equinor, é um exemplo perfeito desta mudança no setor.

Particularmente na Europa, estas empresas têm-se posicionado para seguir as tendências e tecnologias do mercado e permanecerem dominantes em todos os campos do setor energético. Alguns, como a BP e a Shell nos anos 90, sofreram com a adoção de tecnologias que eram ainda imaturas e que não se mostraram dignas do investimento, mas, à medida que o setor amadureceu, o risco de uma entrada precoce foi significativamente reduzido.

Até agora, estas mudanças têm sido cautelosas. A mais otimista das principais empresas petrolíferas em relação ao setor da energia renovável, a Shell, ainda dedica menos de 10% do seu orçamento anual a investimentos em energias renováveis, mas a tendência está definitivamente a crescer entre os principais agentes do setor.

Além do lado económico desta questão, as empresas de petróleo e gás vão ser agentes fundamentais na luta pela sustentabilidade ambiental e pela mitigação das alterações climáticas. Nas palavras do secretário-geral da OPEP, Mohammad Barkindo, em junho de 2019, "a indústria do petróleo e gás é uma parte instrumental na luta contra as alterações climáticas". Acrescentou ainda: "Acreditamos que o petróleo e o gás fazem parte da solução para as alterações climáticas e a solução está na tecnologia, nas políticas apropriadas e nas decisões empresariais".[346]

Muito mais pode ser feito por parte das empresas de petróleo e gás no campo da gestão de recursos e da mitigação de impacto ambiental. Em África, muitos governos também começaram a pressionar empresas locais e estrangeiras para se ajustarem a práticas menos danosas. Na Nigéria, por exemplo, os esforços para proibir a queima de gás e para a utilização deste recurso para geração elétrica são um exemplo bem conhecido deste tipo de iniciativa política, embora tenha tido um sucesso limitado.

As sinergias entre as empresas petrolíferas e os líderes políticos africanos vão ser fundamentais para otimizar a transição energética do continente para economias de baixas emissões de carbono que sejam financeiramente sustentáveis.

Empresas — Não de Petróleo e Gás — mas de Energia

Tenho falado muito da importância dos agentes privados entrarem no mercado de energia e aproveitarem as oportunidades de contribuírem para uma segurança energética mais fiável e sustentável. Mas quem são estes agentes privados? Certamente, existem muitas empresas especializadas em novas tecnologias e novas formas de energia limpa que terão um grande interesse em aproveitar as oportunidades que estes mercados africanos pouco explorados oferecem. Para que isso aconteça, os governos devem criar ambientes de investimento atraentes e propícios para facilitar o investimento estrangeiro e nacional nestas indústrias. Fundamentalmente, é necessário definir políticas para formar e preparar a força de trabalho para poder participar nesta transformação, como aconteceu no Quénia. Os quadros fiscais e de preços têm de ser bem definidos para permitir o crescimento da concorrência entre os produtores e promover tarifas acessíveis para os consumidores.

Tudo isso está sabido e provado, e é uma parte fundamental do futuro do setor energético africano e do seu desenvolvimento económico como um todo. De uma perspetiva de investimento, a África Subsaariana continua a ser um mercado de fronteira no que diz respeito às energias renováveis, com apenas 10% da sua energia a ser proveniente de fontes verdes, em comparação com cerca de 25% a nível global.[347] Mas eu proponho que a transição das economias de altas emissões de carbono para baixas emissões de carbono envolva agentes muito mais tradicionais do que muitos esperariam: as mesmas empresas petrolíferas que agora operam nas principais regiões de petróleo e gás de África. Afinal de contas, estas empresas já são agentes bem estabelecidos, com sólido conhecimento do mercado, com uma boa compreensão da estrutura jurídica e do sistema político, e com capital e capacidade para avançar com desenvolvimentos desta dimensão.

Obviamente, também será necessária uma mudança de cultura empresarial dentro destes agentes de petróleo e gás para que uma transição bem-sucedida ocorra: há diferenças entre os modelos de negócio de produção de petróleo e de energia. E o mundo empresarial, particularmente dentro da estrutura da experiência africana, nunca teve uma opinião positiva sobre as empresas elétricas estatais. Mas a mudança está a acontecer, como ilustra este trecho de um artigo do *Financial Times* de novembro de 2018:

"A Total disse que é 'alérgica' às palavras "elétrica estatal" (Utility), ao mesmo tempo que constrói um negócio de retalho de energia em França, enquanto evita o mercado regulamentado. A empresa comprou a empresa americana de energia solar SunPower, a fornecedora de energia Lampiris, a especialista em baterias Saft e adquiriu uma participação indireta na EREN Renewable Energy, antes de adquirir a empresa de retalho de eletricidade francesa Direct Energie por 1,4 mil milhões de euros este ano. Isto permitiu desenvolver um portefólio de centrais de geração elétrica a gás e baseada em renováveis."

Em toda a Europa, grandes empresas de petróleo e gás, como a Repsol ou a Shell, já têm estações de carregamento de veículos elétricos nas suas bombas de gasolina, produzem equipamento para produção de energia renovável e possuem grandes portefólios de produção de gás natural. A Equinor fez uma aposta considerável em parques eólicos *offshore*. A BP, no âmbito do seu *slogan* "Beyond Petroleum", adquiriu a empresa solar Lightsource, a rede de carregamento de veículos elétricos Chargemaster e a empresa de baterias StoreDot.

São movimentos decisivos em direção a um futuro mais verde no setor da energia. A questão para nós é: como podemos trazer e promover este tipo de sinergias em África?

Em que Nível Estão os Africanos?

Neste momento, estamos bem atrás — por várias razões. E continuaremos a ficar para trás até respondermos a certas perguntas críticas:

Como podemos esperar promover o desenvolvimento e promover o investimento nos nossos setores de geração de energia se as nossas redes elétricas continuarem agregadas a empresas ineficientes, opacas, politizadas e com recursos insuficientes?

Porque é que os investidores estrangeiros haveriam de querer participar num sistema que tantas vezes fracassa a nível da rentabilidade, onde as empresas nacionais geralmente deixam de pagar as suas dívidas ou de cumprir com as suas obrigações?

Se não nos adaptarmos a este mundo em mudança, seremos deixados para trás.

Hoje, África tem uma oportunidade única. O facto da nossa rede de energia estar subdesenvolvida deixa-nos com menos problemas de legado infraestrutural (*legacy issues*), o que abre as portas a novas soluções e tecnologias. Já abordei extensivamente os desafios intermináveis que a falta de acesso a energia fiável representa para uma economia, particularmente num mundo cada vez mais digitalizado. Precisamos de nos reajustar.

Precisamos de desagregar e otimizar as nossas elétricas nacionais, tornando-as mais leves, mais adaptáveis às necessidades do mercado e mais geríveis.

Precisamos de criar as condições para que produtores independentes de energia entrem e contribuam para o crescente acesso à energia, por meio de soluções eficientes, limpas e acessíveis.

Precisamos de criar as condições para atrair investimentos e dar confiança ao setor privado. Não quero dizer apenas empresas internacionais, mas também para empreendedores africanos.

Precisamos de capacitar os agentes locais para que explorem este mercado em crescimento e também participem desta transição energética — e para isso, precisamos de pessoal qualificado, programas de formação, políticas de promoção, acesso a equipamentos, e benefícios fiscais para o desenvolvimento e implementação de novas tecnologias.

Precisamos de promover o intercâmbio de conhecimentos entre as nações africanas e uma maior integração das diferentes redes regionais de geração elétrica no continente, para que possamos aproveitar os pontos fortes uns dos outros e garantir a segurança energética. Precisamos de aproveitar os nossos parceiros internacionais e as IOCs, que estão a tornar-se empresas de energia. Elas possuem o know-how e o capital para investir neste tipo de infraestrutura.

E, finalmente, precisamos de líderes capazes e fortes, que entendam a relevância fundamental das mudanças que estão a decorrer no mundo e a necessidade de posicionar as nações africanas para tirar proveito destas mudanças.

África tem um potencial extraordinário de crescimento neste setor, o que, por sua vez, vai impulsionar um crescimento económico mais abrangente através de energia limpa, acessível e fiável. A questão é: vamos aproveitar esta oportunidade ou vamos mais uma vez ser deixados para trás na marcha mundial em direção ao futuro?

19

Conclusões Finais

O bilionário nigeriano Benedict Peters foi manchete nos jornais no início de 2019, quando a Foreign Investment Network (FIN), sediada no Reino Unido, o galardoou com o prestigioso prémio de Ícone do Ano,[348] que reconhece feitos notáveis nos setores petrolíferos de *upstream, midstream* e *downstream* em África. A FIN, consultora financeira de economias em desenvolvimento, homenageou Peters pelas suas significativas contribuições para o desenvolvimento do petróleo e do gás em África. Vinte anos depois de ter lançado a sua empresa, o Aiteo Group, Peters tinha transformado o que fora em tempos uma pequena operação de *downstream* num conglomerado integrado de energia, com grandes investimentos em exploração e produção de hidrocarbonetos.

Também igualmente importante é o facto de que a riqueza vinda do petróleo que Peters acumulou está a ter uma contribuição positiva incalculável para a vida de todos os africanos. A Aiteo está a fazer doações consideráveis e contínuas para organizações sem fins lucrativos como a FACE Africa, que se dedica a fornecer água potável aos povos da África Subsaariana. A sua organização sem fins lucrativos, a Joseph Agro Foundation, responde aos problemas do desemprego e de escassez de água, criando oportunidades de emprego para os agricultores. E não nos esqueçamos das centenas de empregos locais e oportunidades de negócio que a atividade da sua própria empresa cria.

Para mim, este é o tipo de atividade, o tipo de mudança positiva, que os recursos petrolíferos de África podem ser e devem desencadear em todo o continente: criação de emprego, capacitação e fortalecimento dos africanos.

Obviamente, empresas gigantescas e milhares de milhões de dólares não são um pré-requisito para que o petróleo e o gás cumpram o seu potencial para o bem de África. Operações que funcionam numa escala muito menor do que a Aiteo estão a fazer uma diferença significativa. Veja-se o que a Egoli Gas conseguiu alcançar em Joanesburgo, na África do Sul.

- A empresa privada de distribuição de gás natural cria empregos: em 2018 empregava 113 pessoas e, à medida que a empresa se expande para além de Joanesburgo, irá oferecer ainda mais vagas e oportunidades de formação para os residentes da região;
- A empresa apoia a economia local comprando e fazendo parceria com empresas sul-africanas, desde o fornecedor de serviços de tecnologias de informação, que permite à Egoli monitorizar a sua rede de gasodutos, até aos fornecedores de equipamentos;
- A Egoli gera receita fiscal para o estado, que pode, por sua vez, ser utilizada para expandir a infraestrutura, financiar a educação e investir no crescimento e no bem-estar económico da África do Sul.

Ainda que o gás natural que distribui provenha de outro país africano, Moçambique, a Egoli está a fazer a diferença na sua comunidade. E estou convencido de que o seu exemplo, como os muitos exemplos que dei neste livro, demonstram que operações estratégicas de petróleo e gás podem, sem dúvida, contribuir para uma África estável e economicamente vibrante, de formas que nenhuma ajuda externa poderia esperar alcançar.

É possível quebrar a maldição dos recursos. E enquanto escrevo estas conclusões finais, tenho ainda mais provas que apoiam o meu argumento. De facto, durante o breve período de tempo que passei a escrever estes capítulos, assisti a desenvolvimentos encorajadores em todo o continente.

Um dos anúncios mais entusiasmantes veio da multinacional francesa de petróleo e gás Total, que anunciou em fevereiro de 2019 uma enorme descoberta de gás natural na costa sul da África do Sul: aproximadamente mil milhões de barris de petróleo equivalente em recursos de gás natural e condensado.[349]

Esta é a primeira grande descoberta em águas profundas na costa da África do Sul. Isto não representa apenas uma oportunidade tremenda para dar resposta às necessidades domésticas de gás natural, mas também será um grande impulsionador dos tipos de atividades económicas das quais estou a falar: oportunidades de trabalho e de negócios domésticos, oportunidades de monetização do gás natural e maior diversificação.

Como eu disse no seguimento deste anúncio, só podemos esperar que essa descoberta seja um catalisador para que os legisladores criem um ambiente de investimentos favorável para as atividades de exploração e perfuração na África do Sul. E temos todos os motivos para estarmos otimistas: a África do Sul já está a trabalhar numa nova legislação que irá regular a exploração de petróleo e gás.

A descoberta sul-africana é enorme — e é apenas uma das muitas notícias importantes que têm surgido enquanto estive a escrever.

Nas áreas da boa governança e da transparência, o Uganda anunciou no início de 2019 que se juntaria à EITI para minimizar a má gestão das receitas do petróleo. A EITI exige a divulgação de informações referentes a toda a cadeia de valor da indústria extrativa, desde o ponto de extração até à maneira como as receitas passam pelo governo e pelo público.[350] Juntando-se à iniciativa, o Uganda está a assumir um compromisso sólido com uma governança transparente.

E o Uganda não é uma exceção; é um dos 24 países africanos que já se juntaram à EITI. Além disso, poucas semanas após o anúncio do Uganda, o Benim e o Senegal adotaram os seus próprios códigos petrolíferos.

"O novo código de petróleo do Benim vai permitir-nos regular o acesso aos blocos de exploração, melhorar a governança e a transparência, graças a uma estrutura institucional clara, e implementar medidas para promover atividades de *upstream* de hidrocarbonetos ", disse André Biaou Okounlola, membro do Parlamento do Benim, que deu início à redação do novo código no seu país.[351]

Os novos códigos do Senegal, atualizando as leis elaboradas em 1998, enfatizam a transparência, o conteúdo local e o licenciamento de blocos.[352]

Na área de colaboração estratégica, o ministro de estado da Nigéria para os Recursos Petrolíferos Ibe Kachikwu anunciou que a Nigéria irá mobilizar produtores de petróleo e gás de toda a África através da Organização Africana de Produtores de Petróleo, para arrecadar até 2 mil milhões de dólares para financiar projetos de energia em todo o continente. Aplaudo esta iniciativa e o uso estratégico dos recursos petrolíferos para responder às necessidades energéticas críticas de África.

A Zâmbia e Angola, entretanto, estão nos estágios iniciais de um projeto petrolífero no valor de 5 mil milhões de dólares, que levará à construção de um oleoduto partilhado. Em novembro de 2018, os dois países assinaram um memorando de entendimento que lhes permite negociar petróleo e gás, uma decisão inteligentemente calculada, que reduzirá os custos de importação de petróleo não refinado. Atualmente, a Zâmbia gasta mais de mil milhões de dólares por ano para importar produtos petrolíferos. O país da África Austral também quer estabilizar os preços dos produtos, que neste momento estão sujeitos aos altos e baixos do turbulento mercado internacional de petróleo.

"A meta do governo é baixar os preços do combustível no país e importar estes produtos de países próximos ricos em petróleo, como Angola, que foi uma das razões para construir um oleoduto", disse Mathew Nkhuwa, ministro da Energia da Zâmbia, em janeiro de 2019. "Estamos empenhados em garantir que fica operacional em breve, provavelmente daqui a dois anos."[353]

Outro exemplo interessante de cooperação estratégica é o Gasoduto Nigéria-Marrocos, que irá fornecer gás natural a pelo menos 15 países da África Ocidental. O estudo de viabilidade do projeto foi concluído em janeiro de 2019, e um estudo preliminar de engenharia está a decorrer neste momento. "Este oleoduto ajudará à industrialização destes países", disse Maikanti Baru, diretor geral da NNPC. "Também responderá às necessidades dos consumidores de aquecimento e outros usos. Vemos o gás como um combustível para levar África para o próximo nível."[354]

Bem dito, Maikanti. Concordo plenamente.

Estas são apenas algumas das muitas colaborações promissoras que foram anunciadas enquanto este livro estava a ser preparado. Também estou entusiasmado com o acordo de cooperação de assistência técnica que a Câmara Africana de Energia assinou com o Ministério do Petróleo da República do Sudão do Sul. A nossa equipa irá mobilizar os esforços de capacitação do Sudão do Sul, investir em iniciativas de acesso à eletricidade e ajudar o país a desenvolver reformas que criem um ambiente propício para o investimento no setor petrolífero.

O Sudão do Sul é o único país com uma longa história como produtor de petróleo na África Oriental. É do interesse de toda a região apoiar os esforços do país para construir um setor de hidrocarbonetos sustentável. Este setor, por seu lado, irá funcionar como um pilar para o desenvolvimento de toda a cadeia de valor de energia da África Oriental.

Devo dizer que fiquei extremamente impressionado com os tremendos esforços que estão a ser feitos para renovar e reiniciar os campos de petróleo no Sudão do Sul, graças à abordagem pragmática do ex-ministro do Petróleo do país, Ezekiel Lol Gatkuoth, e do atual ministro Awow Daniel Chuang. No final de 2018 e início de 2019, a produção foi retomada nos campos petrolíferos de Toma South e Unity pela primeira vez desde que a guerra civil interrompeu há cinco anos a atividade nestes campos. E, enquanto escrevo, o trabalho para recuperar os campos de petróleo de Al-Nar, Al-Toor, Manga e Tharjiath está a avançar a todo vapor.

Respeito o compromisso do ministro Gatkuoth em continuar a colaboração entre as indústrias de petróleo do Sudão e do Sudão do Sul.

"Pedimos uma abordagem metódica e calculada para garantir que a indústria se continua a desenvolver, que os nossos cidadãos possam contar com empregos na indústria do petróleo e que os nossos países possam continuar a depender deste recurso", disse Gatkuoth em abril de 2019, depois de Omar al-Bashir ter sido afastado do poder no Sudão. "Esta é a super-cola que une os nossos destinos comuns e que garante um progresso pacífico."[355]

O Sudão do Sul também está determinado em fornecer aos investidores um ambiente propício para investir e fazer negócios. E esta estratégia está a dar frutos. Em maio de 2019, a empresa petrolífera estatal sul-africana, Strategic Fuel Fund (SFF), assinou um acordo de exploração e partilha de produção com o Sudão do Sul para o Bloco B2, o segundo contrato a ser assinado na história do país após a independência. O campo inclui partes produtivas da bacia de Muglad, no Sudão do Sul.[356] A minha firma foi a principal negociadora.

Este é um acordo brilhante que não vai apenas impulsionar o setor do petróleo, mas que vai também promover a paz e a estabilidade no país. As perspetivas futuras para exploração no Sudão do Sul e no Bloco B são ótimas, com um potencial de reservas ao nível dos milhares de milhões de barris. As descobertas potenciais podem ser ligadas rapidamente e de forma económica à infraestrutura existente. Também estou impressionado com a atenção do acordo ao conteúdo local, com a dedicação para contratar cidadãos do Sudão do Sul e para investir em educação. A educação provavelmente fará mais para fortalecer a economia em geral do que qualquer outra coisa que o governo possa fazer. A capacidade do Sudão do Sul de atrair, reter e tirar partido dos investimentos em energia é essencial para um crescimento económico inclusivo e sustentável.

Houve ainda outros desenvolvimentos interessantes. Na área de infraestrutura, a refinaria da Costa do Marfim, a Société Ivoirienne de Raffinage (SIR), garantiu 577 milhões de euros (660 milhões de dólares) em financiamento de dívida, para permitir desenvolver trabalhos de modernização da sua operação de processamento de 76.300 bbl/d, no distrito de Vridi em Abidjan.[357] Além de permitir que a refinaria reduza a taxa de juros da dívida existente, o refinanciamento permitirá que o SIR atualize os seus processos de refinaria e produção, expanda os seus negócios e, esperamos, crie mais empregos.

No que toca a oportunidades de formação, a empresa japonesa MODEC Production Services Ghana JV Limited (MPSG) lançou em fevereiro de 2019 um programa de treino na área de petróleo e gás, com a duração de seis meses, para cidadãos ganeses. Dezasseis participantes vão ser formados em operações de FPSO. Após a conclusão do curso, os graduados irão partilhar o que aprenderam com outros ganeses do setor de petróleo e gás.[358]

As notícias vindas de Angola, enquanto eu escrevia este livro, foram especialmente encorajadoras. Só no último ano, a NOC angolana Sonangol lançou o seu "Programa de Regeneração", desenhado para reestruturar a empresa e tornar a indústria petrolífera de Angola mais eficiente. O país desenvolveu também novas leis fiscais, criou um quadro regulatório projetado para incentivar o investimento em campos petrolíferos marginais, e anunciou planos para desenvolver uma força de trabalho maior e altamente treinada para o setor do petróleo entre 2019 e 2023. "Sendo um setor de capital intensivo e tecnologicamente muito desenvolvido, a mais-valia para o desenvolvimento económico e sustentável de Angola será ainda mais relevante se este for obtido com uma incorporação crescente de mão de obra angolana qualificada", disse Diamantino Azevedo, ministro dos Recursos Minerais e Petróleos de Angola.

Os esforços de Angola para criar uma indústria de petróleo e gás eficiente, sustentável e transparente não passaram despercebidos à comunidade global e já geraram um interesse crescente da parte das IOCs. Quando o secretário-geral da OPEP, Mohammad Sanusi Barkindo, visitou o país pela primeira vez, elogiou o árduo trabalho de Angola: "Congratulo os esforços heróicos do governo para reformar a indústria. Estas são as reformas certas no momento certo."[359]

Não estou apenas a ser otimista. Desenvolvimentos positivos estão realmente a ter lugar em todo o continente, e a indústria do petróleo é o denominador comum.

E não, não fecho os olhos aos desafios que enfrentamos em África. Mas o que estou a dizer é o seguinte: África enfrenta desafios, NÃO obstáculos intransponíveis. Há tanta coisa que podemos alcançar; eu dei-vos a prova disso.

Não vamos parar por aqui. Por que não trabalharmos juntos — lutarmos juntos — para aproveitarmos o poder transformador do petróleo e do gás para o nosso continente?

Notas

1   "OPEC Secretary General's Acceptance Speech for the 'Africa Oil Man of the Year' Award", Organização dos Países Exportadores de Petróleo, 5/122018, https://www.opec.org/opec_web/en/5132.htm

2   Sabrina Wilson, "President Trump Praises Oil and Gas Industry Workers During Visit to Louisiana", KSLA News 12, 14/05/2019, https://www.ksla.com/2019/05/15/president-trump-praises-oil-gas-industry-workers-during-visit-louisiana/

3   Frankie Edozien, "In Nigeria, Plans for the World's Largest Refinery", New York Times, 9/10/2018, https://www.nytimes.com/2018/10/09/business/energy-environment/in-nigeria-plans-for-the-worlds-largest-refinery.html

4   "Dangote Refinery Will Transform, Diversify Nigeria's Economy – Director", The Eagle Online, 31/10/2018, https://theeagleonline.com.ng/dangote-refinery-will-transform-diversify-nigerias-economy-director/

5   Alonso Soto, "Senegal to Boost Wealth Fund, Cut Debt With Oil Income", Bloomberg, 15/11/2018, https://www.bloomberg.com/news/articles/2018-11-15/senegal-to-boost-wealth-fund-cut-debt-with-oil-income

6   "The World Bank In Chile", Banco Mundial, 10/04/2019, https://www.worldbank.org/en/country/chile/overview

7   Martina Mistikova, "Opportunities for Service Companies in Chile's Copper Sector, BizLatinHub, 20/11/2018, https://www.bizlatinhub.com/opportunities-chile-copper-sector/

8   Sean Durns, "Four Countries that Beat the Resource Curse", Global Risk Insights, 22/04/2014, https://globalriskinsights.com/2014/04/four-countries-that-beat-the-resource-curse/

9   "Mining for Development: Leveraging the Chilean Experience for Africa", Relatório de um debate organizado pelo Centro Africano de Desenvolvimento do Setor Mineiro, pela Comissão Económica para África das Nações Unidas e pela Embaixada Chilena na Etiópia, 19 e 20/06/2017, https://issuu.com/africanmineralsdevelopmentcentre/docs/amdc_-_chile-africa_meeting_report_

10 "Yes Africa Can: Success Stories from a Dynamic Continent", Capítulo 4, Grupo do Banco Mundial, Região Africana, http://siteresources.worldbank.org/AFRICAEXT/Resources/258643-1271798012256/Botswana-success.pdf

11 "Ranking of Countries with Highest Per Capita Income (1966), Classora, 8/09/2015, http://en.classora.com/reports/s30614/ranking-of-countries-with-highest-per-capita-income?edition=1966

12 "BIH Profile", Botswana Innovation Hub, 2019, http://www.bih.co.bw/bih-profile/

13 "Science and Technology in Botswana", The Mt. Kenya Times, 11/09/2017, https://mtkenyatimes.co.ke/science-technology-botswana/

14 Paula Ximena Meijia e Vincent Castel, "Could Oil Shine like Diamonds? How Botswana Avoided the Resource Curse and its Implications for a New Libya", Banco Africano de Desenvolvimento, outubro de 2012, https://www.afdb.org/sites/default/files/documents/publications/could_oil_shine_like_diamonds_-_how_botswana_avoided_the_resource_curse_and_its_implications_for_a_new_libya.pdf

15 "Gas Set to Shine as African Nations Wake up to Potential", The National, 4/09/2018, https://www.thenational.ae/business/energy/gas-set-to-shine-as-african-nations-wake-up-to-potential-1.766717

16 BP Statistical Review of World Energy 2018 https://www.bp.com/content/dam/bp/business-sites/en/global/corporate/pdfs/energy-economics/statistical-review/bp-stats-review-2018-full-report.pdf

17 "Western Supermajors in New Scramble to Tap Africa's Under-Explored Oil & Gas Resources", Africa New Energies, 13/09/2018, https://www.ane.na/news/opinion/western-supermajors-in-new-scramble-to-tap-africas-under-explored-oil-gas-resources/

18 Willis Krumholz, "Petroleum Powerhouse: Why America No Longer 'Needs' the Middle East", The National Interest, 29/04/2019, https://nationalinterest.org/feature/petroleum-powerhouse-why-america-no-longer-needs-middle-east-55012

19 Cameron Fels, "Trump's Africa Strategy and the Evolving U.S.-Africa Relationship", Woodrow Wilson International Center for Scholars, 19/04/2019, https://africaupclose.wilsoncenter.org/author/cameron-fels/

20 Brian Adeba, "How War, Oil and Politics Fuel Controversy in South Sudan's Unity State", African Arguments, 5/08/2015, http://africanarguments.org/2015/08/05/how-war-and-oil-and-politics-fuel-controversy-in-south-sudans-unity-state-by-brian-adeba/

21 "South Sudan Country Profile", BBC News, 6/08/2018, http://www.bbc.co.uk/news/world-africa-14069082

22 "South Sudan Welcomes First International Law Firm", Global Legal Post, 19/04/2017, http://www.globallegalpost.com/big-stories/south-sudan-welcomes-first-international-law-firm-99184828/

23 "South Sudan Oil & Power 2018 Evaluation", Africa Oil & Power, novembro de 2018, https://africaoilandpower.com/wp-content/uploads/2018/11/SSOP_Evaluation.pdf

24 Corey Flintoff, "Is Aid to Africa Doing More Harm Than Good?", National Public Radio, 12/12/2007, https://www.npr.org/2007/12/12/17095866/is-aid-to-africa-doing-more-harm-than-good

25 Dambisa Moyo, "Dead Aid: Why Aid Is not Working and How There Is a Better Way for Africa", 2009, https://books.google.com/books/about/Dead_Aid.html?id=-gYxhXHjOckC&printsec=frontcover&source=kp_read_button#v=onepage&q&f=false

26 Shakira Mustapha e Annalisa Prizzon, "Africa's Rising Debt: How to Avoid a New Crisis", outubro de 2018, https://www.odi.org/sites/odi.org.uk/files/resource-documents/12491.pdf

27   27 John Gallup, Jeffrey Sachs e Andrew Mellinger, "Geography and Economic Development", 1999, https://www.researchgate.net/publication/233996238_Geography_and_Economic_Development

28   "Financing the End of Extreme Poverty", setembro de 2018, https://www.odi.org/publications/11187-financing-end-extreme-poverty

29   Indermit Gill e Kenan Karakülah, "Sounding the Alarm on Africa's Debt", Brookings, 6/04/2018, https://www.brookings.edu/blog/future-development/2018/04/06/sounding-the-alarm-on-africas-debt/

30   "In Five Charts: Understanding the Africa Country Policy and Institutional Assessment (CPIA) Report for 2017", Banco Mundial, 12/09/2018, https://www.worldbank.org/en/region/afr/publication/in-five-charts-understanding-the-africa-country-policy-and-institutional-assessment-cpia-report-for-2017

31   Charlotte Florance, "22 Years After the Rwandan Genocide", Huffington Post, 7/04/2016, https://www.huffingtonpost.com/to-the-market/22-years-after-the-rwanda_b_9631032.html

32   Thabo Mphahlele, "ICF Report Hails Major Improvements in Africa's Business Environment, BizNis Africa, 5/09/2016, https://www.biznisafrica.com/icf-report-hails-major-improvements-in-africas-business-environment/

33   Jim Morrison, "The 'Great Green Wall' Didn't Stop Desertification, but it Evolved Into Something That Might", Smithsonian.com, 23/08/2016, https://www.smithsonianmag.com/science-nature/great-green-wall-stop-desertification-not-so-much-180960171/

34   BP Statistical Review of World Energy 2019, https://www.bp.com/en/global/corporate/energy-economics/statistical-review-of-world-energy/downloads.html

35   "OPEC Share of World Crude Oil Reserves, 2017", Organização dos Países Exportadores de Petróleo, 2019, https://www.opec.org/opec_web/en/data_graphs/330.htm

36   "OPEC - Statistics & Facts", Statista, 2019, https://www.statista.com/topics/1830/opec/

37   "Equatorial Guinea Exports", Trading Economics, n.d., https://tradingeconomics.com/equatorial-guinea/exports

38   "Keynote Address by OPEC Secretary General at the APPO CAPE VII Congress and Exhibition", Organização dos Países Exportadores de Petróleo, 3/04/2019, https://www.opec.org/opec_web/en/5475.htm

39   Paul Burkhardt, "Equatorial Guinea Expecting $2.4 Billion Oil Investment", Bloomberg, 5/11/2018, https://www.bloomberg.com/news/articles/2018-11-05/equatorial-guinea-is-said-to-expect-2-4-billion-oil-investment

40   "Equatorial Guinea Set for Upsurge in Offshore Drilling", Offshore, 11/12/2018, https://www.offshore-mag.com/drilling-completion/article/16803408/equatorial-guinea-set-for-upsurge-in-offshore-drilling

41   "OFID provides US$81m to four partner countries", The OPEC Fund for International Development, 15/04/2019 https://www.ofid.org/NEWS/PressRelease/ArticleId/3528/OFID-provides-US-81m-to-four-partner-countries

42   Vladimir Soldatkin, "Russian Oil Output Reaches Record High in 2018", Reuters, 2/01/2019, https://www.reuters.com/article/us-russia-oil-output/russian-oil-output-reaches-record-high-in-2018-idUSKCN1OW0NJ

43   "Interview: Equatorial Guinea Warns of African Asset Grab by Oil Majors", Platts, 6/09/2018, https://www.spglobal.com/platts/en/market-insights/latest-news/oil/090618-interview-equatorial-guinea-warns-of-african-asset-grab-by-oil-majors

44   NJ Ayuk, "An African Perspective: No Good Will Come from NOPEC", Africa Oil & Power, 22/07/2018, https://africaoilandpower.com/2018/07/22/an-african-perspective-no-good-will-come-from-nopec/

45   "OFID Governing Board Approves New Loans and Grants to Boost Socio-Economic Development", The OPEC Fund for International Development, 17/06/2013, http://www.ofid.org/FOCUS-AREAS

46   Dennis Lukhoba",How OPEC Can Give the Republic of the Republic of Congo More Power in the International Fuel Market", Footprint to Africa, 2/05/2018, http://footprint2africa.com/opinions/opec-can-give-republic-republic-congo-power-international-fuel-market/

47   Tim Daiss, "Can Any Country Dethrone Qatar As Top LNG Exporter?", Oilprice.com, 23/02/2019, https://oilprice.com/Energy/Natural-Gas/Can-Any-Country-Dethrone-Qatar-As-Top- LNG-Exporter.html

48   Dania Saadi, "Quicktake: Why Is Qatar Leaving OPEC?", The National, 4/12/2018, https://www.thenational.ae/business/energy/quicktake-why-is-qatar-leaving-opec-1.798742

49   Caroline McMillan Portillo, "Check out the most inspiring quotes from Emma Watson's UN speech", Bizwomen, 24/09/2014, https://www.bizjournals.com/bizwomen/news/out-of-the-office/2014/09/check-out-the-most-inspiring-quotes-from-emma.html?page=all

50   Carly McCann, Donald Tomaskovic-Devey, e M.V. Lee Badgett, "Employer's Responses to Sexual Harassment", University of Massachusetts Amherst: Center For Employment Equity, dezembro de 2018, https://www.umass.edu/employmentequity/employers-responses-sexual-harassment

51   Felix Fallon, "Oil & Gas Gender Disparity: Positions and Prospects for Women in the Industry", Egypt Oil & Gas, 10/05/2018, https://egyptoil-gas.com/features/oil-gas-gender-disparity-positions-and-prospects-for-women-in-the-industry/

52   "Report Indicates Oil and Gas Sector Still A Man's World", PCL Group, janeiro de 2016, http://www.portlethen.com/index.php/archives/1068/

53   Amanda Erickson, "Women Poorer and Hungrier than Men Across the World, U.N. Report Says", The Washington Post, 14/02/2018, https://www.washingtonpost.com/news/worldviews/wp/2018/02/14/women-poorer-and-hungrier-than-men-across-the-world-u-n-report-says/

54   Wangari Maathai Quotes", BrainyQuote, n.d., https://www.brainyquote.com/authors/wangari_maathai

55 "Women's Economic Empowerment in Oil and Gas Industries in Africa", Centro Africano de Recursos Naturais do Banco Africano de Desenvolvimento, 2017, https://www.afdb.org/fileadmin/uploads/afdb/Documents/Publications/anrc/AfDB_WomenEconomicsEmpowerment_V15.pdf

56 Magali Barraja e Dominic Kotas, "Making Supply Chains Work for Women: Why and How Companies Should Drive Gender Equality in Global Supply Chains", BSR, 19/11/2018, https://www.bsr.org/en/our-insights/blog-view/gender-equality-global-supply-chains-companies

57 Andrew Topf, "Top 6 Most Powerful Women In Oil And Gas", OilPrice.com, 29/07/2015, https://oilprice.com/Energy/Energy-General/Top-6-Most-Powerful-Women-In-Oil-And-Gas.html

58 Katharina Rick, Iván Martén e Ulrike Von Lonski, "Untapped Reserves: Promoting Gender Balance in Oil and Gas", World Petroleum Council e The Boston Consulting Group, 12/07/2017, https://www.bcg.com/en-us/publications/2017/energy-environment-people-organization-untapped-reserves.aspx

59 Kwamboka Oyaro, "Corporate Boardrooms: Where Are the Women?", Africa Renewal, dezembro de 2017/março de 2018, https://www.un.org/africarenewal/magazine/december-2017-march-2018/corporate-boardrooms-where-are-women

60 "The Oil Industry's Best Kept Secret: Advice from Women in Oil and Gas", Offshore Technology, 20/02/2019, https://www.offshore-technology.com/features/the-oil-industrys-best-kept-secret-advice-from-women-in-oil-and-gas/

61 Lebo Matshego, "Innovative Ways to Empower African Women", Africa.com, 12/10/2017, https://www.africa.com/innovative-ways-to-empower-african-women/

62 "Asanko Gold Launches Women in Mining Empowerment Initiative", Africa Business Communities, 24/10/2018, https://africabusinesscommunities.com/news/ghana-asanko-gold-launches-women-in-mining-empowerment-initiative/

63 Gerald Chirinda, "What Can Be Done to Economically Empower Women in Africa?", World Economic Forum, 8/05/2018, https://www.weforum.org/agenda/2018/05/women-africa-economic-empowerment/

64 "How Africa Is Preparing for the Future with STEM", Higher Life Foundation, 20/03/2018, https://www.higherlifefoundation.com/how-africa-is-preparing-for-the-future-with-stem-education/

65 Unoma Okorafor, "STEM Education for Young Girls in Africa", campanha de Indiegogo, https://www.indiegogo.com/projects/stem-education-for-young-girls-in-africa#/

66 "Interview: Marcia Ashong, Founder, TheBoardroom", Africa Business Communities, 3/08/2018, https://africabusinesscommunities.com/features/interview-marcia-ashong-founder-the-boardroom-africa/

67 James Kahongeh, "Breaking Barriers in Oil and Gas Sector", Daily Nation, 8/06/2018, https://www.nation.co.ke/lifestyle/mynetwork/Breaking-barriers-in-oil-and-gas-sector/3141096-4601382-13rhc91z/index.html

68   "African Best Oil & Gas Analyst of the Year (Rolake Akinkugbe)", FBN Quest, 15/11/2018, https://fbnquest.com/awards/african-best-oil-gas-analyst-of-the-year-rolake-akinkugbe/

69   Perfil de LinkedIn: Rolake Akinkugbe-Filani, https://www.linkedin.com/in/rolakeakinkugbe/?originalSubdomain=uk

70   "Executive Team", Tsavo Oilfield Services, https://www.tsavooilfieldservices.com/about-us/team-2/

71   Toby Shapshak, "How a Doctor Helped Turn a Lagos Swamp into a Sustainable Trade Zone", Forbes, 12/12/2018, https://www.forbes.com/sites/tobyshapshak/2018/12/12/how-a-doctor-helped-turn-a-lagos-swamp-into-a-sustainable-trade-zone/#374e2c393d3e

72   "Profile: Althea Eastman Sherman", Oil & Gas Council, https://oilandgascouncil.com/event-speakers/althea-eastman-sherman/

73   "Ceremony of the Oil & Gas Awards 2014 in Malabo", Website oficial do Governo da República da Guiné Equatorial, 22/09/2014, https://www.guineaecuatorialpress.com/noticia.php?id=5687&lang=en

74   "World Energy Outlook 2011", International Energy Agency, 6/06/2011, https://webstore.iea.org/weo-2011-special-report-are-we-entering-a-golden-age

75   "Filling the Power Supply Gap in Africa: Is Natural Gas the Answer?", Ishmael Ackah Institute of Oil and Gas Studies, University of Cape Coast, 2012, https://papers.ssrn.com/sol3/papers.cfm?abstract_id=2870577

76   "How Hard Has The Oil Crash Hit Africa?", Global Risk Insights, 23/11/2016, https://oilprice.com/Energy/Energy-General/How-Hard-Has-The-Oil-Crash-Hit-Africa.html

77   Jonathan Demierre, Morgan Bazilian, Jonathan Carbajal, Shaky Sherpa e Vijay Modi, "Potential for Regional Use of East Africa's Natural Gas", Sustainable Development Solutions Network, maio de 2014, https://energypolicy.columbia.edu/sites/default/files/Potential-for-Regional-Use-of-East-Africas-Natural-Gas-SEL-SDSN.pdf

78   "World Energy Outlook 2018", IEA, http://www.worldenergyoutlook.org/resources/energydevelopment/africafocus/

79   Jude Clemente, "Oil And Natural Gas Companies Could Be Heroes In Africa", Forbes, 9/11/ 2016, http://www.forbes.com/sites/judeclemente/2016/09/29/oil-and-natural-gas-companies-could-be-heroes-in-africa/#5911074f5ca0

80   "World Energy Outlook 2006", IEA, https://www.iea.org/publications/freepublications/publication/cooking.pdf

81   International Energy Agency: Sustainable Development Goal 7, https://www.iea.org/sdg/electricity/

82   Jonathan Demierre, Morgan Bazilian, Jonathan Carbajal, Shaky Sherpa e Vijay Modi, "Potential for Regional Use of East Africa's Natural Gas", Sustainable Development Solutions Network, maio de 2014, https://energypolicy.columbia.edu/sites/default/files/Potential-for-Regional-Use-of-East-Africas-Natural-Gas-SEL-SDSN.pdf

83 "Natural Gas-Fired Electricity Generation Expected to Reach Record Level in 2016", U.S. Energy Information Administration, 14/07/2016, https://www.eia.gov/todayinenergy/detail.php?id=27072

84 "Gas-Fired: The Five Biggest Natural Gas Power Plants in the World", Power Technology, 14/04/2014, http://www.power-technology.com/features/featuregas-fired-the-five-biggest-natural-gas-power-plants-in-the-world-4214992/

85 David Santley, Robert Schlotterer, and Anton Eberhard, "Harnessing African Natural Gas A New Opportunity for Africa's Energy Agenda?", Banco Mundial, 2014, https://openknowledge.worldbank.org/bitstream/handle/10986/20685/896220WP0P1318040Box0385289B00OUO0900ACS.pdf?sequence=1&isAllowed=y

86 "Gas-to-Power: Upstream Success Meets Power Sector Growth", Africa Oil & Power, 11/03/2016, http://africaoilandpower.com/2016/11/03/gas-to-power/

87 Simone Liedtke, "Diversified Fuel Source Required to Fuel Local Facilities", Engineering News, 3/02/2017, http://www.engineeringnews.co.za/article/diversified-fuel-source-including-natural-gas-required-to-fuel-local-facilities-2017-02-03/rep_id:4136

88 NJ Ayuk, "Using African Gas for Africa First", Vanguard, 18/03/2018, https://www.vanguardngr.com/2018/03/using-african-gas-for-africa-first/

89 NJ Ayuk, "Using African Gas for Africa First", Vanguard, 18/03/2018, https://www.vanguardngr.com/2018/03/using-african-gas-for-africa-first

90 Sylivester Domasa, "Tanzania: Natural Gas Find Saves 15 Trillion", Tanzania Daily News, 10/10/2016, https://allafrica.com/stories/201610110332.html

91 Babalwa Bungane, "Tanzania Becoming an Energy Exporter", ESI Africa, 11/04/2016, https://www.esi-africa.com/news/tanzania-becoming-an-energy-exporter

92 "Mozambique: SacOil to construct natural gas pipeline", ESI Africa, 2/03/2016, https://www.esi-africa.com/industry-sectors/generation/mozambique-sacoil-to-construct-natural- gas-pipeline

93 Anabel Gonzalez, "Deepening African Integration: Intra-Africa Trade for Development and Poverty Reduction", comunicado para o Banco Mundial, 14/12/2015, http://www.worldbank.org/en/news/speech/2015/12/14/deepening-african-integration-intra-africa-trade-for-development-and-poverty-reduction

94 "Liquefied Natural Gas (LNG)", Shell, n.d., http://www.shell.com/energy-and-innovation/natural-gas/liquefied-natural-gas-lng.html

95 KPMG International, "Unlocking the supply chain for LNG project success", 2015, https://assets.kpmg/content/dam/kpmg/pdf/2015/03/unlocking-supply-chain-LNG-project-success.pdf

96 Derek Hudson, David Bishopp, Colm Kearney e Alistair Scott, "East Africa: Opportunities and Challenges for LNG in a New Frontier Region", BG Group PLC, dezembro de 2018, https://www.gti.energy/wp-content/uploads/2018/12/1-4-Derek_Hudson-LNG17-Paper.pdf

97 "Regional Gas-to-Power Hubs 'a Win-Win for Africa'", African Review for Business and Technology, 5/01/2017, http://www.africanreview.com/energy-a-power/power-generation/regional-gas-to-power-hubs-a-win-win-for-africa

98 Jude Clemente, "Oil And Natural Gas Companies Could Be Heroes In Africa", Forbes, 9/09/ 2016, http://www.forbes.com/sites/judeclemente/2016/09/29/oil-and-natural-gas-companies-could-be-heroes-in-africa/#5911074f5ca0

99 World Energy Outlook 2018, IEA, http://www.worldenergyoutlook.org/resources/energydevelopment/africafocus/

100 Babatunde Akinsola, "Trans-Saharan Pipeline Project Begins Soon", Naija 247 News, 12/02/2017, https://naija247news.com/2017/02/12/trans-saharan-pipeline-project-begins-soon/

101 Rosalie Starling, "WAPCo Considers Pipeline Expansion", Energy Global World Pipelines, 12/05/2014, https://www.worldpipelines.com/business-news/12052014/wapco_considers_pipeline_expansion_324/

102 Emmanuel Okogba, "African Energy Chamber (AEC): Africa's Energy Industry Finally Has an Advocate", Vanguard, 5/06/2018, https://www.vanguardngr.com/2018/06/african-energy-chamber-aec-africas-energy-industry-finally-advocate/

103 "Eyes on Nigeria: Gas Flaring", American Association for the Advancement of Science, n.d., https://www.aaas.org/resources/eyes-nigeria-technical-report/gas-flaring

104 Kelvin Ebiri e Kingsley Jeremiah, "Why Nigeria Cannot End Gas Flaring in 2020: Experts", The Guardian, 6/05/2018, https://guardian.ng/news/why-nigeria-cannot-end-gas-flaring-in-2020-experts/

105 Kelvin Ebiri e Kingsley Jeremiah, "Why Nigeria Cannot End Gas Flaring in 2020: Experts", The Guardian, 6/05/2018, https://guardian.ng/news/why-nigeria-cannot-end-gas-flaring-in-2020-experts/

106 "Equatorial Guinea Exports", Trading Economics, n.d., https://tradingeconomics.com/equatorial-guinea/exports

107 Emma Woodward, "Equatorial Guinea Thinks Big on LNG", Enverus, 18/05/2018, https://www.enverus.com/blog/equatorial-guinea-thinks-big-on-lng/

108 Anita Anyango, "Equatorial Guinea to Construct a Gas Mega-Hub", Construction Review Online, 28/05/2018, https://constructionreviewonline.com/2018/05/equatorial-guinea-to-construct-a-gas-mega-hub/

109 "Togo and Equatorial Guinea Sign Liquefied Natural Gas Deal, Promote Regional Gas Trade", Ministério de Minas, Indústria e Energia e o Governo da Guiné Equatorial, 9/04/2018, https://globenewswire.com/news-release/2018/04/09/1466764/0/en/Togo-and-Equatorial-Guinea-Sign-Liquefied-Natural-Gas-Deal-Promote-Regional-Gas-Trade.html

110 "Comparison Size: Qatar", Almost History, 2011, http://www.vaguelyinteresting.co.uk/tag/comparison-size-qatar/

111 Hassan E. Alfadala e Mahmoud M. El-Halwagi, "Qatar's Chemical Industry: Monetizing

Natural Gas", CEP Magazine, fevereiro 2017, https://www.aiche.org/resources/publications/cep/2017/february/qatars-chemical-industry-monetizing-natural-gas

112 Abdelghani Henni, "Geopolitical Issues Lead Qatar to Change Gas Strategy", HartEnergy, 28/09/2018, https://www.epmag.com/geopolitical-issues-lead-qatar-change-gas-strategy-1717376#p=2

113 David Small, "Trinidad And Tobago: Natural Gas Monetization as a Driver of Economic and Social Prosperity", Ministério da Energia e das Indústrias Energéticas, 2006, http://members.igu.org/html/wgc2006/pdf/paper/add10639.pdf

114 Jacob Campbell, "The Political Economy of Natural Gas in Trinidad and Tobago", n.d., http://ufdcimages.uflib.ufl.edu/CA/00/40/03/29/00001/PDF.pdf

115 Mfonobong Nsehe, "Meet NJ Ayuk, the 38-Year-Old Attorney Who Runs One of Africa's Most Successful Law Conglomerates", Forbes, 21/11/2018, https://www.forbes.com/sites/mfonobongnsehe/2018/11/21/meet-the-38-year-old-attorney-who-runs-one-of-africas-most-successful-law-conglomerates/#37c5cae8466d

116 "The Monetization of Natural Gas Reserves in Trinidad and Tobago", II LAC Oil and Gas Seminar, 25/07/2012, http://www.olade.org/sites/default/files/seminarios/2_petroleo_gas/ponencias/14hs.%20Timmy%20Baksh.pdf

117 Paul Burkhardt, "Africa Enjoys Oil Boom as Drilling Spreads Across Continent", Bloomberg, 5/11/2018, https://www.bloomberg.com/news/articles/2018-11-06/africa-enjoys-oil-boom-as-drilling-spreads-across-the-continent

118 "Africa's Oil & Gas Scene After the Boom: What Lies Ahead", The Oxford Institute for Energy Studies, janeiro de 2019, https://www.oxfordenergy.org/wpcms/wp-content/uploads/2019/01/OEF-117.pdf

119 "Three Questions with Nyonga Fofang", Africa Oil & Power, 5/10/2016, https://africaoilandpower.com/2016/10/05/three-questions-with-nyonga-fofang

120 "Three Questions With Nyonga Fofang", Africa Oil & Power, 5/10/2016, https://africaoilandpower.com/2016/10/05/three-questions-with-nyonga-fofang

121 "Market Report: Growth in Investment Opportunities Within Africa", Africa Oil & Power, 6/03/2019, https://africaoilandpower.com/2019/03/06/market-report-growth-in-investment-opportunities-within-africa/

122 "Baru: Africa Yet to Tap over 41bn Barrels of Crude, 319trn scf of Gas", This Day Live, 17/03/2019, https://www.thisdaylive.com/index.php/2019/03/17/baru-africa-yet-to-tap-over-41bn-barrels-of-crude-319trn-scf-of-gas/

123 "Angola Crude Oil Production", Trading Economics, n.d., https://tradingeconomics.com/angola/crude-oil-production

124 "Angola Oil and Gas", export.gov, 1/11/2018, https://www.export.gov/article?id=Angola-Oil-and-Gas

125 Gonçalo Falcão e Norman Jacob Nadorff, "Angola 2019-2025 New Concession Award Strategy", Mayer Brown, 27/02/2019, https://www.mayerbrown.com/en/perspectives-events/publications/2019/02/angola

126 Henrique Almeida, "Angola Plots Recovery With Oil-Block Auction, New Refineries", Bloomberg, 23/04/2019, https://www.bloomberg.com/news/articles/2019-04-23/angola-plots-recovery-with-oil-block-auction-new-refineries

127 Shem Oirere, "Congo Unveils More Enticing Offshore Exploration Opportunities", Offshore Engineering, 22/11/2018, https://www.oedigital.com/news/444302-congo-unveils-more-enticing-offshore-exploration-opportunities

128 "Equatorial Guinea Primed for Huge Growth as Host of 2019 'Year of Energy'", Ministério de Minas e Hidrocarbonetos, n.d., https://yearofenergy2019.com/2018/12/11/equatorial-guinea-primed-for-huge-growth-as-host-of-2019-year-of-energy/

129 "Equatorial Guinea Orders Oil Firms to Cancel Deals with CHC Helicopters", Offshore Energy Today, 18/07/2018, https://www.offshoreenergytoday.com/equatorial-guinea-orders-oil-firms-to-cancel-deals-with-chc-helicopters/

130 "Gabon Opens 12th Offshore Round, Ends Corporate Tax", The Oil & Gas Year, 7/11/2018, https://www.theoilandgasyear.com/news/gabon-announces-end-of-corporate-tax/

131 Mark Venables, "Focus Returns to Gabon as Government Relaxes Hydrocarbon Code", HartEnergy, 3/04/2018, https://www.hartenergy.com/exclusives/focus-returns-gabon-government-relaxes-hydrocarbon-code-30915

132 "Baru: Africa Yet to Tap over 41bn Barrels of Crude, 319trn scf of Gas", This Day Live, 17/03/2019, https://www.thisdaylive.com/index.php/2019/03/17/baru-africa-yet-to-tap-over-41bn-barrels-of-crude-319trn-scf-of-gas/

133 Macharia Kamau, "Flurry of Exits by Exploration Firms Threatens to Burst Kenya's Oil Bubble", Standard Digital, 7/04/2019, https://www.standardmedia.co.ke/business/article/2001319842/oil-and-gas-companies-exit-kenya-casting-doubt-on-commercial-viability

134 "Announcement of 2018 Licensing Round, Republic of Cameroon", 10/01/2018, https://www.cgg.com/data/1/rec_docs/3698_Announcement_of_2018_Licensing_Round_-_Republic_of_Cameroon_-_January_2018.pdf

135 Sylvain Andzongo, "Cameroon: Franco-British Perenco Plans $12.5-$36.5m in Investment in Bomana Oil Block", Business in Cameroon, 22/02/2019, https://www.businessincameroon.com/hydrocarbons/2202-8874-cameroon-franco-british-perenco-plans-12-5-36-5mln-investment-in-bomana-oil-block

136 "Victoria Oil and Gas Lifts 2P Reserves Estimate at Cameroon Field", Oil Review, 4/06/2018, http://www.oilreviewafrica.com/exploration/exploration/victoria-oil-and-gas-lifts-2p-reserves-estimate-at-cameroon-field

137 Evelina Grecenko, "Bowleven Encouraged After Recent Results from Cameroon Assets", Morningstar, 18/10/2018, http://www.morningstar.co.uk/uk/news/AN_1539863495618474800/bowleven-encouraged-after-recent-results-from-cameroon-assets.aspx

138 Jamie Ashcroft, "Tower Resources to Raise £1.7mln to Support Upcoming Cameroon Drill Programme", Proactive Investors, 24/01/2019, https://www.proactiveinvestors.co.uk/companies/news/213235/tower-resources-to-raise-17mln-to-support-upcoming-cameroon-drill-programme-213235.html

139 Morne van der Merwe, "Fewer Mergers and Acquisitions Are Taking Place in Africa, Here's Why", CNBC Africa, 20/07/2018, https://www.cnbcafrica.com/news/east-africa/2018/07/20/fewer-mergers-and-acquisitions-are-taking-place-in-africa-heres-why/

140 Gerhard Toews e Pierre-Louis Vezina, "Resource discoveries and FDI bonanzas: An illustration from Mozambique", International Growth Centre, 26/10/2017, https://pdfs.semanticscholar.org/539c/e283bb081d2ee05cf26d5fb10800194f69c5.pdf

141 Yun Sun, "China's Aid to Africa: Monster or Messiah?", Brookings, 7/02/2014, https://www.brookings.edu/opinions/chinas-aid-to-africa-monster-or-messiah/

142 "Oil Industry in Singapore", Wikipedia, 16/06/2019, https://en.wikipedia.org/wiki/Oil_industry_in_Singapore

143 "Oil & Gas Equipment and Services", EDB Singapore, n.d., https://www.edb.gov.sg/en/our-industries/oil-and-gas-equipment-and-services.html

144 Girija Pande e Venkatraman Sheshashayee, "Why Singapore Needs to Save its Offshore O&G Services Industry", The Business Times, 19/06/2019, https://www.businesstimes.com.sg/opinion/why-singapore-needs-to-save-its-offshore-og-services-industry

145 Cecile Fruman, "Economic Diversification: A Priority for Action, Now More Than Ever", Blogues do Banco Mundial, 1/03/2017, http://blogs.worldbank.org/psd/economic-diversification-priority-action-now-more-ever

146 Aaron Coseby, "Climate Policies, Economic Diversification and Trade", Reunião de Grupo de Especialistas da UNCTAD Ad Hoc, 3/10/2017, https://unctad.org/meetings/en/SessionalDocuments/ditc-ted-03102017-Trade-Measures-Coseby.pdf

147 Scott Wolla, "What Are the 'Ingredients' for Economic Growth?", Federal Reserve Bank de St. Louis, setembro de 2013, https://research.stlouisfed.org/publications/page1-econ/2013/09/01/what-are-the-ingredients-for-economic-growth/

148 Bontle Moeng, "Deloitte Africa: The Need for Economic Diversification in the Continent Is High", BizNis Africa, 25/04/2017, https://www.biznisafrica.com/deloitte-africa-the-need-for-economic-diversification-in-the-continent-is-high/

149 "Botswana Embarks on Economic Diversification Beyond Diamonds", Africanews, 14/11/2016, http://www.africanews.com/2016/11/14/botswana-embarks-on-economic-diversification-beyond-diamonds//

150 "Economy of Botswana", Wikipedia, 9/06/2019, https://en.wikipedia.org/wiki/Economy_of_Botswana

151 "Botswana Economy Profile 2018", IndexMundi, 20/01/2018, https://www.indexmundi.com/botswana/economy_profile.html

152 "Petroleum Industry in Nigeria", Wikipedia, 25/05/2019, https://en.wikipedia.org/wiki/Petroleum_industry_in_Nigeria

153 Frankie Edozien, "In Nigeria, Plans for the World's Largest Refinery", The New York Times, 9/10/2018, https://www.nytimes.com/2018/10/09/business/energy-environment/in-nigeria-plans-for-the-worlds-largest-refinery.html?

154 NJ Ayuk, "Natural Gas: Nigeria's Lost Treasure", How We Made it in Africa, 9/02/2018, https://www.howwemadeitinafrica.com/nj-ayuk-natural-gas-nigerias-lost-treasure/60826/

155 Onome Amawhe, "Nigeria Is a Natural Gas Nation", Vanguard, 30/01/2018, https://www.vanguardngr.com/2018/01/nigeria-natural-gas-nation/

156 Nigerian Gas Flare Commercialization Programme, http://www.ngfcp.gov.ng/

157 "Republic of Congo: Economy", Global Edge, n.d., https://globaledge.msu.edu/countries/republic-of-congo/economy

158 "Republic of the Congo: GDP Share of Agriculture", TheGlobalEconomy.com, n.d., https://www.theglobaleconomy.com/Republic-of-the-Congo/Share_of_agriculture

159 "Republic of Congo: Agricultural Sector", export.gov, 18/07/2017, https://www.export.gov/article?id=Republic-of-Congo-Agricultural-Sector

160 Elie Smith, "Haldor Topsoe to Help Build $2.5 Billion Congo Fertilizer Plant", Bloomberg, 18/09/2018, https://www.bloomberg.com/news/articles/2018-09-18/haldor-topsoe-to-help-build-2-5-billion-congo-fertilizer-plant

161 Ernest Scheyder, "In North Dakota's Oil Patch, a Humbling Comedown", Reuters, 18/05/2016, https://www.reuters.com/investigates/special-report/usa-northdakota-bust/

162 "Equatorial Guinea", U.S. Energy Information Administration, dezembro de 2017, https://www.eia.gov/beta/international/analysis.php?iso=GNQ

163 Emma Woodward, "Equatorial Guinea Thinks Big on LNG", Enverus, 18/05/2018, https://www.enverus.com/blog/equatorial-guinea-thinks-big-on-lng/

164 "Equatorial Guinea to Construct a Gas Megahub", Africa Oil & Power, 10/05/2018, https://africaoilandpower.com/2018/05/10/equatorial-guinea-to-construct-a-gas-megahub/

165 "Equatorial Guinea Makes Plans for Gas Mega-Hub", Gambeta News, 15/05/2018, http://www.gambetanews.com/equatorial-guinea-plans-for-gas-mega-hub/

166 "Equatorial Guinea Economy Profile 2018", IndexMundi, January 20/01/2018, https://www.indexmundi.com/equatorial_guinea/economy_profile.html

167 Margherita Andaloro, "Economic Diversification: The Case of Chile", n.d., https://www.academia.edu/33381722/Eco nomic_Diversification_The_Case_of_Chile

168 Jeff Desjardins, "How Copper Riches Helped Shape Chile's Economic Story", Visual Capitalist, 21/06/2017, https://www.visualcapitalist.com/copper-shape-chile-economic-story/

169 Cecile Fruman, "Economic Diversification: A Priority for Action, Now More Than Ever", Blogues do Banco Mundial, 1/03/2017, http://blogs.worldbank.org/psd/economic-diversification-priority-action-now-more-ever

170 "Chile: 20th Century", Wikipedia, 26/06/2019, https://en.wikipedia.org/wiki/Chile#20th_century

171 "Doing Business 2005: Removing Obstacles to Growth", Banco Mundial, 8/09/2004, http://www.doingbusiness.org/en/reports/global-reports/doing-business-2005

172 "It's Time for Africa: Ernst & Young's 2011 Africa Attractiveness Survey", Ernst & Young, 2011, http://www.ey.com/za/en/issues/business-environment/2011-africa-attractiveness-survey---fdi-in-africa---africas-true-market-value

173 "Doing Business 2019: Training for Reform", Banco Mundial, 31/10/2018, http://www.doingbusiness.org/content/dam/doingBusiness/media/Annual-Reports/English/DB2019-report_web-version.pdf

174 Christopher Adam, "Africa Needs Smart Macroeconomic Policies to Navigate Headwinds", The Conversation, 25/04/2016, https://theconversation.com/africa-needs-smart-macroeconomic-policies-to-navigate-headwinds-58104

175 Vitor Gaspar e Luc Eyraud, "Five Keys to a Smart Fiscal Policy", Fundo Monetário Internacional, 19/04/2017, https://blogs.imf.org/2017/04/19/five-keys-to-a-smart-fiscal-policy/

176 "Natural Resources for Sustainable Development: The Fundamentals of Oil, Gas, and Mining Governance" (Módulo de Treino Online), National Resource Governance Institute, fevereiro-abril de 2016, https://resourcegovernance.org/events/natural-resources-sustainable-development-fundamentals-oil-gas-and-mining-governance

177 Thomas Scurfield e Silas Olan'g, "Magufuli Seeks the Right Balance for Tanzania's Mining Fiscal Regime", National Resource Governance Institute, 31/01/2019, https://resourcegovernance.org/blog/magufuli-seeks-right-balance-tanzania-mining-fiscal

178 Efam Dovi, "Ghana's 'New Path' for Handling Oil Revenue", Africa Renewal, janeiro de 2013, https://www.un.org/africarenewal/magazine/january-2013/ghana%E2%80%99s-%E2%80%98new-path%E2%80%99-handling-oil-revenue

179 Harriet Sergeant, "Does Aid Do More Harm Than Good?", The Spectator, 17/02/2018, https://www.spectator.co.uk/2018/02/does-aid-do-more-harm-than-good/

180 "Addressing Corporate Fraud and Corruption in Africa", Financier Worldwide, agosto de 2012, https://www.financierworldwide.com/addressing-corporate-fraud-and-corruption-in-africa#.W_2ZTpNKhTY

181 Joe Amoako-Tuffour, "Public Participation in the Making of Ghana's Petroleum Revenue Management Law", outubro 2011, https://resourcegovernance.org/sites/default/files/documents/ghana-public-participation.pdf

182 Babafemi Oyewole, "Best Practice for Local Content Development Strategy: The Nigerian Experience", n.d., https://unctad.org/meetings/en/Presentation/Atelier%20Lancement%20Tchad%20-%20Babafemi%20Oyewole%20-%2026%20nov%202015.pdf

183 John Anyanwu, "Manufacturing Value Added Development in North Africa: Analysis of Key Drivers", Banco de Desenvolvimento Africano, outubro de 2017, https://www.

researchgate.net/publication/320558479_Manufacturing_Value_Added_Development_
in_North_Africa_Analysis_of_Key_Drivers

184 "Atlas of Sustainable Development Goals 2017: Goal 9", Banco Mundial, n.d., http://
datatopics.worldbank.org/sdgatlas/archive/2017/SDG-09-industry-innovation-and-
infrastructure.html

185 Franck Kuwonu, "Using Trade to Boost Africa's Industrialization", Africa Renewal,
agosto de 2015, https://www.un.org/africarenewal/magazine/august-2015/using-trade-
boost-africa%E2%80%99s-industrialization

186 Lisa Friedman, "Africa Needs Fossil Fuels to End Energy Apartheid", Scientific
American, 5/08/2014, https://www.scientificamerican.com/article/africa-needs-fossil-
fuels-to-end-energy-apartheid/

187 "Africa Mining Vision", African Union, fevereiro de 2009, http://www.
africaminingvision.org/amv_resources/AMV/Africa_Mining_Vision_English.pdf

188 Kayode Adeoye, "Upgrading Kainji Dam and Improving Electricity", The Guardian,
29/03/2017, https://guardian.ng/energy/upgrading-kainji-dam-and-improving-electricity/

189 L. N. Chete, J. O. Adeoti, F. M. Adeyinka e O. Ogundele, "Industrial Development
and Growth in Nigeria: Lessons and Challenges", Brookings, julho de 2016, https://
www.brookings.edu/wp-content/uploads/2016/07/L2C_WP8_Chete-et-al-1.pdf

190 Landry Signé e Chelsea Johnson, "The Potential of Manufacturing and Industrialization
in Africa: Trends, Opportunities, and Strategies", Brookings, setembro de 2018,
https://www.brookings.edu/wp-content/uploads/2018/09/Manufacturing-and-
Industrialization-in-Africa-Signe-20180921.pdf

191 "Lagos Free Trade Zone Woos Singaporean Investors as Existing Investments hit
$150M", Business Day, 2/08/2017, https://www.nipc.gov.ng/lagos-free-trade-zone-
woos-singaporean-investors-existing-investments-hit-150m/

192 Anzetse Were, "Manufacturing in Kenya: Features, Challenges and Opportunities",
Supporting Economic Transformation, agosto de 2016, https://set.odi.org/wp-content/
uploads/2016/09/Manufacturing-in-Kenya-Anzetse-Were.pdf

193 "Kenya's Industrial Transformation Programme", Ministério da Indústria, do Comércio
e das Cooperativas, n.d., http://www.industrialization.go.ke/index.php/downloads/282-
kenya-s-industrial-transformation-programme

194 "Industrialize Africa: Strategies, Policies, Institutions and Financing", Banco Africano de
Desenvolvimento, 20/11/2017, https://www.afdb.org/en/news-and-events/industrialize-
africa-strategies-policies-institutions-and-financing-17570/

195 "Interview: Ashley Taylor", Oxford Business Group, n.d., https://oxfordbusinessgroup.
com/interview/ashley-taylor

196 Jaya Shukla, "Banking through Mobile Money Technology in Africa", The New Times,
18 de Junho, 2018, https://www.newtimes.co.rw/business/banking-through-mobile-
money-technology-africa

197 "M-Pesa", Wikipedia, 24 de Junho, 2019, https://en.wikipedia.org/wiki/M-Pesa

198 Erik Hersman, "The Mobile Continent", Stanford Social Innovation Review, Primavera de 2013, https://ssir.org/articles/entry/the_mobile_continent

199 Sama Tanya, "NJ Ayuk on How Tech can Impact Africa's Oil & Gas Industry", Bequadi, 7 de Fevereiro, 2018, https://www.bequadi.com/nj-ayuk-2/

200 "MOGS Oil & Gas Operations and Projects", n.d., https://www.mogs.co.za/oil-gas-services/operations/oiltainking-mogs-saldanha

201 Paul Burkhardt, "Africa's Oil Hub Woos Global Traders With New Million-Barrel Tanks", Bloomberg, 25/02/2019, https://www.bloomberg.com/news/features/2019-02-26/africa-s-oil-hub-woos-global-traders-with-new-million-barrel-tanks

202 Iyabo Lawal, "FUPRE as Bridge Between Education and Innovation", The Guardian, 25/04/2019, https://guardian.ng/features/education/fupre-as-bridge-between-education-and-innovation/

203 "'At Friburge We Leverage Cutting Edge Technology That Will Significantly Cut Costs And Reduce The Heavy Effects Of Resource Mining On Africa's Bourgeoning Eco System' – Dos Santos", Orient Energy Review, 2/02/2017, https://orientenergyreview.com/uncategorised/at-friburge-we-leverage-cutting-edge-technology-that-will-significantly-cut-costs-and-reduce-the-heavy-effects-of-resource-mining-on-africas-bourgeoning-eco-system/

204 Abdi Latif Dahir, "This Documentary Tells the Story of Africa's Longest Internet Shutdown", Quartz, 6/08/2018, https://qz.com/africa/1349108/cameroons-internet-shutdown-in-blacked-out-documentary/

205 Abdi Latif Dahir, "How Do You Build Africa's Newest Tech Ecosystem When the Government Shuts the Internet Down?", Quartz, 3/02/2017, https://qz.com/africa/902291/cameroons-silicon-mountain-is-suffering-losses-from-the-countrys-internet-shutdown/

206 "Rebecca Enonchong: A Heavyweight in African Tech", Banco Mundial, 8/03/2019, https://www.worldbank.org/en/news/feature/2019/03/08/rebecca-enonchong-a-heavyweight-in-african-tech

207 Marriane Enow Tabi, "Rebecca Enonchong: How I Built a Global Tech Business with no Funding—7 Lessons", Journal du Cameroun, 14/01/2019, https://www.journalducameroun.com/en/rebecca-enonchong-how-i-built-a-global-tech-business-with-no-funding%E2%80%8A-%E2%80%8A7-lessons/

208 Arlene Lagman, "Njeri Rionge, The Serial Entrepreneur", Connected Women, 17/01/2016, https://www.connectedwomen.co/magazine/herstory-njeri-rionge-the-serial-entrepreneur/

209 "Rolling out the Web to Kenya's Poor", BBC News, 14/05/2012, https://www.bbc.com/news/world-africa-17901645

210 "Interview: Tunde Ajala", Africa Business Communities, 1/10/2018, https://africabusinesscommunities.com/features/interview-tunde-ajala,-executive-director-dovewell-oilfield-services-nigeria/

211 Derby Omokoh, "Arthur Eze: Nigeria Profile", Oil Voice, 2/10/2017, https://oilvoice. com/Opinion/8804/Arthur-Eze-Nigeria-Profile

212 Mfonobong Nsehe, "Nigerian Oilman Prince Arthur Eze Builds $800,000 School In South Sudan", Forbes, 1/10/2018, https://www.forbes.com/sites/ mfonobongnsehe/2018/10/01/nigerian-oilman-prince-arthur-eze-builds-800000-school-in-south-sudan/#21367c36751b

213 Ninsiima Julian, "Oranto Petroleum Increases its Support to the Education of Uganda, South Sudan's Communities", PLM Daily, 11/03/2019, http://www.pmldaily.com/ news/2019/03/oranto-petroleum-increases-its-support-to-the-education-of-uganda-south-sudans-communities.html

214 "Sahara Group Canvasses Investments in Emerging Markets at Europlace Forum in Paris", Sahara Group, 10/07/2018, http://www.sahara-group.com/2018/07/10/sahara-group-canvasses-investments-in-emerging-markets-at-europlace-forum-in-paris/

215 "Sustainability Through Synergy", Sahara Group, 2016, http://www.sahara-group.com/ wp-content/uploads/2018/06/Sahara_Group_2016_Sustainability_Report.pdf

216 "Q&A with Kola Karim", Unity Magazine, n.d., https://unity-magazine.com/qa-with-kola-karim/

217 Derek Dingle, "Kase Lawal Is One of the Biggest Power Players in Houston's Oil Industry", Black Enterprise, 17/05/2017, https://www.blackenterprise.com/kase-lawal-houston-oil/

218 Susannah Palk, "Kase Lawal: Not Your Average Oil Baron", CNN, 19/05/2010, http:// www.cnn.com/2010/WORLD/africa/05/18/kase.lukman.lawal/index.html

219 "Oil Company Tradex Does Well in Chad, Equatorial Guinea and the Central African Republic", Business in Cameroon, outubro de 2018, página 9, https://www. businessincameroon.com/pdf/BC68.pdf

220 Andy Brogan, "Why National Oil Companies Need to Transform", Ernst & Young, 12/04/2019, https://www.ey.com/en_gl/oil-gas/why-national-oil-companies-need-to-transform

221 "NOC-IOC Partnerships", Congresso Mundial das Empresas Nacionais de Petróleo, junho de 2012, http://www.terrapinn.com/conference/world-national-oil-companies-congress/Data/nociocpartnerships.pdf

222 "Angola: Total Will Launch a Fuel Retail Network with Sonangol", BusinessWire, 12/12/2018, https://www.businesswire.com/news/home/20181221005176/en/Angola-Total-Launch-Fuel-Retail-Network-Sonangol

223 Ejiofor Alike, "FG Sets Bid Round Guidelines for Award of 46 Marginal Oil Fields", This Day, 18/09/2017, https://www.thisdaylive.com/index.php/2017/09/18/fg-sets-bid-round-guidelines-for-award-of-46-marginal-oil-fields/

224 Dolapo Oni, "Nigeria Targets Local Upstream Players with Marginal Field Round", Petroleum Economist, 7/03/2018, http://www.petroleum-economist.com/articles/upstream/ licensing-rounds/2018/nigeria-targets-local-upstream-players-with-marginal-field-round

225 Chijioke Nwaozuzu, "Marginal Oil Fields Development in Nigeria: Way Forward", business a.m., 6/08/2018, https://www.businessamlive.com/marginal-oil-fields-development-in-nigeria-way-forward/

226 "Special Report: Untold Story of How Skye Bank's Bubble Burst", Ripples Nigeria, 6/07/2016, https://www.ripplesnigeria.com/special-skye-bank/

227 Chijioke Nwaozuzu, "Marginal Oil Fields Development in Nigeria: Way Forward", business a.m., 6/08/2018, https://www.businessamlive.com/marginal-oil-fields-development-in-nigeria-way-forward/

228 Elie Smith, "Congo Republic Sees OPEC Admission Opening Up Its Oil Industry", Bloomberg, 23/06/2018, https://www.bloomberg.com/news/articles/2018-06-23/congo-republic-sees-opec-admission-opening-up-its-oil-industry

229 Viktor Katona, "Can Angola Overhaul Its Struggling Oil Industry?", OilPrice.com, 29/10/2018, https://oilprice.com/Energy/Crude-Oil/Can-Angola-Overhaul-Its-Struggling-Oil-Industry.html

230 "Angola Facts and Figures", Organização dos Países Exportadores de Petróleo, 2018, https://www.opec.org/opec_web/en/about_us/147.htm

231 Stephen Eisenhammer, "Angola Cuts Tax Rates for Development of Marginal Oil Fields", Reuters, 22/05/2018, https://af.reuters.com/article/investingNews/idAFKCN1IN0SN-OZABS

232 "Angola: 2019 Licensing Round, Marginal Fields Drive Explorers' Interest", Africa Oil & Power, https://africaoilandpower.com/2018/12/17/independent-oil-companies-turn-attention-to-angola-2019-licensing-round-marginal-fields-drive-explorers-interest/

233 Moses Aremu, "Deepwater Fields Define Angola's Oil Wealth in the New Century", Oil and Gas Online, n.d., https://www.oilandgasonline.com/doc/deepwater-fields-define-angolas-oil-wealth-in-0001

234 "Infrastructure", Sahara Group, n.d., http://www.sahara-group.com/businesses/#infrastructure

235 "Upstream", Sahara Group, n.d, http://www.sahara-group.com/businesses/#upstream

236 "Sustainability Through Synergy", Sahara Group, 2016, http://www.sahara-group.com/wp-content/uploads/2018/06/Sahara_Group_2016_Sustainability_Report.pdf

237 "Contract Negotiation and Fiscal Policies in Africa's Extractives Sector", NEPAD, 5/11/2018, https://www.nepad.org/news/contract-negotiation-and-fiscal-policies-africas-extractives-sector

238 Desmond Davies, "Obasanjo Advises African Leaders to Improve Negotiation Skills", Ghana News Agency, 19/04/2017, http://www.ghananewsagency.org/features/obasanjo-advises-african-leaders-to-improve-negotiation-skills-115788

239 Richard Harroch, "15 Tactics for Successful Business Negotiations", Forbes, 16/09/2016, https://www.forbes.com/sites/allbusiness/2016/09/16/15-tactics-for-successful-business-negotiations/#55751d3d2528

240 Danny Ertel, "Getting Past Yes: Negotiating as if Implementation Mattered", Harvard Business Review, novembro de 2004, https://hbr.org/2004/11/getting-past-yes-negotiating-as-if-implementation-mattered

241 "Corporate Responsibility Report", Kosmos Energy, 2015, https://s3-us-west-2.amazonaws.com/ungc-production/attachments/cop_2016/300841/original/Kosmos_Energy_2015_Corporate_Responsibility_Report.pdf?1468431920

242 "Senegal", BP, n.d., https://www.bp.com/en/global/corporate/what-we-do/bp-worldwide/bp-in-senegal.html

243 "Kosmos Energy Welcomes Approval of Inter-Governmental Cooperation Agreement between Mauritania and Senegal", Kosmos Energy, 12/02/2018, http://investors.kosmosenergy.com/news-releases/news-release-details/kosmos-energy-welcomes-approval-inter-governmental-cooperation

244 "Noble Energy Announces Agreement to Progress Development of Alen Natural Gas, Offshore Equatorial Guinea", 10/05/2018, http://investors.nblenergy.com/news-releases/news-release-details/noble-energy-announces-agreement-progress-development-alen

245 NJ Ayuk, "Equatorial Guinea's New Flare", Vanguard, 13/06/2018, https://www.vanguardngr.com/2018/06/equatorial-guineas-new-flare/

246 Robert Brelsfor, "Uganda Inks Deal for Country's First Refinery", Oil & Gas Journal, 12/04/2018, https://www.ogj.com/articles/2018/04/uganda-inks-deal-for-country-s-first-refinery.html

247 "Behind the Scenes in Uganda's $4bn Oil Refinery Deal", The Observer, 17/04/2018, https://observer.ug/news/headlines/57478-behind-the-scenes-in-uganda-s-4bn-oil-refinery-deal.html

248 Edward McAllister e Oleg Vukmanovic, "How One West African Gas Deal Makes BG Group Billions", Reuters, 12/07/2013, https://www.reuters.com/article/bg-equatorial-guinea-lng/how-one-west-african-gas-deal-makes-bg-group-billions-idUSL5N0FA1BE20130712

249 Oleg Vukmanovic, "Equatorial Guinea in LNG Sale Talks as Shell Deal Winds Down", Reuters, 11/05/2018, https://af.reuters.com/article/topNews/idAFKBN1IC0MV-OZATP

250 Ahmad Ghaddar, "Libya Port Attack Cut Output by 400,000 Barrels Per Day: NOC Head", Reuters, 19/06/2018, https://www.reuters.com/article/us-libya-security-oil/libya-port-attack-cut-output-by-400000-barrels-per-day-noc-head-idUSKBN1JF180

251 Ayman al-Warfalli e Shadia Nasralla, "East Libyan Forces Advance Rapidly to Retake Key Oil Ports", Business Insider, 21/06 2018, https://www.businessinsider.com/r-east-libyan-forces-advance-rapidly-to-retake-key-oil-ports-2018-6

252 "East Libyan Forces Reclaim Key Oil Ports", eNCA, 22/06/2018, https://www.enca.com/africa/east-libyan-forces-reclaim-key-oil-ports

253 Jan-Philipp Scholz, "Gas Flaring in the Niger Delta Ruins Lives, Business", Deutsche Welle, 11/11/2017, https://www.dw.com/en/gas-flaring-in-the-niger-delta-ruins-lives-business/a-41221653

254 Leonore Schick, Paul Myles e Okonta Emeka Okelum, "Gas Flaring Continues Scorching Niger Delta", Deutsche Welle, 14/11/2018, https://www.dw.com/en/gas-flaring-continues-scorching-niger-delta/a-46088235

255 John Campbell, "The Trouble With Oil Pipelines in Nigeria", Council on Foreign Relations, 14/11/2017, https://www.cfr.org/blog/trouble-oil-pipelines-nigeria

256 Shadow Governance Intel, "Nigeria's Oil Theft Epidemic", OilPrice.com, 6/06/2017, https://oilprice.com/Energy/Crude-Oil/Nigerias-Oil-Theft-Epidemic.html

257 Terry Hallmark, "Oil and Violence in the Niger Delta Isn't Talked About Much, but it Has a Global Impact", Forbes, 13/02/2017, https://www.forbes.com/sites/uhenergy/2017/02/13/oil-and-violence-in-the-niger-delta-isnt-talked-about-much-but-it-has-a-global-impact/#422d73284dc6

258 Bukola Adebayo, "Major New Inquiry into Oil Spills in Nigeria's Niger Delta Launched", CNN, 26/03/2019, https://www.cnn.com/2019/03/26/africa/nigeria-oil-spill-inquiry-intl/index.html

259 Irina Slav, "Nigerian Army Destroys Major Oil Smuggling Hub", OilPrice.com, 16/04/2019, https://oilprice.com/Latest-Energy-News/World-News/Nigerian-Army-Destroys-Major-Oil-Smuggling-Hub.htm

260 "Market Report: NNPC to Provide Support to the Agriculture Industry", Africa Oil & Power, 15/04/2019, https://africaoilandpower.com/2019/04/15/market-report-nnpc-to-provide-support-to-the-agriculture-industry/

261 Gege Li, "Harnessing Plants and Microbes to Tackle Environmental Pollution", Chemistry World, 29/03/2019, https://www.chemistryworld.com/research/harnessing-plants-and-microbes-to-tackle-environmental-pollution/3010307.article

262 Rebecca Campbell, "See How This Non-Profit Is Using the Blockchain to Clean up the Niger Delta", Forbes, 14/01/2019, https://www.forbes.com/sites/rebeccacampbell1/2019/01/14/see-how-this-non-profit-is-using-the-blockchain-to-clean-up-the-niger-delta/#2cbb69c53302

263 Nkosana Mafico, "Using Blockchain Technology to Clean Up the Niger Delta", Huffington Post, 8/10/2017, https://www.huffpost.com/entry/using-revolutionary-technology-to-clean-up-the-niger_b_59d373eae4b092b22a8e3957

264 Bukola Adebayo, "Contaminated Lands, Water: New Major Inquiry into Oil Spills in Niger Delta", Vanguard, 31/03/2019, https://www.vanguardngr.com/2019/03/contaminated-lands-water-new-major-inquiry-into-oil-spills-in-niger-delta/

265 Ian Ralby, "Downstream Oil Theft: Global Modalities, Trends, and Remedies", Atlantic Council Global Energy Center, janeiro de 2017, https://www.atlanticcouncil.org/in-depth-research-reports/report/downstream-oil-theft/

266 Terry Hallmark, "The Murky Underworld of Oil Theft and Diversion", Forbes, 26/05/2017, https://www.forbes.com/sites/uhenergy/2017/05/26/the-murky-underworld-of-oil-theft-and-diversion/#dc609716886e

267 "Nigeria Takes Action Against Gas Flaring", Journal du Cameroun, 3/04/2019, https://www.journalducameroun.com/en/nigeria-takes-action-against-gas-flaring/

268 Samuel Petrequin e Ebow Godwin, "2 Arrested in Togo Soccer Team Attack", CBS News, 11/01/2010, https://www.cbsnews.com/news/2-arrested-in-togo-soccer-team-attack/

269 Ed Cropley, "Rebels Alive and Kicking in Angolan Petro-Province, Oil Workers Say", Reuters, 14/06/ 2016, https://www.reuters.com/article/angola-oil-security/rebels-alive-and-kicking-in-angolan-petro-province-oil-workers-say-idUSL8N1952C9

270 "What's Behind the Surge in Violence in Angola's Cabinda Province?", World Politics Review, 9/09/2016, https://www.worldpoliticsreview.com/trend-lines/19873/what-s-behind-the-surge-in-violence-in-angola-s-cabinda-province

271 Lucy Corkin, "After the Boom: Angola's Recurring Oil Challenges in a New Context", Oxford Institute for Energy Studies, maio de 2017, https://www.oxfordenergy.org/wpcms/wp-content/uploads/2017/05/After-the-Boom-Angolas-Recurring-Oil-Challenges-in-a-New-Contect-WPM-72.pdf

272 Matthew Hill e Borges Nhamire, "Burning Villages, Ethnic Tensions Menace Mozambique Gas Boom", Bloomberg, 1/07/2018, https://www.bloomberg.com/news/articles/2018-07-02/burning-villages-ethnic-tensions-menace-mozambique-s-gas-boom

273 Jordan Blum, "Anadarko's Mozambique LNG Attacked Amid Insurgency, One Contractor Killed", Houston Chronicle, 22/02/2019, https://www.houstonchronicle.com/business/energy/article/Anadarko-Mozambique-Attacked-for-First-Time-Amid-13636373.php

274 Paul Burkhardt e Matthew Hill, "Chevron Gets Treasure, Trouble with Rebel-Hit Mozambique Gas", Bloomberg, 12/04/2019, https://www.bloomberg.com/news/articles/2019-04-12/chevron-reaps-treasure-trouble-in-rebel-hit-mozambique-gas-area

275 Chris Massaro, "Nigeria Plagued by Ethnic and Religious Violence as Attacks on Christians Rise", Fox News, 24/04/2019, https://www.foxnews.com/world/nigeria-ethnic-religious-violence-christians

276 Orji Sunday, "Organised Crime Kills More Civilians in Nigeria than Boko Haram", TRT World, 24/04/2019, https://www.trtworld.com/magazine/organised-crime-kills-more-civilians-in-nigeria-than-boko-haram-26143

277 Brian Adeba, "How War, Oil and Politics Fuel Controversy in South Sudan's Unity State", African Arguments, 5/08/2015, http://africanarguments.org/2015/08/05/how-war-oil-and-politics-fuel-controversy-in-south-sudans-unity-state-by-brian-adeba/

278 "South Sudan Country Profile", BBC, 6/08/2018, http://www.bbc.co.uk/news/world-africa-14069082

279 Javira Ssebwami, "South Sudan enters into Agreement with African Energy Chamber to Provide Technical Assistance to its Petroleum Sector", PML Daily, 31/01/2019, http://www.pmldaily.com/business/2019/01/south-sudan-enters-into-agreement-with-african-energy-chamber-to-provide-technical-assistance-to-its-petroleum-sector.html

280 Abdelghani Henni, "South Sudan: When Oil Becomes A Curse", HartEnergy, 19/07/2018, https://www.hartenergy.com/exclusives/south-sudan-when-oil-becomes-curse-31242

281 Okech Francis, "South Sudan Sees $2 Billion Oil Investments as First Start", World Oil, 19/12/2018, https://www.worldoil.com/news/2018/12/19/south-sudan-sees-2-billion-oil-investments-as-first-start

282 Nhial Tiitmamer, "South Sudan's Mining Policy and Resource Curse", The Sudd Institute, 22/04/2014, https://www.suddinstitute.org/publications/show/south-sudan-s-mining-policy-and-resource-curse

283 Nhial Tiitmamer, "The South Sudanization of the Petroleum Industry Through Local Content: Is the Dream within Reach?", The Sudd Institute, 20/10/2015, https://www.suddinstitute.org/publications/show/the-south-sudanization-of-the-petroleum-industry-through-local-content-is-the-dream-within-reach

284 Wim Zwijnenburg, "South Sudan's Broken Oil Industry Increasingly Becoming a Hazard", New Security Beat, 2/05/2016, https://www.newsecuritybeat.org/2016/05/south-sudans-broken-oil-industry-hazard/

285 William Charnley, "South Sudan: Post Civil War Instability", Global Risk Insights, 19/03/2019, https://globalriskinsights.com/2019/03/south-sudan-war-peace-deal/

286 "Laura FitzGerald, the Bells of the Wells", CNBC, n.d., https://www.cnbc.com/laura-fitzgerald/

287 Laura FitzGerald, "Women's Oil Business Plan: Removing Your Glass Ceiling", Ilios Resources, n.d., http://iliosresources.com/oil-business-plan/

288 Rob Wile, "Why Letting an Oil Company Frack in Your Backyard Is Actually an Awesome Idea", Business Insider, 15/10/2012, https://www.businessinsider.com/if-you-want-to-become-a-millionaire-let-an-oil-company-frack-your-backyard-2012-10

289 David Bailey, "In North Dakota, Hard to Tell an Oil Millionaire from Regular Joe", Reuters, 3/10/2012, https://www.reuters.com/article/us-usa-northdakota-millionaires/in-north-dakota-hard-to-tell-an-oil-millionaire-from-regular-joe-idUSBRE8921AF20121003

290 "Oil in Nigeria: A Cure or Curse?", Global Citizen, 31/08/2012, https://www.globalcitizen.org/en/content/oil-in-nigeria-a-cure-or-curse/

291 "Poverty and Crime Flourish in Oil-Rich Niger Delta", PBS News Hour, 27/07/2007, https://www.pbs.org/newshour/politics/africa-july-dec07-delta_0727

292 Daron Acemoglu e James Robinson, "Is There a Curse of Resources? The Case of the Cameroon", Why Nations Fail, 16/05/2013, http://whynationsfail.com/blog/2013/5/16/is-there-a-curse-of-resources-the-case-of-the-cameroon.html

293 William Lloyd, "Top 10 Facts About Living Conditions In Cameroon", The Borgen Project, 19/02/2019, https://borgenproject.org/top-10-facts-about-living-conditions-in-cameroon/

294 Tim Cocks, "Anglophone Cameroon's Separatist Conflict Gets Bloodier", Reuters,

1/06/2018, https://www.reuters.com/article/us-cameroon-separatists/anglophone-cameroons-separatist-conflict-gets-bloodier-idUSKCN1IX4RS

295 Yusser AL-Gayed, "Oil, Order and Diversification in Libya", Natural Resource Governance Institute, 12/08/2016, https://resourcegovernance.org/blog/three-ways-oil-reliance-has-hit-libya-and-government

296 Jim Armitage, "Libya Sinks into Poverty as the Oil Money Disappears into Foreign Bank Accounts", The Independent, 17/07/2018, https://www.independent.co.uk/news/business/analysis-and-features/libya-poverty-corruption-a8451826.html

297 Charles Recknagel, "What Can Norway Teach Other Oil-Rich Countries?", Radio Free Europe, 27/11/2014, https://www.rferl.org/a/what-can-norway-teach-other-oil-rich-countries/26713453.html

298 Richard Valdmanis, "Debt-Wracked Nations Could Learn from Norway, Prime Minister Says", Reuters, 25/09/2013, https://www.reuters.com/article/us-usa-norway-stoltenberg/debt-wracked-nations-could-learn-from-norway-prime-minister-says-idUSBRE98P04D20130926

299 "Kenya Proposes Transparent, but Risky, New Sovereign Wealth Fund", Natural Resource Governance Institute, 6/03/2019, https://resourcegovernance.org/blog/kenya-proposes-transparent-risky-new-sovereign-wealth-fund

300 Larry Diamond e Jack Mosbacher, "Petroleum to the People, Africa's Coming Resource Curse—And How to Avoid It", Foreign Affairs, setembro/outubro de 2013, http://media.hoover.org/sites/default/files/documents/diamond_mosbacher_latest3.pdf

301 Shanta Devarajan, "How to Use Oil Revenues Efficiently: Universal Basic Income", Brookings, 30/05/2017, https://www.brookings.edu/blog/future-development/2017/05/30/how-to-use-oil-revenues-efficiently-universal-basic-income/

302 Emeka Duruigbo, "Managing Oil Revenues for Socio-Economic Development in Nigeria", North Carolina Journal of International Law and Commercial Regulation, outono de 2004, https://scholarship.law.unc.edu/cgi/viewcontent.cgi?referer=https://www.google.com/&httpsredir=1&article=1781&context=ncilj

303 Landry Signé, "Africa's Natural Resource Revenue for All: The Alaska Permanent Fund Dividend Model", Brookings, 26/06/2018, https://www.brookings.edu/blog/africa-in-focus/2018/06/26/africas-natural-resource-revenue-for-all-the-alaska-permanent-fund-dividend-model/

304 Svetlana Tsalik, "Caspian Oil Windfalls: Who Will Benefit?", Open Society Institute, 2003, http://pdc.ceu.hu/archive/00002053/01/051203.pdf

305 Ujjwal Joshi, "Chad-Cameroon Pipeline Project", 6/06/2013, https://www.slideshare.net/ujjwaljoshi1990/chad-cameroon-pipeline-project-22545357

306 Artur Colom Jaén, "Lessons from the Failure of Chad's Oil Revenue Management Model (ARI)", Real Instituto Elcano, 3/12/2010, http://www.realinstitutoelcano.org/wps/wcm/connect/8473080041b87f3a9de5ffe151fccd56/

ARI12-2010_Colom_Chad_Oil_Revenue_Management_Model.
pdf?MOD=AJPERES&CACHEID=8473080041b87f3a9de5ffe151fccd56

307 "Chad-Cameroon Petroleum Development and Pipeline Project: Overview",
Banco Mundial, dezembro, 2006, http://documents.worldbank.org/curated/
en/821131468224690538/pdf/36569.pdf

308 Shawn Simmons, "Thank a Mentor By Becoming One Yourself", STEAM Magazine,
verão/outono de 2016, https://mydigitalpublication.com/publication/frame.
php?i=312844&p=66&pn=&ver=html5

309 Sarah Donchey, "Women Making a Difference: Shawn Simmons fulfills dream of
becoming engineer", Click2Houston.com, 23/02/2018, https://www.click2houston.
com/community/women-making-a-difference/shawn-simmons-fulfills-dream-of-
becoming-engineer

310 "Dr Shawn Simmons advises on ExxonMobil's work in Nigeria", Diversity/Careers
in Engineering & Information Technology, http://www.diversitycareers.com/articles/
pro/06-augsep/managing_exxon.html

311 Robert Rapier, "How The Shale Boom Turned The World Upside Down", Forbes,
21/04/2017, https://www.forbes.com/sites/rrapier/2017/04/21/how-the-shale-boom-
turned-the-world-upside-down/#5cf4192a77d2

312 Robert Rapier, "How The Shale Boom Turned The World Upside Down", Forbes,
21/04/2017, https://www.forbes.com/sites/rrapier/2017/04/21/how-the-shale-boom-
turned-the-world-upside-down/#5cf4192a77d2

313 "Overview of U.S. Petroleum Production, Imports, Exports, and Consumption",
Bureau of Transportation Statistics,n-d., https://www.bts.gov/content/overview-us-
petroleum-production-imports-exports-and-consumption-million-barrels-day

314 "U.S. monthly crude oil production exceeds 11 million barrels per day in August",
United States Energy Information Administration, 1/11/2018, https://www.eia.gov/
todayinenergy/detail.php?id=37416.

315 "Cobalt in dispute with Sonangol over Angolan assets", Offshore Energy Today, 2017,
https://www.offshoreenergytoday.com/cobalt-in-dispute-with-sonangol-over-angolan-assets/

316 "BP And Partner's US$350 Million Payments In Corruption-Prone Angola Show Need
for U.S. Transparency Rule", Global Witness, 4/08/2014, https://www.globalwitness.
org/en/archive/bp-and-partners-us350-million-payments-corruption-prone-angola-
show-need-us-transparency/

317 Jonathan Stempel, "Och-Ziff reaches $29 million shareholder accord over Africa
bribery probes", Reuters, 2/10/2018, https://www.reuters.com/article/us-och-ziff-
settlement/och-ziff-reaches-29-million-shareholder-accord-over-africa-bribery-probes-
idUSKCN1MC2DS

318 "BBC Expose On $10BN Deal Shows BP May Have Been Complicit In Corruption",
Global Witness, 3/06/2019, https://www.globalwitness.org/en/press-releases/bbc-
expos%C3%A9-on-10bn-deal-shows-bp-may-have-been-complicit-in-corruption/

319 Daniel Graeber, "More Oil Progress Offshore Senegal", UPI, 7/03/2017, https://www.upi.com/Energy-News/2017/03/07/More-oil-progress-offshore-Senegal/9391488887085/

320 Rick Wilkinson, "Cairn Energy group begins FEED at SNE field off Senegal", Oil & Gas Journal, 17/12/2018, https://www.ogj.com/exploration-development/article/17296866/cairn-energy-group-begins-feed-at-sne-field-off-senegal

321 Angela Macdonald-Smith, "Woodside Petroleum to pay $565.5m for ConocoPhillips' Senegal venture", The Australian Financial Review, 14/07/2016, https://www.afr.com/business/energy/oil/woodside-petroleum-to-pay-5655m-for-conocophillips-senegal-venture-20160714-gq5b49

322 Dai Jones, "2018 Global Exploration Activity Stable and 2019 Outlook Upbeat", Enverus, 4/04/2019, https://www.enverus.com/blog/2018-global-exploration-activity-stable-and-2019-outlook-upbeat/

323 "Eni announces a major oil discovery offshore Angola", Eni, 13/03/2019, https://www.eni.com/en_IT/media/2019/03/eni-announces-a-major-oil-discovery-offshore-angola

324 Dai Jones, "2018 Global Exploration Activity Stable and 2019 Outlook Upbeat", Enverus, 4/04/2019, https://www.enverus.com/blog/2018-global-exploration-activity-stable-and-2019-outlook-upbeat/

325 "West African Rig Market: A Slow-Burn Recovery", Westwood Global Energy Group, 10/04/2019, https://www.westwoodenergy.com/news/westwood-insight/west-african-rig-market-a-slow-burn-recovery/

326 "West African offshore rig market remains subdued", Offshore, 10/04/2019, https://www.offshore-mag.com/drilling-completion/article/16790829/west-african-offshore-rig-market-remains-subdued

327 Dai Jones, "2018 Global Exploration Activity Stable and 2019 Outlook Upbeat", Enverus, 4/04/2019, https://www.enverus.com/blog/2018-global-exploration-activity-stable-and-2019-outlook-upbeat/

328 "Ghana Crude Oil Production", Trading Economics, https://tradingeconomics.com/ghana/crude-oil-production

329 Ismail Akwei, "Ghana wins three-year maritime boundary dispute case against Ivory Coast", Africa News, 23/09/2017, https://www.africanews.com/2017/09/23/ghana-wins-three-year-maritime-boundary-dispute-case-against-ivory-coast//

330 "Côte D'Ivoire Crude Oil Production by Year", IndexMundi, https://www.indexmundi.com/energy/?country=ci&product=oil&graph=production

331 Andrew Skipper, "Africa 2019 – The Optimist's View", African Law & Business, 18/12/2018, https://www.africanlawbusiness.com/news/8891-africa-2019-the-optimists-view

332 Garrett Brinker, "President Obama Speaks at the U.S.-Africa Business Forum", obamawhitehousearchives.gov, 5/08/2014, https://obamawhitehouse.archives.gov/blog/2014/08/05/president-obama-speaks-us-africa-business-forum

333 Tibor Nagy, "The Enduring Partnership between the United States and South Africa", africanews.com, 25/06/2019, https://www.africanews.com/2019/06/25/the-enduring-partnership-between-the-united-states-and-south-africa-speech-by-assistant-secretary-tibor-nagy/

334 "Ann Norman, Pioneer Energy: 'Africa is open for business'", Kapital Afrik, 20/03/2019, https://www.kapitalafrik.com/2019/03/20/ann-norman-pioneer-energy-africa-is-open-for-business/

335 "Africa: Symbion Power Announces Low-Cost, Mini-Hydro Pilot in Rwanda and Geothermal Plant in Kenya During U.S. 'Prosper Africa' Rollout", AllAfrica, https://allafrica.com/stories/201906200815.html

336 Power Africa: Beyond The Grid, Private Sector Partner List, n.d., https://www.usaid.gov/powerafrica/privatesector

337 "Load shedding: Eskom drops to Stage 2 on Friday 22 March", The South Africa, 22/03/2019, https://www.thesouthafrican.com/news/load-shedding-today-friday-22-march-2019/

338 "Why We Need to Close the Infrastructure Gap in Sub-Saharan Africa", Banco Mundial, abril de 2017, https://www.worldbank.org/en/region/afr/publication/why-we-need-to-close-the-infrastructure-gap-in-sub-saharan-africa

339 Moussa P. Blimpo e Malcolm Cosgrove-Davies, "Electricity Access in Sub-Saharan Africa: Uptake, Reliability, and Complementary Factors for Economic Impact", Africa Development Forum Series, 2019, https://openknowledge.worldbank.org/bitstream/handle/10986/31333/9781464813610.pdf?sequence=6&isAllowed=y

340 Michael Cohen, Paul Burkhardt e Paul Vecchiatto, "The Only Option for Eskom Is One South Africa Can't Afford", Bloomberg, 18/06/2019, https://www.bloomberg.com/news/articles/2019-06-19/the-only-option-for-eskom-is-one-south-africa-can-t-afford

341 Julius Yao Petetsi, "Ghana: Minority Expresses Worry Over Energy Sector Debt", AllAfrica, 21/06/2019, https://allafrica.com/stories/201906240402.html

342 "Umeme investment in power distribution infrastructure paying off", The Independent, 22/11/ 2017, https://www.independent.co.ug/umeme-tremendously-contributed-towards-power-distribution/

343 Lily Kuo, "Kenya's national electrification campaign is taking less than half the time it took America", Quartz Africa, 16/01/2017, https://qz.com/africa/882938/kenya-is-rolling-out-its-national-electricity-program-in-half-the-time-it-took-america/

344 Africa Progress Panel, "Africa Progress Report 2015, Power People Planet: Seizing Africa's Energy and Climate Opportunities" https://app.box.com/s/kw1za0n3r4bo92a3wfst0wuln216j6pp

345 "Kenya Launches Africa's Biggest Wind Farm", The East African, 18/07/2019, https://www.theeastafrican.co.ke/business/Kenya-to-launch-africa-biggest-wind-farm/2560-5202472-m7582y/index.html

346 Carla Sertin, "Oil and gas industry key to climate change solutions: OPEC Secretary-General Barkindo", OilandGasMiddleEast.com, 10/07/2019, https://www.oilandgasmiddleeast.com/drilling-production/34513-oil-and-gas-industry-instrumental-part-of-climate-change-solutions-opec-secretary-general-barkindo

347 International Energy Agency, "Africa Energy Outlook: A Focus on Energy Prospects in Sub-Saharan Africa", 2019, https://www.iea.org/publications/freepublications/publication/WEO2014_AfricaEnergyOutlook.pdf

348 Collins Olayinka e Kingsley Jeremiah, "AITEO Founder Peters Wins FIN African Icon Award", The Guardian, 31/01/2019, https://guardian.ng/appointments/aiteo-founder-peters-wins-fin-african-icon-award/

349 Tsvetana Paraskova, "South Africa Oil Discovery Could Be a Game-Changer", OilPrice.com, 10/02/2019, https://oilprice.com/Energy/Crude-Oil/South-Africa-Oil-Discovery-Could-Be-A-Game-Changer.html

350 Kim Aine, "Uganda Joins Extractive Industries Transparency Initiative to Boost Investor Confidence", ChimpReports, 29/01/2019, https://chimpreports.com/uganda-joins-extractive-industries-transparency-initiative-to-boost-investor-confidence/

351 "Benin's National Assembly Adopts New Petroleum Code", Africa Oil & Power, 25/01/2019, https://africaoilandpower.com/2019/01/25/benins-national-assembly-adopts-new-petroleum-code/

352 Thomas Hedley, "Senegal's Petroleum Code Moves Towards Final Stage", Africa Oil & Power, 14/01/2019, https://africaoilandpower.com/2019/01/14/senegals-petroleum-code-moves-towards-final-stage/

353 Jeff Kapembwa, "Zambia, Angola Sign Agreement on Oil and Gas", The Southern Times, 28/01/2019, https://southerntimesafrica.com/site/news/zambia-angola-sign-agreement-on-oil-and-gas

354 Okechukwu Nnodim, "Nigeria, Morocco Gas Pipeline to Supply 15 Countries", Punch, 29/01/2019, https://punchng.com/nigeria-morocco-gas-pipeline-to-supply-15-countries/

355 "Oil is the Glue that Binds Sudan and South Sudan", Oil Review, 16/04/2019, http://www.oilreviewafrica.com/downstream/downstream/oil-is-the-glue-that-binds-sudan-and-south-sudan-ezekiel-lol-gatkuoth

356 Steven Deng, "South Africa's State-owned Oil Company Signs Deal to Explore Highly-prospective Oil Block B2 in South Sudan", AfricaNews.com, 6/05/2019, https://www.africanews.com/2019/05/06/south-africas-state-owned-oil-company-signs-deal-to-explore-highly-prospective-oil-block-b2-in-south-sudan/

357 Robert Brelsford, "Ivory Coast Secures Loan to Support Refinery Revamp", Oil & Gas Journal, 14/01/2019, https://www.ogj.com/articles/2019/01/ivory-coast-secures-loan-to-support-refinery-revamp.html

358 "Ghanaians Undergo Oil and Gas Training in Brazil", Ghana Business News, 31/01/2019, https://www.ghanabusinessnews.com/2019/01/31/ghanaians-undergo-oil-and-gas-training-in-brazil/

359 "Angola Sets Sights on Training and Education to Bolster Oil and Gas Sector", Africa Oil & Power, 7/01/2019, https://africaoilandpower.com/2019/01/07/angola-sets-sights-on-training-and-education-to-bolster-oil-and-gas-sector/

www.ingramcontent.com/pod-product-compliance
Lightning Source LLC
Chambersburg PA
CBHW031503180326
41458CB00044B/6672/J